초보자를 위한

Node.js
200제

노드JS

김경록・정지현 지음

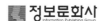

정보문화사
Information Publishing Group

초보자를 위한
Node.js 200제

초판 1쇄 인쇄 | 2018년 3월 20일
초판 1쇄 발행 | 2018년 3월 30일

지 은 이 | 김경록, 정지현
발 행 인 | 이상만
발 행 처 | 정보문화사

책임편집 | 최동진
편집진행 | 노미라

주   소 | 서울시 종로구 대학로 12길 38 (정보빌딩)
전   화 | (02)3673-0037(편집부) / (02)3673-0114(代)
팩   스 | (02)3673-0260
등   록 | 1990년 2월 14일 제1-1013호
홈페이지 | www.infopub.co.kr

I S B N | 978-89-5674-779-8

머리말

얼마 전까지만 해도 '프로그램'이라고 하면 계산기에 더하기 빼기 곱하기 나누기 기능 정도를 사용했습니다. 하지만 스마트폰이 나오면서 '앱'라고 하여 계산기뿐만 아니라 업무, 쇼핑, 뱅킹 등 한 사람이 수십 개의 애플리케이션을 사용하는 시대가 되었습니다.

단순히 데이터를 보여주는 기능에서 데이터뿐만 아니라 결제까지 할 수 있는 시스템을 휴대전화로 사용하는 시대입니다. 이런 흐름에 발맞추어 웹 브라우저에서만 사용하던 스크립트 언어였던 '자바스크립트'를 Node.js라는 엔진이 나오면서 웹 브라우저뿐만 아니라 서버, 앱 등 많은 분야에 사용하기 시작하였습니다.

자바스크립트의 인기가 올라가면서 버전도 ES6로 업그레이드되고 많은 것이 바뀌고 기능이 추가되었습니다. 그리고 Node.js는 npm이라는 라이브러리 공유 시스템이 있어서 유용한 라이브러리들이 많습니다. 따라서 명령어 한 줄로 전 세계의 다른 개발자들이 만들어 놓은 기능을 불러와 활용함으로써 개발에 들어가는 비용과 시간을 줄일 수 있습니다.

또한 Node.js는 함수형 프로그래밍(functional programming)을 지향하는 언어입니다.

앱을 사용하는 사용자들은 계산기를 사용하던 사용자들에 비해 점점 편하고 좋은 기능을 원합니다. 그에 따라 개발자가 만들어야 할 기능들은 점점 복잡해지고 있습니다. 이런 상황에서 함수형 프로그래밍은 기존의 명령형 프로그래밍의 좋은 대안이 될 것이라고 생각합니다.

이 책은 요즘 트렌드인 'ES6 문법과 함수형 프로그래밍을 한 번에 배울 방법이 없을까?' 하는 생각에서 출발하였습니다. ES6와 함수형 프로그래밍에 관한 문서들이 아직은 많이 있지 않기 때문에 이 방법들이 개발자를 조금 더 편하게 해 줍니다. 뿐만 아니라 프로그램을 유연하게 개발하는 데 도움이 많이 됨에도 불구하고 익숙하지 않기 때문에 처음에는 적응하는 데 시간이 걸릴 수 있습니다.

Node.js를 배우고 싶고, 프로젝트를 하고 싶은 분들이 ES6와 함수형 프로그래밍으로 들어가는 길을 여는 책이 되었으면 좋겠습니다.

책이 나오기까지 개발자의 길을 보여주고 안내해주고 어떻게 해야 하는지 알려주었던 멘토 선배님들, 김규하, 심혜택, 천성문 선배님께 감사드립니다.

김경록

이제는 웹의 전성시대입니다. 인터넷 이용자 수가 2018년에 36억 명을 돌파하며 전 세계 인구의 거의 절반 정도가 정기적으로 인터넷을 사용할 것으로 전망될 정도로 웹은 우리 생활 속 일부가 되었습니다.

웹은 1990년대 인터넷이 등장하면서 하이퍼텍스트(HTML) 위주의 웹 1.0 시대의 환경에서 지금은 인공지능(AI) 기술과 결합하여 계속해서 발전하고 있습니다. 특히 아마존닷컴은 인공지능(AI)을 활용해 사용자 구매 이력 등을 통한 제품 추천을 모두 AI 기술을 기반으로 하고 있습니다. 뿐만 아니라 구글, 네이버 등 많은 글로벌 업체들은 웹과 AI 기술을 활용하여 수많은 사용자 맞춤형 서비스를 출시하고 있습니다.

웹 프로그래밍은 화면단에서의 처리를 하는 프론트엔드와 데이터베이스 저장 및 연산 처리를 하는 백엔드로 나눌 수 있습니다. Node.js가 나오기 전까지 자바스크립트 언어로 프론트엔드 개발밖에 할 수 없었지만, 지금은 자바스크립트 언어 하나로 프론트엔드와 백엔드 모두를 개발할 수 있게 되었습니다.

또한 Node.js에는 다른 개발자가 미리 만들어 놓은 좋은 모듈을 쉽게 쓸 수 있기 때문에 손쉽게 원하는 결과물을 만들어 낼 수 있습니다. Node.js는 스타트업과 같이 규모가 작은 회사에서 적은 개발 인력으로도 애플리케이션을 구현할 때 걸리는 시간, 생산성, 유지보수 비용 등이 타 언어보다 우수하기 때문에 최근에 더욱 각광받고 있습니다. 물론 작은 스타트업뿐만 아니라 링크드인(LinkedIn), 이베이(ebay), 페이팔(PayPal), 트위터(Twitter) 등과 같이 큰 규모의 회사들도 Node.js를 활용하여 서비스하고 있습니다.

이 책은 JavaScript + Node.js에 대한 기초 및 응용서입니다. 프로그래밍은 수영과 비슷합니다. 자유형, 접영에 대한 방법을 배운다고 해서 수영을 잘 할 수 있는 것은 아닙니다. 실제 몸으로 훈련을 해야 비로소 익혀지는 것입니다. 프로그래밍도 예제 코드를 하나씩 작성해보면 쉽게 이해되고 자기 것이 됩니다. 처음에는 내가 잘 할 수 있을지 불안하지만, 하나씩 따라가다 보면 어느새 초보 운전자가 초보 스티커를 떼듯 프로그래밍 또한 익숙해질 것이라고 생각합니다. 프로그래밍을 익히는 방법에 대한 내 생각이 다를 수 있지만 많이 접해보고 실습하다 보면 어느새 익숙해진 자신의 모습을 볼 수 있을 것입니다.

마지막으로 책을 집필할 수 있도록 흔쾌히 허락해 주신 김연주 전무님, 미완성 원고를 함께 리뷰한 이민섭님, 책의 방향성과 내용을 함께 고민해준 arcy님, 지금 이 자리에 있기까지 늘 감사하고 존경하는 제 인생의 멘토 nusys, 심혜택님 그리고 사랑하는 형과 부모님, 공동 저자 김경록군과 책 교정 및 편집을 맡은 모든 분께 감사드립니다.

정지현

이 책의 구성

예제 제목

해당 예제의 번호와 제목을 가장 핵심적인 내용으로 나타냅니다.

학습 내용

해당 예제에서 배울 학습 내용을 설명합니다.

힌트 내용

예제에 대한 힌트나 시간을 절약할 수 있는 방법, 앞에서 설명한 내용과 관련된 또 다른 과정, 일반적으로 알려진 기본 방법 이외에 숨겨진 기능을 설명해 줍니다.

소스

예제의 파일명을 나타냅니다.
예제 파일은 정보문화사 홈페이지 (www.infopub.co.kr) 자료실에서 다운로드 받을 수 있습니다.

예제 소스

단락에서 배울 내용의 전체 예제 (소스)를 나타냅니다.

실전
140

**http 모듈 – request 객체,
method 속성 POST**

• **학습 내용** : server 객체의 method 속성에 대해 알아보겠습니다.
• **힌트 내용** : POST 요청 매개변수

📁 140_example_2.html

```html
1  <!DOCTYPE html>
2  <html lang="en">
3  <head>
4      <meta charset="UTF-8">
5  </head>
6  <body>
7  <h1>Example for POST</h1>
8  <form method = "post">
9      <table>
10         <tr>
11             <td>Soju</td>
12             <td><input type = "text" name = "beverage_1"/></td>
13         </tr>
14             <td>Beer</td>
15             <td><input type = "text" name = "beverage_2"/></td>
16     </table>
17     <input type = "submit" />
18 </form>
19 </body>
20 </html>
```

Part 4 ▶ Node.js 라이브러리를 활용한 실전 응용

결과 ⑥

```
[Delete 문]
OkPacket {
  fieldCount: 0,
  affectedRows: 1,
  insertId: 0,
  serverStatus: 2,
  warningCount: 0,
  message: '',
  protocol41: true,
  changedRows: 0 }
```

테이블에 저장된 데이터를 삭제하는 방법에 대해 알아보겠습니다. 데이터를 삭제하기 위해서 ◆ 16~21
는 DELETE문을 사용합니다. DELETE문을 통해 writer가 'JI'인 것을 삭제해 보겠습니다. ⑦

쿼리문이 정상적으로 실행되었으면 select문을 통해 삭제가 잘 되었는지 확인해 보기 바랍니다.

지금까지 간단한 SQL 문법을 통해 데이터를 조작하는 방법을 배웠습니다.

📄 CAUTION ⑧

WHERE절을 사용하지 않으면 테이블 내의 모든 데이터가 삭제될 수 있으니 꼭 WHERE절을 사용해서
안전하게 데이터를 삭제해야 합니다.

결과 화면

설명한 예제의 입력, 컴파일, 링크
과정을 거쳐 예제의 실행 결과를
보여줍니다. 이 결과와 다르게 나
온다면 다시 한 번 확인해 보는 것
이 좋습니다.

줄 번호

예제(소스)를 줄 번호에 맞게 차
례대로 차근차근 설명해 줍니다.

CAUTION

예제를 학습해 보면서 현재 내용
과 관련된 추가 정보나 주의할 점,
초보자가 종종 놓칠 수 있는 내용
을 알려줍니다.

차례

PART 1 입문 Node.js 프로그램 걸음마 배우기

PART 2 **초급** Node.js 프로그램 기본기 연마하기

PART 3 중급 Node.js 함수형 프로그램과 실전 예제

PART 4 활용 Node.js 라이브러리를 활용할 실전 응용

PART 5 · 실무 · Node.js로 간단한 프로그램 만들기

1 PART 입문

Node.js 프로그램
걸음마 배우기

Node.js 설치하기

- **학습 내용 :** Node.js에 대해 알아보고 설치해 보겠습니다.
- **힌트 내용 :** 설치할 때는 LTS 버전으로 하는 것이 좋습니다.

Node.js는 웹 브라우저에서 사용하는 자바스크립트 실행 엔진을 웹 브라우저 말고 다른 곳(서버, pc 등)에서도 사용할 수 있도록 만들어 놓은 프로그램입니다.

자바스크립트는 굉장히 친숙한 언어라는 장점이 있고, Node.js는 전세계 많은 개발자들이 라이브러리를 꾸준히 만들고 업데이트하는 생태계가 구축되어 있기 때문에 다른 언어에 비해 비교적 기능 추가하기가 쉽습니다.

Node.js로 프로그래밍을 하기 위해 설치해 보겠습니다. 설치 방법은 간단합니다.

구글에 Node.js를 검색하거나 https://nodejs.org에서 다운로드 받을 수 있습니다.

왼쪽에 있는 LTS 버전으로 다운로드 받고 실행하면 설치할 수 있습니다. LTS 버전이 현재 안
정적이고 신뢰도가 높으므로 가급적 LTS 버전을 추천합니다.

설치 화면이 나오고 [Next] 버튼을 누르면 설치가 완료됩니다.

웹스톰 설치 및 hello 출력

- **학습 내용** : Node.js 편집기인 WebStorm(웹스톰)을 설치하고 hello를 출력해 봅니다.
- **힌트 내용** : WebStorm(웹스톰) 대신 Atom(아톰) 등 다른 IDEA를 이용해도 됩니다.

Node.js로 개발할 때 웹스톰을 이용하면 편하게 할 수 있습니다. 웹스톰 말고 atom.io(아톰), eclipse(이클립스), 메모장 등 다른 편집기를 이용해도 됩니다.

웹스톰을 다운로드 받아 보겠습니다. 구글에 웹스톰을 검색해서 다운로드 받을 수 있습니다. 또는 https://www.jetbrains.com/webstorm/에서 다운로드 받을 수 있습니다.

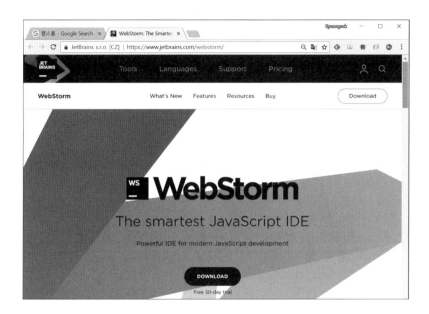

웹스톰 사이트에 접속해서 [DOWNLOAD] 버튼을 클릭해 다운로드 합니다. 이 버전은 30일 평가판입니다.

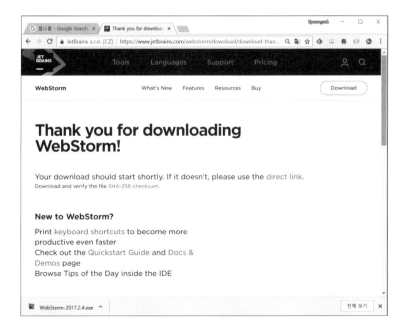

다운로드 받은 파일을 실행하면 설치할 수 있습니다. 설치가 완료되면 웹스톰을 실행합니다.

웹스톰으로 프로젝트를 만들어 보겠습니다

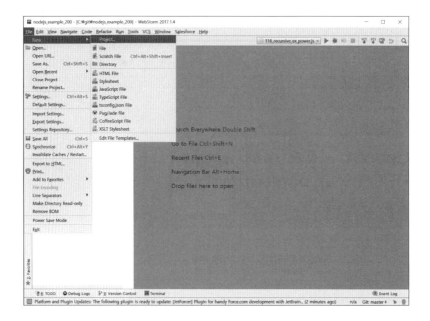

웹스톰을 실행하고 [File] - [New] - [Project]를 선택합니다.

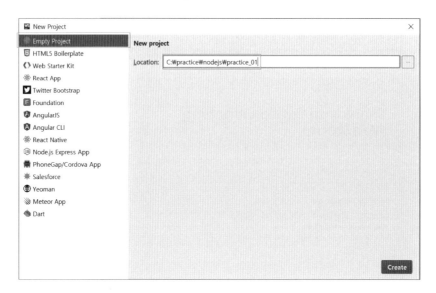

왼쪽 맨 위에 'Empty Project'를 선택하고 Location을 원하는 위치로 지정합니다. 이 책에서는
C:₩practice₩nodejs₩practice_01로 지정했습니다.

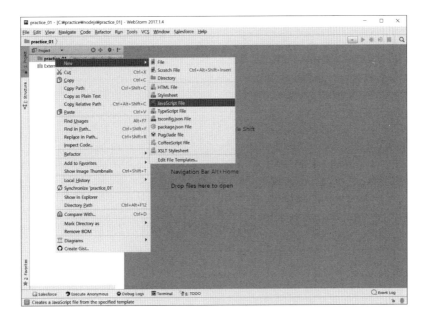

좌측 상단에 프로젝트이름(practice_01)에서 마우스 오른쪽 버튼을 눌러 컨텍스트 메뉴를 호출합니다. [File] – [New] – [JavaScript File]을 선택해서 .js 파일을 만듭니다.

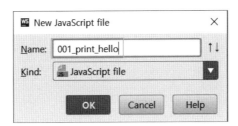

Name을 원하는 이름으로 지정합니다. 여기에서는 '001_print_hello'로 지정했습니다.

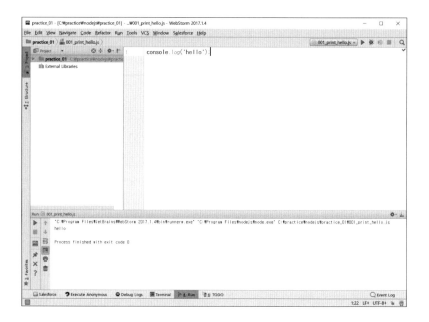

파일이 만들어지면 console.log('hello');라고 입력하고 Ctrl + Shift + F10으로 실행합니다. 아래 콘솔창이 열리면서 hello라고 출력되면 잘된 것입니다.

자바스크립트에서 console.log()는 프로그램을 실행한 결과를 콘솔(아래 보이는 부분)에 출력하는 명령어입니다. 이 명령어에 대해서는 뒤에서 자세히 다룹니다.

ECMAScript6(ES6)란?

- **학습 내용** : 자바스크립트의 새로 나온 문법인 ES6에 대해 알아봅니다.
- **힌트 내용** : ES6는 ECMAScript6의 약자입니다. 자바스크립트의 문법입니다.

```
1   // es5 스타일
2   function printHelloEs5() {
3     console.log('hello es5');
4   }
5
6   // es6 스타일
7   const printHelloEs6 = () => {
8     console.log('hello es6');
9   }
10
11  printHelloEs5();
12  printHelloEs6();
```

결과

```
hello es5
hello es6
```

이 책에서는 ES6 문법으로 가능한 모든 예제를 다룰 예정입니다.

ES6는 ECMA라는 국제 기구에서 만든 ECMAScript 표준 문서의 6번째 개정판 문서에 있는 표준 스펙입니다. ES2015라고도 쓰는데, 6번째 버전이 2015년도에 나왔기 때문입니다. ECMAScript의 7번째 버전은 ECMAScript7 또는 ES7이라고 쓰고 2016년에 나왔기 때문에 ES2016이라고 부릅니다.

ES6라고 많이 쓰는 이유는, 이전에 사용하던 표준인 ES5에서 아주 많이 바뀌었기 때문입니다. ES5는 2011년에 나왔고, ES6는 2015년에 나왔는데 내용이 2배 이상 많아졌습니다. ES7은 ES6에서 많이 바뀌지 않았습니다. 그래서 ES7이라고 쓰지 않고 ES6 문법이 ES5와 비교해서 거의 새롭기 때문에 ES6라고 씁니다.

console.log('hello');로 'hello' 출력하기

- **학습 내용** : 콘솔에 hello를 출력해 봅니다.
- **힌트 내용** : console.log()를 이용합니다.

```
1  console.log('hello');
2  console.log('hello', 'bye'); // 여러 개 값 출력하기
3  console.warn(`this line ${'can make error'} `)
```

결과

```
hello
hello bye
this line can make error
```

프로그래밍을 시작할 때 가장 먼저 해보는 것은 hello를 출력하는 코드를 작성하는 일입니다.

1 ◆ Node.js의 출력은 console.log()를 이용합니다. console.log()는 디버깅을 하거나 로그를 남길 때 사용합니다.

2 ◆ 여러 개의 값을 출력하고 싶다면 2번줄처럼 ,(콤마)를 이용해서 여러 개 써줍니다.

console이라는 Class가 있고 .log()라는 method를 사용합니다. console.error(), console.warn() 등을 사용할 수도 있습니다.

3 ◆ `(백틱)을 사용했습니다. '(싱글쿼트)와는 다른 기호입니다. 키보드의 Tab 바로 위에 있는 문자입니다. `(백틱)으로 감싸주면 탬플릿처럼 사용할 수 있습니다.

백틱에 대한 설명은 뒤에서 자세히 하겠습니다.

포맷팅(Formatting)해서 출력하기

- **학습 내용** : 여러 가지 값을 출력할 때는 %s, %d를 씁니다.
- **힌트 내용** : console.log('name:%s', 'kyeongrok');

```javascript
1   console.log('name:%s', 'kyeongrok'); // 템플릿 형식으로 출력하기
2   console.log('age:%d', 31); // 숫자는 %d
3   console.log('pi:%d', 3.14); // 숫자는 %d
4   console.log('math:%d science:%d', 92, 84); // 2가지 같이 쓰기
5   console.log('name:%s age:%d', 'kyeongrok', 31); // 여러 가지 같이 쓰기
6   console.log('name:%s math:%d science:%d', 'kyeongrok', 92, 84);
7                                             // 3가지 같이 쓰기
8   console.log('name:%s math:%s science:%s', 'kyeongrok', 92, 84);
9                                             // %s로 다 쓰기
```

개발할 때 test 코드를 작성해서 메소드 단위로 개발하는 것이 보통이지만, console.log()를 이용해 눈으로 데이터를 확인하면서 개발할 때가 많습니다.

console.log를 이용할 때 %s, %d 등을 사용해 포맷팅해서 사용할 수 있습니다. 이렇게 포맷팅을 해 놓으면 콘솔에 출력된 변수가 어떤 변수인지 쉽게 알 수 있고, 한 줄에 여러 변수를 형식에 맞추어 출력할 수 있기 때문입니다.

물론 +를 이용해 연결하는 방법도 있지만 +는 여러 개 출력할 때 매번 "로 구분해 주어야 하기 때문에 %s %d 등을 쓰는 포맷팅 방식이 익숙하지 않으면 어려울 수 있지만 익숙해지면 +를 이용하는 방법보다 더 편합니다.

기본적인 사용법은 %s를 ' ' 안에 써주고 ,를 찍고 %s에 들어갈 값을 써줍니다. ◆ 1

숫자, 소수점은 %d를 써줍니다. ◆ 2~3

두 가지를 같이 쓰려면 ' ' 안에 %d %d를 두 개 써주고 그 개수만큼 뒤에 ,를 찍고 들어갈 값을 ◆ 4~5
써줍니다.

개수가 맞지 않으면 math:92 science:%d 이런 식으로 그냥 %d로 나옵니다.

```
console.log('name:%s math:%d science:%d', 'kyeongrok', 92, 84);
name:kyeongrok math:92 science:84
```

6

이름, 수학점수, 과학점수 이렇게 3가지 또는 그 이상도 뒤에 ,를 찍어주고 값을 넣어주기만 하면 같이 쓸 수 있습니다.

8 ◆ %d 혹은 %s 중 어느 것으로 쓸지 헷갈린다면 모두 %s로 써주어도 출력이 잘 됩니다. 처음에는 %s로 쓰다가 나중에 익숙해지면 문자, 숫자를 구분해서 쓰도록 합니다.

`${변수}` 백틱을 이용한 포맷팅

- **학습 내용** : `백틱을 이용해 문자열을 쉽게 포맷팅 할 수 있습니다.
- **힌트 내용** : `백틱은 Tab 위 숫자 1 옆에 있습니다.

```javascript
1   const greeting1 = 'hello';
2   const greeting2 = 'bye';
3   const name1 = 'kyeongok';
4   const name2 = 'jihyun';
5
6   const statement = `${greeting1}! my name is ${name2}`;
7   const statement2 = `${greeting2}! my name is ${name2}`;
8
9   console.log(`${greeting1}! my name is ${name1}`);
10  console.log(`${greeting2}! my name is ${name1}`);
11  console.log('statement:', statement);
12  console.log('statement2:', statement2);
```

결과

```
hello! my name is kyeongok
bye! my name is kyeongok
statement: hello! my name is jihyun
statement2: bye! my name is jihyun
```

`백틱(backtick)을 이용하면 쉽게 포맷팅을 해서 출력할 수 있습니다. 출력뿐만 아니라 포맷팅 된 스트링 자체를 변수에 넣거나 리턴값으로 사용할 수도 있습니다. 새로 나온 ES6 문법에서는 이 문법을 권장합니다.

앞에서 배운 '%s %d'를 이용하는 것은 템플릿을 만들고 그 안에 넣는 방법이라 사용하기 직관적이지 않습니다.

'hello!' + name 이렇게 +를 이용해서 문자열과 변수를 연결하는 방법은 띄어쓰기, +로 끊어지는 등 익숙하긴 하지만 불편합니다.

하지만 `백틱을 이용하는 방법은 문장을 쓰듯이 코딩할 수 있어 직관적이고 빨리 만들 수 있습니다. 사용 방법은 Tab 위에 숫자 1번 왼쪽에 있는 `백틱을 이용하면 됩니다.

1~4◆ 문자열을 선언합니다.

6~7◆
```
const statement = `${greeting1}! my name is ${name2}`
```

앞뒤에 `백틱을 쓰고 ${} 달러 표시, 중괄호를 차례로 넣고 그 안쪽에 변수를 넣어주면 됩니다. 템플릿을 바로 변수에 넣어줄 수 있다는 점이 편리합니다.

9~10◆ `백틱으로 포맷팅한 문자열을 console.log()로 바로 출력해 줄 수 있습니다.

11~12◆ 변수에 넣은 포맷팅한 문자열을 출력합니다.

주석 comment

• **학습 내용** : 주석 처리하는 법을 배웁니다.
• **힌트 내용** : //, /* */

```
1   // 한 줄 주석 처리하기
2
3   /*
4   여러 줄 주석 처리하기
5     */
6
7   console.log('hello');
8   // console.log('bye');
9
10  console.log('welcome');
11  /*
12    console.log('happy');
13    console.log('birth');
14    console.log('day');
15    */
```

프로그램 코드에서 설명을 추가하고 싶거나 일부 코드를 실행하지 않고 싶다면 주석을 사용합니다. 주석은 //와 /* */ 두 가지가 있습니다.

'hello'를 출력합니다.   ◆ 7

//로 한 줄 주석 처리가 되어 있기 때문에 출력되지 않습니다.   ◆ 8

'welcome'을 출력합니다.   ◆ 10

/* */로 여러 줄 주석 처리가 되어 있기 때문에 happy, birth, day가 출력되지 않습니다.   ◆ 11~15

변수 선언하기 let

- **학습 내용** : 자바스크립트에서 변수 선언하는 법을 배웁니다.
- **힌트 내용** : let을 앞에 붙여줍니다.

```
1  let fruit = 'apple';
2  console.log('fruit:', fruit);
3
4  fruit = 'grape';
5  console.log('fruit:', fruit);
```

선언을 한 후 값을 바꿀 수 있는 것이 변수입니다.

인터넷에서 예제를 찾다보면 이전 문법인 es5일 때 작성된 코드이거나, 호환성 문제 때문에 변수 앞에 let 대신 var를 사용한 예제들이 많습니다. 호환성 문제는 babel이라는 도구가 있어서 해결할 수 있기 때문에 이 점은 걱정할 필요가 없습니다.

이 책에서는 es6 문법을 따르므로 변수를 선언할 때 let을 이용합니다. var를 이용한 코드를 본다면 'var는 let이구나'라고 생각하면 됩니다.

let을 쓰는 이유는 단지 es6 문법 때문만은 아닙니다.

```
var variable1 = 'hello';
var variable1 = 'bye';

console.log(variable1);
```

위 코드와 같이 var는 같은 이름의 변수를 여러 번 선언하는 것을 허용합니다. 반면 let은 같은 이름의 변수에 let을 붙여 다시 선언하면 다음과 같은 에러가 발생합니다.

```
SyntaxError: Identifier 'fruit' has already been declared
```

같은 이름의 변수를 다시 선언하면 다른 코드가 이 변수를 이미 사용하고 있는 경우 문제가 발생할 수 있습니다. let을 이용하면 이런 문제를 미리 방지할 수 있습니다.

처음 배울 때는 무엇이든 잘 실행되는 것이 편할 수 있지만 실제로 사용자가 사용하는 애플리케이션을 만들 때는 이런 경우를 미리 알려주는 것이 버그를 줄이는 데 도움이 됩니다.

변수와 상수

```
1  let fruit1 = 'apple';
2  fruit1 = 'banana';
3  const pi = 3.14;
4
5  console.log('fruit1 : ', fruit1);
6  console.log('pi : ', pi);
```

결과

```
banana
3.14
```

변수는 '변'하는 '수'의 줄임말이고, 상수는 항'상' 같은 '수'의 줄임말입니다.

영어로 변수는 variable이라고 쓰고 베리어블 버리어블 등으로 읽습니다. let을 앞에 붙여주고 선언합니다.

영어로 상수는 constants라고 쓰고 컨스탄츠, 콘스탄츠 등으로 읽습니다. const를 앞에 붙여주고 선언합니다.

let으로 선언한 변수는 말 그대로 변하는 수이기 때문에 값을 한 번 넣은 이후에 다른 값으로 넣을 수 있습니다. 하지만 constants로 선언한 상수는 한 번만 값을 넣을 수 있습니다. 다른 값으로 바꾸려고 하면 다음과 같은 에러가 발생합니다.

```
const pi = 3.14;
pi = 3.15;

console.log(pi);
```

결과

```
pi = 3.15;
   ^

TypeError: Assignment to constant variable.
```

const는 '상수'라는 뜻으로 상수를 선언한 후에 재할당을 하려고 하면 에러가 발생합니다. 뒤에 프로그램이 복잡할 것을 대비해 최대한 const를 사용합니다. const는 상수입니다. 상수는 변하는 수인 변수와는 다르게 항상 같은 수이기 때문에 한 번 값을 넣으면 바꿀 수 없습니다.

const를 기본으로 사용하고 꼭 바뀌는 값이면 다시 let으로 바꾸어 주는 방식으로 개발하는 것도 좋습니다.

처음 배울 때는 상수를 사용하는 방식이 재할당을 하려고 할 때마다 에러가 나서 불편하겠지만, 꼭 필요한 곳에만 변수를 사용하는 연습을 하면 더 좋은 프로그램을 만들 수 있습니다.

문자와 숫자

- **학습 내용** : 자바스크립트의 두 가지 타입인 문자형과 숫자형에 대해 배웁니다.
- **힌트 내용** : '10'은 문자 10은 숫자입니다.

```
1  const string10 = '10';
2  const string20 = '20';
3  const number10 = 10;
4  const number20 = 20;
5
6  console.log('string:%s', string10 + string20);
7  console.log('number:%d', number10 + number20);
8  console.log('string + number:%s', string10 + number20);
```

결과

```
string:1020
number:30
string + number:1020
```

프로그래밍을 배우면서 처음에 가장 헷갈리는 부분은 문자와 숫자를 구분하는 것입니다.

사람은 '10', 10이라고 써있는 것을 보면 10이라고 알 수 있습니다. 또한 " '10'에 20을 더하면 몇 일까요?"라고 질문을 한다면 "30이요"라고 대답할 수 있습니다.

'10'과 10의 차이점이 보이시나요? '가 앞뒤에 있고 없고 차이가 있습니다. '가 앞뒤에 있는 '10'을 컴퓨터는 문자로 인식하고 10은 숫자로 인식합니다.

"더하면"이라는 표현을 보고 '10'이 숫자 10이라고 인간은 유추할 수 있습니다. 유추하다는 미루어 짐작한다는 뜻입니다. 하지만 컴퓨터는 다른 연산 없이 특정 문자만을 가지고 어떤 내용을 유추할 수 없습니다. 그래서 프로그래밍을 처음 할 때는 문자와 숫자를 정확히 구분해서 컴퓨터에게 식으로 알려주어야 계산을 정확하게 해줍니다.

string10이라는 이름으로 상수를 선언하고 '10'이라는 문자열을 넣었(할당)습니다. '10'이 문자 ◆ 1~2
열인 이유는 ''(싱글쿼트)로 감싸져 있기 때문입니다. 자바스크립트에서 문자열을 표현할 때는
'' 이렇게 싱글쿼트로 감싸줍니다.

number10이라는 이름으로 변수를 선언하고 10이라는 숫자를 넣었습니다. 싱글쿼트로 감싸지 ◆ 3~4
않았기 때문에 10은 숫자입니다.

문자 '10'과 문자 '20'을 더하면 몇이 나올까요? 결과는 '1020'이라는 문자입니다. 더하기(+)는 ◆ 6
문자일 경우 두 개의 문자를 이어주기 때문입니다.

숫자 10과 숫자 20을 더하면 우리가 예상한 결과인 30이 됩니다. 이런 연산을 하려면 숫자여야 ◆ 7
합니다.

문자와 숫자를 더하면 어떻게 될까요? 문자 '10'과 숫자 20을 더하면 문자 '1020'이 됩니다. ◆ 8

숫자인지 판단하기 ,isNaN()

- **학습 내용** : 연산 결과가 숫자인지 아닌지 확인하는 방법을 알아봅니다.
- **힌트 내용** : isNan(값)

```
1   const isNaN123 = isNaN(123);
2   const isNaNMinus123 = isNaN(-123);
3   const isNaN234 = isNaN('234');
4   const isNaNHello = isNaN('hello');
5
6   console.log('isNaN123:', isNaN123);
7   console.log('isNaNMinus123:', isNaNMinus123);
8   console.log('isNaN234:', isNaN234);
9   console.log('isNaNHello:', isNaNHello);
```

결과

```
isNaN123: false
isNaNMinus123: false
isNaN234: false
isNaNHello: true
```

isNaN은 is Not a Number의 줄임말입니다. isNaN()은 괄호 안에 넘겨준 파라미터가 숫자이면 False를 리턴하고 숫자가 아닌 다른 타입이면 True를 리턴하는 기능을 수행합니다.

const isNan123 = isNaN(123);과 같이 isNaN(특정값);으로 쓰이며, 특정값에 판별하고 싶은 값을 넣어주면 됩니다.

1~4 ◆ 양의 정수 123, 음의 정수 −123, 문자열 '234', 문자열 'hello'로 각각 초기화하는 상수들을 선언했습니다.

6~9 ◆ isNaN() 연산의 결과값들을 출력합니다. 123, −123은 숫자이므로 False, 234는 숫자이지만 ' '와 같이 문자열을 나타내는 연산을 하였으므로 숫자로 인식하지 않아 True를 반환합니다. 'hello'도 마찬가지로 True를 반환합니다.

더하기, 빼기, 곱하기, 나누기

- **학습 내용 :** 사칙연산을 하는 법을 배웁니다.
- **힌트 내용 :** const result = 10 + 20;

```
1   const number10 = 10;
2   const number20 = 20;
3
4   const plusResult = number10 + number20;
5   const minusResult = number10 - number20;
6   const multipleResult = number10 * number20;
7   const divideResult = number10 / number20;
8
9   console.log('10 + 20 = ', plusResult);
10  console.log('10 - 20 = ', minusResult);
11  console.log('10 * 20 = ', multipleResult);
12  console.log('10 / 20 = ', divideResult);
```

결과

```
10 + 20 =  30
10 - 20 =  -10
10 * 20 =  200
10 / 20 =  0.5
```

'hello'를 출력해 보았으니 이제는 더하기, 빼기, 곱하기, 나누기 사칙연산을 해 볼 차례입니다.

변수 number10, number20을 선언하고 각각 10, 20을 대입합니다.　　　　　　　　　　　◆ 1~2

plusResult, minusResult, multipleResult, divideResult에 각각 number10에 있는 10과　◆ 4~7
number20에 있는 20을 연산한 결과를 변수에 넣습니다.

결과를 출력합니다.　　　　　　　　　　　　　　　　　　　　　　　　　　　　　　◆ 9~12

나머지 구하기 – 홀수, 짝수 판단

- **학습 내용** : 숫자 5를 2로 나눈 나머지를 구하는 법을 알아봅니다.
- **힌트 내용** : 나머지는 특정 값이 홀수인지 짝수인지 혹은 n의 배수인지 등을 알아볼 때 사용합니다.

```
1  console.log('5 % 2 :', 5 % 2);
2
3  const numbers = [5, 6, 7, 8];
4
5  console.log(numbers[0], 'is even number:', numbers[0] % 2 === 0);
6  console.log(numbers[1], 'is even number:', numbers[1] % 2 === 0);
7  console.log(numbers[2], 'is even number:', numbers[2] % 2 === 0);
8  console.log(numbers[3], 'is even number:', numbers[3] % 2 === 0);
```

결과

```
5 % 2 : 1
5 'is even number:' false
6 'is even number:' true
7 'is even number:' false
8 'is even number:' true
```

5 더하기 2를 구할 때는 + 연산자를 사용하고 나머지를 구할 때는 % 연산자를 씁니다.

1 ◆ 5 % 2는 5를 2로 나눈 나머지를 구하는 식입니다. 5를 2로 나눈 나머지는 1이기 때문에 결과에 1이 출력됩니다.

5~8 ◆ 나머지를 이용해 해당 숫자가 홀수인지 짝수인지를 판단할 수 있습니다. 2로 나눈 나머지가 0이면 짝수이고 1이면 홀수입니다.

위 예제에 나온 ===는 비교연산자로, 비교하는 두 값이 같은지 비교합니다.

문자열 개수 세기 .length

- **학습 내용** : 문자열의 개수를 세는 법을 알아봅니다.
- **힌트 내용** : string.length

```
1   const string = 'hello';
2   const string2 = 'The method then selects elements from the start
3   argument, and up to (but not including) the end argument.';
4
5   console.log('string:', string.length);
6   console.log('string2:', string2.length);
7   console.log('string[0]:', string[0]);
8   console.log('string2[104]:', string2[104]);
```

결과

```
string: 5
string2: 105
string[0]: h
string2[104]: .
```

문자열에서 첫 번째 글자와 맨 마지막 글자를 알고 싶다면 어떻게 해야 할까요?

문자열 변수를 선언합니다.

◆ 1~3

console.log('**string[0]:**', string[0]);처럼 맨 앞글자를 알고 싶다면 0번째 값을 출력하 면 되겠지만 맨 마지막 글자를 알고 싶다면 해당 문자열의 길이를 알아보아야 합니다. 문자열 의 길이를 알아보려면 .length를 사용합니다. .length는 배열의 길이를 구할 때도 사용합니다.

◆ 6

2번 줄에서 string2의 길이는 .length로 세어보니 105글자입니다.

맨 마지막 글자를 선택하려면 string2[105]가 아닌 string2[104]를 사용해야 합니다. 왜냐하면 배열은 0번부터 시작하기 때문입니다.

해당 문자열 찾기 indexOf()

- **학습 내용** : 특정 문자열이 몇 번째에 있는지 찾는 방법을 알아봅니다.
- **힌트 내용** : 해당 문자열이 포함되어 있는지 여부도 알 수 있습니다.

```javascript
1  const string = 'hello';
2  const string2 = 'helelelelelello';
3  const string3 = 'The method then selects elements from the start argument.';
4
5  console.log('hel:', string.indexOf('hel'));
6  console.log('el:', string.indexOf('el'));
7  console.log('elelelel:', string2.indexOf('el'));
8  console.log('method:', string3.indexOf('method'));
9  console.log('bye:', string3.indexOf('bye'));
```

결과

```
hel: 0
el: 1
elelelel: 1
method: 4
bye: -1
```

문자열에 특정 문자열이 있는지, 몇 번째에 있는지 알고 싶다면 .indexOf()를 사용합니다. 여기에서 문자열은 작게는 1글자에서 많게는 100글자 이상일 수 있습니다.

.indexOf()는 문자열(hello)에서 지정한 문자열(el)이 언제 가장 먼저 등장하는지를 알려줍니다.

1~3 ◆ 문자열 변수를 선언합니다.

5 ◆ 1번 줄에서 선언한 string에 'hel'이라는 문자열이 들어 있는지 확인하는 코드입니다. 결과가 0으로 나왔습니다. 'hello'에서 h는 0번째에 있고 e는 1번째, l은 2번째에 있습니다. 그래서 hel은 0번째부터 시작하기 때문에 결과가 0으로 나왔습니다.

1번 줄에서 선언한 string에 'el'이라는 문자열이 들어 있는지 확인하는 코드입니다. 결과가 1로 나왔습니다. 'el'은 1번째에서 시작하기 때문에 결과로 1이 나왔습니다. ◆ 6

.indexOf()는 지정한 문자열이 가장 먼저 등장하는게 어디인지를 알려주기 때문에 'elelelelel' 처럼 el이 여러 개 있어도 가장 먼저 등장하는 위치인 1번을 결과값으로 알려줍니다. ◆ 7

2번 줄에 선언한 string2에서 'method'라는 단어가 몇 번째에 나타나는지 알아보는 코드입니다. 공백도 String의 배열에 포함되기 때문입니다. ◆ 8

'hello'에서 'bye'를 찾아보았습니다. 'bye'가 없기 때문에 −1을 리턴합니다. ◆ 9

배열(array) 선언하기

- **학습 내용** : 배열에 대해 알아보고 배열을 선언해 봅니다.
- **힌트 내용** : [1, 2, 3]을 이용하는 방법과 new Array(1, 2, 3)을 이용하는 방법이 있습니다.

```
 1  const numbers = [1, 2, 3];
 2  const strings = ['hello', 'bye', 'welcome'];
 3
 4  // new Array()를 이용하는 방법은 []를 이용하는 방법과 동일. []를 이용하는게 좋음
 5  const numbers2 = new Array(1, 2, 3);
 6  const strings2 = new Array('hello', 'bye', 'welcome');
 7
 8  console.log('numbers : ', numbers);
 9  console.log('numbers2 : ', numbers2);
10  console.log('strings : ', strings);
11  console.log('strings2 : ', strings2);
```

결과

```
numbers : [ 1, 2, 3 ]
numbers2 : [ 1, 2, 3 ]
strings : [ 'hello', 'bye', 'welcome' ]
strings2 : [ 'hello', 'bye', 'welcome' ]
```

배열은 array를 번역한 말입니다. '어레이'라고 읽습니다. 하나의 변수에 여러 가지 값을 넣기 위해 배열을 사용합니다. 배열은 자바스크립트에서 가장 많이 사용하는 자료구조입니다.

```
let ar = [];
let numbers2 = new Array(1, 2, 3);
```

이렇게 두 가지 방법으로 선언할 수 있습니다. []로 선언하는 방법이 더 간단하고 직관적이기 때문에 []를 사용하는 것이 좋습니다.

프로그래밍을 할 때 변수명 혹은 상수명 등을 잘 지어 놓으면 나중에 다시 보기 좋을뿐만 아니 ◆ 1
라 다른 사람이 보기에도 편합니다. 이를 가독성이라고 합니다. 배열의 이름을 지을 때 숫자가
여러 개 들어 있다면 위와 같이 numbers라고 뒤에 s를 붙여주는 것이 좋습니다. 마찬가지로 문
자열이 여러 개 들어 있다면 strings라고 뒤에 s를 붙여주는 것이 좋습니다.

배열(array)에 값 넣기

• **학습 내용 :** 선언한 배열에 값을 넣는 법을 배웁니다.
• **힌트 내용 :** ar.push('hello');를 이용하면 ar이라는 배열에 'hello'라는 값을 넣을 수 있습니다.

```
1  const arNumbers = [];
2  arNumbers.push(1);
3  arNumbers.push(2);
4  arNumbers.push(3);
5
6  const arTexts = [];
7  arTexts.push('hello', 'welcome', 'bye');
8
9  console.log(arNumbers);
10 console.log(arTexts);
```

결과

```
[ 1, 2, 3 ]
[ 'hello', 'welcome', 'bye' ]
```

배열에 값을 넣으려면 .push()를 사용합니다.

arNumbers라는 배열을 선언해 놓고 이 배열에 숫자 '1'을 넣고 싶다면 arNumbers.push(1);라고 해주면 1이 들어갑니다.

배열을 미리 선언 해놓고 값을 넣는 방법이 있고, 배열을 선언하면서 값을 넣을 수도 있습니다.

```
let arNumbers = [];
arNumbers.push(1);
arNumbers.push(2);
arNumbers.push(3);
```

◆ 1~4

이 방법은 arNumbers라는 배열을 선언해 놓고 1, 2, 3 값을 차례대로 넣는 방법입니다.

```
let arTexts = [];
arTexts.push('hello', 'welcome', 'bye');
```

◆ 6~7

이 방법은 배열을 선언해 놓고 'hello', 'welcome', 'bye'를 한꺼번에 넣는 방법입니다.

배열(array) 출력하기

```
1   const arCoffee = [];
2   console.log(arCoffee[0]); // 배열에 아무 것도 없을 경우 undefined가 출력됨
3   console.log(arCoffee.length); // .length를 이용해 개수를 셈
4
5   arCoffee.push('아메리카노', '라떼', '카푸치노');
6   console.log(arCoffee.length);
7   console.log(arCoffee[0]); // 첫 번째 값을 뽑을려면 0번을 써야 함
```

결과

---

undefined

0

3

아메리카노

배열에서 값을 뽑을 때는 arCoffee[0], arCoffee[1] 이런 식으로 0번부터 뽑을 수 있습니다. 첫 번째 값을 뽑으려면 arCoffee[0]으로 뽑고 두 번째 값을 뽑으려면 arCoffee[1] 이렇게 뽑습니다. 배열을 선언하고 배열 안에 아무것도 없는 경우 arCoffee[0]으로 값을 뽑으려고 시도하면 위의 결과처럼 'undefined'가 나옵니다.

배열 안에 값이 몇 개가 들어 있는지 알고 싶으면 .length를 이용할 수 있습니다. 위 소스코드에서 배열에 값이 몇 개 들어 있는지 세는 시점에 배열에 아무 것도 없으므로 0이 출력됩니다.

```
arCoffee.push('아메리카노', '라떼', '카푸치노');
```

이렇게 값을 3개 넣고 개수를 세면 3이라고 나옵니다. `console.log(arCoffee[0]);` 이렇게 값을 뽑아서 출력하면 '아메리카노'가 나옵니다. 라떼를 출력하고 싶다면 arCoffee[1]를 출력하면 됩니다.

JSON이란?

- **학습 내용** : JSON이 무엇인지 알아봅니다.
- **힌트 내용** : let user = {name: kyeongrok} 중괄호로 데이터를 표현할 수 있습니다.

```
1    const user = {};
2    user.name = 'kyeongrok';
3    user.age = 31;
4
5    console.log(user);
6
7    const user2 = { name: 'kyeongrok', age: 31 };
8    console.log(user2);
```

결과

```
{ name: 'kyeongrok', age: 31 }
{ name: 'kyeongrok', age: 31 }
```

JSON이란, JSON 또는 json이라고 쓰고 '제이선', '제이썬' 등으로 읽습니다. JavaScript Object Notation(자바스크립트 오브젝트 노테이션)의 약자입니다. 번역해보자면 '자바스크립트 오브젝트 표기법'입니다. 쉽게 말해 자바스크립트에서 오브젝트를 표현하는 방법입니다.

프로그래밍에서 오브젝트는 현실의 '어떤 것'이라고 할 수 있습니다. 이것, 저것, 누구, 무엇 등 음식, 사람, 옷, 집 모든 것들을 '것'으로 표현할 수 있습니다.

사람을 자바스크립트의 json으로 표현해 보겠습니다.

유저2의 이름(user2.name)은 '경록'이고 나이는 31세라고 표현했습니다. 1번 줄처럼 중괄호를 이용해 {} 빈 오브젝트로 선언해 놓고 나중에 값을 넣는 방법도 있습니다. ◆ 7

자바스크립트에서는 이렇게 변수에 어떤 값, 예를 들면 let name = 'kyeongrok'; 이런 한 개의 값(리터럴)뿐만 아니라 json 형식의 오브젝트를 저장함으로써 데이터를 처리하는 데 효율적입니다.

JSON에서 값 뽑기, 필드 추가하기

- **학습 내용** : JSON에서 값 뽑는 법을 알아봅니다.
- **힌트 내용** : 이름을 뽑고 싶을 때는 user['name'] 이렇게 뽑을 수 있습니다.

```
 1 const user = { name: 'kyeongrok', age: 31 };
 2 console.log('user:', user);
 3 console.log('user.name:', user.name);
 4 console.log('user.age:', user.age);
 5
 6 user.job = 'developer';
 7 user.nation = 'korea';
 8 console.log(user);
 9
10 const memberName = 'age';
11 console.log(user[memberName]);
```

결과

```
user: { name: 'kyeongrok', age: 31 }
user.name: kyeongrok
user.age: 31
{ name: 'kyeongrok', age: 31, job: 'developer', nation: 'korea' }
31
```

json 오브젝트 user에서 name인 'kyeongrok'을 출력하고 싶다면 user의 name이라는 멤버에 접근해야 합니다. 멤버에 접근하려면 멤버 접근 연산자(member access operator) [ ](대괄호) 또는 .을 사용합니다.

[ ]는 대괄호라고 읽고 .은 점이라고 읽습니다. .을 사용하는 것을 권장합니다. [ ]는 .으로 접근하기 어려운 경우에 사용합니다. 이를테면 10번 줄처럼 멤버 이름이 변수에 들어 있는 string 형태인 경우입니다.

json에서 값을 뽑는 방법은 `user.name`처럼 멤버 접근 연산자인 .(점) 연산자를 이용합니다.　　◆ 3

기존에 없던 필드와 값을 추가할 수 있습니다. 기존 user 오브젝트는 'job'이라는 필드가 없습　　◆ 6~7
니다. 그런데 job이라는 필드를 추가해주고 값도 같이 넣어줄 수 있습니다.
`user.job = 'developer';` 변수에 해당 필드를 써주고 값을 할당해 주면 됩니다.

typeof로 변수의 타입(형) 알아보기

- **학습 내용** : 변수의 타입을 알아보는 방법을 배웁니다.
- **힌트 내용** : typeof 'hello'를 씁니다.

```javascript
1 const pi = 3.14;
2 const name = 'kyeongrok';
3 console.log('hello : %s', typeof 'hello');
4 console.log('"20" : %s', typeof '20');
5 console.log('pi : %s', typeof pi);
6 console.log('name : %s', typeof name);
7 console.log('30 : %s', typeof 30);
8 console.log('[] : %s', typeof []);
9 console.log('{} : %s', typeof {});
```

결과

```
hello : string
"20" : string
pi : number
name : string
30 : number
[] : object
{} : object
```

typeof를 이용하면 해당 변수나 값이 어떤 타입인지 알아볼 수 있습니다. type은 한글로 쓸 때 '타입'이라고 발음 그대로 쓰기도 하고 '형'이라고 번역을 해서 쓰기도 합니다.

사람은 문맥을 보고 해당 글자가 어떤 글자인지를 생각해낼 수 있습니다. 예를 들어, '나 어제 알바비로 100만원 들어왔다'라고 친구한테 이야기를 할 때, 영어 알파벳 소문자 l과 숫자 0 두 개를 보내면 친구는 '알바비 받았으니까 한턱 쏴'라고 할 것입니다.

하지만 컴퓨터는 l00 * 20 이런 식을 계산하라고 하면 에러를 발생합니다. 컴퓨터에게 '1'이라는 기호가 숫자인지 문자인지 정확히 알려주어야 합니다. 이럴 때 사용하는 것이 '타입(type)'입니다.

숫자, 문자열 변수를 선언합니다.　　　　　　　　　　　　　　　　　　　◆ 1~2

'hello'는 앞뒤에 '로 감싸져 있기 때문에 string(문자)입니다. 앞뒤에 '가 없다면 변수로 인식합니다.　　　　　　　　　　　　　　　　　　　　　　　　　　◆ 3

"20"은 "" 따옴표로 감싸져 있기 때문에 string(문자)입니다.　　　　　　　◆ 4

pi라고 위에서 선언한 변수는 number(숫자)입니다.　　　　　　　　　　　◆ 5

Name이라고 위에서 선언한 변수는 string(문자)입니다.　　　　　　　　　◆ 6

30은 앞 뒤로 '' 따옴표가 없기 때문에 number(숫자)입니다.　　　　　　　◆ 7

각각 [ ] 배열과 {} 오브젝트입니다. 둘 다 객체(Object)형입니다.　　　　◆ 8~9

true, false Boolean(불리언)

- **학습 내용 :** true, false에 대해 배웁니다.
- **힌트 내용 :** typeof(true)는 boolean이 출력됩니다.

```
1  console.log('10 > 20:', 10 > 20);
2  console.log('30 > 20:', 30 > 20);
3
4  const isTrue = true;
5  const isFalse = false;
6
7  console.log('isTrue:', isTrue);
8  console.log('isFalse:', isFalse);
9
10 console.log('typeof (true):', typeof (true));
11 console.log('typeof (false):', typeof (false));
12
13 const number = !1;
14 console.log(number);
```

결과

```
10 > 20: false
30 > 20: true
isTrue: true
isFalse: false
typeof (true): boolean
typeof (false): boolean
false
```

---

true 또는 false값을 Boolean(불리언)이라고 합니다. 부울, 부울린 등으로 읽기도 합니다.

true, false라는 값 자체로도 변수에 넣거나 다른 식에 넣어서 사용하고, 특정 식이 참인지 거짓인지를 구분할 때도 사용합니다(예를 들어, 10 〉 20 결과는 false).

뒤에 나올 if문을 쓰거나 .sort에서 특정 조건이 true일 때 필터링을 하기 위해도 쓰고, 프로그래밍하는 중에 필터링을 하거나 특정 조건을 처리할 때 많이 사용합니다.

10 〉 20이라는 식이 참인지 여부를 출력해 보았습니다. 10은 20보다 크지 않으므로 false가 출력됩니다. ◆ 1

30 〉 20이라는 식이 참인지 여부를 출력해 보았습니다. 30은 20보다 크기 때문에 true가 출력됩니다. ◆ 2

const isTrue = true; 이렇게 변수에도 넣을 수 있습니다. ◆ 4~5

!는 부정, 아니다(not)의 의미로 사용됩니다. !를 사용하면 true또는 false로 나오는 불리언 형으로 바꿀 수 있습니다. ◆ 13

증감연산자

```
 1  let number = 1;
 2
 3  console.log('number :', number);
 4  number += 1;
 5  console.log('after number += 1 :', number);
 6  number -= 1;
 7  console.log('after number -= 1 :', number);
 8  number += 10;
 9  console.log('after number += 10 :', number);
10  number -= 5;
11  console.log('after number -= 5 :', number);
```

결과

```
number : 1
after number += 1 : 2
after number -= 1 : 1
after number += 10 : 11
after number -= 5 : 6
```

증감연산자는 특정 변수에 있는 숫자를 1 또는 n만큼 증가시키거나 1 또는 n만큼 감소시키는 연산자입니다. 증가는 +=을 사용하고, 감소는 −=을 사용합니다.

주로 사용하는 것은 1씩 증가시키는 += 1이지만 2, 3, 10처럼 내가 원하는 만큼 증가시킬 수 있고 감소시킬 수도 있습니다. 뒤에 나오는 반복문인 for문에서 값을 증가시킬 때 사용합니다.

3 ◆ number에 1이 할당되어 있으므로 1이 출력됩니다.

number에 += 1을 이용해 1을 증가시키고 출력을 해보니 1에서 1이 증가하여 2가 되었습니다.   ◆ 4~5

현재 값이 2인 number에 -= 1을 이용해 1을 감소시키고 출력해보니 2에서 1이 감소한 1이 되   ◆ 6~7
었습니다.

현재 값이 1인 number에 += 10을 이용해 10을 증가시키고 출력해보니 1에서 10이 증가한   ◆ 8~9
11이 되었습니다.

현재 값이 11인 number에 -= 5을 이용해 5를 감소시키고 출력해보니 11에서 5가 감소한 6이   ◆ 10~11
되었습니다.

비교연산자
(Comparison Operator)

- **학습 내용 :** 비교연산자에 대해 배워봅니다.
- **힌트 내용 :** 부등호와 같이 수학에서 사용하는 연산으로, 조건이 맞을 경우 True, 틀리면 False입니다.

```javascript
1  const a = 5;
2  const b = 6;
3
4  if (a == 5) {
5    console.log(a == 5);
6    console.log(a == b);
7    console.log(a == '5');
8  }
9
10 if (a === 5) {
11   console.log(a === 5);
12   console.log(a === b);
13   console.log(a === '5'); // equal value and equal type
14 }
15
16 if (a > b) {
17   console.log(a > b);
18 }
19
20 if (a < b) {
21   console.log(a < b);
22 }
23
24 if (a >= 5) {
25   console.log(a >= 5);
26   console.log(a >= b);
27 }
28
```

```
29 if (a <= 5) {
30   console.log(a <= 5);
31   console.log(a <= b);
32 }
```

결과

```
true
false
true
true
false
false
true
true
false
true
true
```

비교연산자는 값을 비교할 때 비교연산자는 값을 비교할 때 사용합니다. 주로 IF문에서는 해당 조건이 true인지 false인지에 따라 분기 처리를 달리 할 때 사용합니다.

> **📝 N O T E**
>
> **– '=='와 '==='의 차이점**
>
> '=='는 단순히 값만 비교하지만 '==='는 값과 Type을 같이 비교합니다.

a는 숫자 타입의 변수로 지정되었지만 비교 대상인 '5'는 문자열 타입이기 때문에 결과값이 ◆ 13
False가 됩니다.

논리연산자(Logical Operator)

```javascript
1  const value30 = 30;
2  const value50 = 50;
3
4  const andTrueTrue = value30 >= 30 && value50 >= 30;
5  const andTrueFalse = value30 >= 30 && value50 >= 100;
6  const andFalseFalse = value30 >= 40 && value50 >= 100;
7
8  const orTrueTrue = value30 >= 30 || value50 >= 30;
9  const orTrueFalse = value30 >= 30 || value50 >= 100;
10 const orFalseFalse = value30 >= 40 || value50 >= 100;
11
12 console.log('andTrueTrue:', andTrueTrue);
13 console.log('andTrueFalse:', andTrueFalse);
14 console.log('andFalseFalse:', andFalseFalse);
15 console.log('-------------------------');
16 console.log('orTrueTrue:', orTrueTrue);
17 console.log('orTrueFalse:', orTrueFalse);
18 console.log('orFalseFalse:', orFalseFalse);
```

결과

```
andTrueTrue: true
andTrueFalse: false
andFalseFalse: false
-------------------------
orTrueTrue: true
orTrueFalse: true
orFalseFalse: false
```

논리연산자 &&(AND), ||(OR)은 두 개의 값을 비교해서 true 또는 false를 알려줍니다. 논리는 이치를 논한다는 뜻으로, 논리연산자는 소스코드에서 어떤 문장이나 식이 맞는지 틀린지를 구분해줍니다.

AND는 둘 다 참이어야 true이고, OR은 둘 중에 하나만 참이어도 true가 됩니다.

사용 방법은 다음과 같습니다.

```
<조건1> && <조건2>
<조건1> || <조건2>
```

또는 〈조건1〉 && 〈조건2〉 && 〈조건3〉, 이렇게 여러 개의 조건을 붙여 사용할 수도 있습니다.

and(&&)는 위와 같이 두 조건이 모두 참이어야 true입니다.　　　　　　　　　　　◆ 4

or(||)는 둘 중에 하나만 참이어도 true입니다.　　　　　　　　　　　　　　　　◆ 9

삼항연산자

- **학습 내용 :** 삼항연산자에 대해 알아보겠습니다.
- **힌트 내용 :** 〈조건식〉? 〈true일 때 실행〉: 〈false일 때 실행〉

```
 1  const num1 = 1;
 2  const num2 = 2;
 3  const list = [1, 2, 3, 4];
 4  const emptyList = [];
 5
 6  const result = num1 > num2 ? 'num1' : 'num2';
 7  console.log(result, '이(가) 더 큽니다.');
 8
 9  list.length > 0 ? console.log(list) : console.log('list가 비었습니다.');
10  emptyList.length > 0 ? console.log(list) : console.log('list가 비었습니다.');
```

결과

---

num2 이(가) 더 큽니다.
[1, 2, 3, 4]
list가 비었습니다.

피연산자로 3개의 항을 받기 때문에 삼항연산자입니다. 예를 들어, 6번 줄에 num1 〉 num2가 1개, 'num1'이 2개, 'num3'이 3개 총 3개를 받습니다.

다른 연산자들, 이를 테면 사칙연산 +, −, *, / 또는 ^(제곱), !(부정) 등은 피연산자가 1개 또는 2개입니다.

결과가 true 또는 false로 나오는 식을 한 줄에 쓰고 싶을 때 주로 사용합니다. if…else문과 같은 기능을 합니다.

3개 중 첫 번째는 식이 들어갑니다. num1 〉 num2 이렇게 true인지 false인지를 알 수 있는 식입니다. 위 소스코드 상으로는 num1은 1이고 num2는 2이기 때문에 num1 〉 num2는 false가 나옵니다.

?가 나오고 ? 뒤에 오는게 두 번째 피연산자입니다. 두 번째 피연산자는 첫 번째에 온 식의 결과가 true일 때 넣을 값이나 실행할 코드입니다. 6번 줄에서는 ? 뒤에 온 'num1'이 두 번째 피연산자입니다.

세번째 피연산자는 : 뒤에 옵니다. 첫 번째에 온 식의 결과가 false일 때 넣을 값이나 실행할 코드입니다. 6번 줄에서는 :뒤에 온 'num2'이 세번째 피연산자입니다. 그래서 6번줄의 실행 결과는 'num2'가 됩니다.

삼항연산자는 값을 나오게 할 수도 있고 특정 함수나 식을 실행하도록 할 수 있습니다.   ◆ 9~10

9번 줄은 첫 번째 온 식의 결과가 true이기 때문에 ? 뒤에 온 console.log(list);가 실행되었습니다.

10번 줄은 첫 번째 온 식의 결과가 false이기 때문에 : 뒤에 온 console.log('list가 비어있습니다.');가 실행되었습니다.

2 PART 초급

Node.js 프로그램
기본기 연마하기

초급

027

조건문 if

- **학습 내용 :** if 조건문에 대해 배웁니다.
- **힌트 내용 :** if(조건){ 조건이 참일 때 실행하는 코드 }

```javascript
1  if (true) {
2    console.log('조건이 true일 때 실행됩니다.');
3  }
4
5  const number = 100;
6
7  if (number >= 100) {
8    console.log('number는 100보다 큽니다.');
9  }
10
11 if (number > 200) {
12   console.log('number는 200보다 큽니다.');
13 }
```

결과

조건이 true일 때 실행됩니다.
number는 100보다 큽니다.

if문은 () 괄호 안의 조건이 참인 경우에 특정 코드를 실행하도록 하는 제어문입니다.

사용 방법은 다음과 같습니다.

```javascript
if(조건){
    조건이 참인 경우 실행
} else {
    조건이 거짓인 경우 실행
}
```

if하고 괄호() 안에 있는 것이 조건입니다. 괄호 안에 식이 참(true)이면 그 다음에 나오는 중괄 ◆ 1~3
호 {} 안에 있는 내용을 실행하는 코드입니다. 이 식에서는 () 안이 true이기 때문에 {}(중괄호)
안에 있는 console.log가 실행됩니다.

if 다음에 나오는 괄호 안에 있는 식이 number 〉= 100입니다. number는 위에서 100이라고 선 ◆ 7~9
언했기 때문에 괄호 안에 있는 number 〉= 100은 참(true)입니다.

true이기 때문에 그 다음에 나오는 중괄호 {} 안에 있는 console.log('number는 100보다 큽니
다.');를 실행합니다. 그래서 결과에 'number는 100보다 큽니다.'가 나옵니다.

if 다음에 나오는 괄호 안에 있는 식이 number 〉 200입니다. number가 100이므로 이 식은 거 ◆ 11~13
짓(false)입니다. 그래서 중괄호 안에 있는 식이 실행되지 않습니다.

조건문 if else

- **학습 내용 :** if와 else에 대해 배웁니다.
- **힌트 내용 :** if문의 조건이 참이면 if 아래 구문이 실행되고, 아니면 else 아래 구문이 실행됩니다.

```
1   if (true) {
2       console.log('true');
3   } else {
4       console.log('false');
5   }
```

결과

---

true

---

if else문은 if문을 보완한 조건문으로, if문에 else 코드 블럭 { }을 추가하여 () 안의 조건이 false일 경우 실행하게 합니다. 따라서 else는 단독으로 사용할 수 없습니다.

1~2 ◆ if의 조건문이 참이면 실행되는데, 조건 자체가 true이므로 조건을 만족합니다. 따라서 다음 줄에 있는 console.log('true');가 실행되어 위와 같이 true가 출력됩니다.

3~5 ◆ if의 조건문이 참이므로 else 블럭은 실행되지 않습니다. 만약, 1번 줄의 조건문이 거짓(false)이라면, 해당 if 블럭 { } 내의 모든 코드는 무시되고 else 블럭 4번 줄의 console.log('false');가 실행되어 false가 출력됩니다.

조건문 if else if else

- **학습 내용** : 여러 가지 조건들을 비교하는 else if에 대해 알아봅니다.
- **힌트 내용** : *else if (score >= 80) { }*

```
1 const score = 85;
2 let degree = '';
3
4 if (score >= 90) {
5   degree = 'A';
6 } else if (score >= 80) {
7   degree = 'B';
8 } else if (score >= 60) {
9   degree = 'C';
10 } else {
11   degree = 'F';
12 }
13
14 console.log('degree : ', degree);
```

결과

```
degree : B
```

여러 가지 조건을 비교할 때 else if를 사용합니다. if else if문은 if else문을 보완한 조건문으로, if 조건문을 만족하지 못하는 경우들에 대해 if 조건문을 쓰고자 할 때 사용합니다.

위 예제는 90점 이상이면 'A', 80점 이상이면 'B', 60점 이상이면 'C', 나머지는 'F' 등급을 주는 예제입니다.

점수(score)가 85점입니다. score는 상수로 선언(const)되어 변경되지 않는 값입니다.

◆ 1

2 ◆ 등급을 저장할 degree 변수를 선언합니다.

4~5 ◆ score가 90 이상인지 비교하는 if문을 사용하였습니다. score는 앞서 설명하였듯 항상 85인 상수 이므로 조건을 만족하지 않습니다. 따라서, 5번 줄 degree = 'A';는 실행되지 않습니다.

6~7 ◆ else if는 if를 만족하지 못하는 모든 경우에 대해 조건을 비교합니다. 4번 줄의 if 조건문에서 score >= 90인 경우를 만족하지 못하였으므로, 현재 if를 만족하지 못하는 것은 score < 90인 경우라고 할 수 있습니다.

그 중 else if를 사용하여 score >= 80인 경우를 체크하였으므로, 현재 else if문에서는 score가 80 이상 90 미만인지 체크합니다. 현재 score는 85이므로, 7번 줄의 degree = 'B';가 실행되어 degree 에 B를 넣습니다.

8~9 ◆ 6번 줄에 이어 다시 else if가 사용되었으나, 6번 else if의 조건문이 틀린 경우 score < 80이라고 할 수 있습니다. 그 중 else if를 사용하여 score >= 60인 경우를 체크하였으므로, 현재 else if문 에서는 score가 60 이상 80 미만인지 체크하게 됩니다. 해당 조건을 만족하지 않으므로, 9번 줄 degree = 'C';는 실행되지 않습니다.

10~11 ◆ 6, 8번 줄에서 else if 조건문으로 체크하지 못한 나머지 경우를 else에서 체크합니다. 8번 줄에 서 score >= 60인 경우를 체크하였으므로, 현재 10번 줄의 else에서는 score < 60인 경우입니 다. score는 85이므로, 조건을 만족하지 않아 degree = 'F'; 역시 실행되지 않습니다.

조건문 Switch

- **학습 내용 :** 조건문(Switch)을 배워봅니다.
- **힌트 내용 :** 비교할 조건이 많은 경우 Switch문을 이용하면 더 간결하게 프로그래밍을 할 수 있습니다.

```
1  const number = 3;
2
3  let msg = '';
4  switch (number) {
5    case 1:
6      msg = '값이 아닙니다.';
7      break;
8    case 2:
9      msg = '값이 아닙니다.';
10     break;
11   case 3:
12     msg = '찾는 값입니다.';
13     break;
14   case 4:
15     msg = '값이 아닙니다.';
16     break;
17   case 5:
18     msg = '값이 아닙니다.';
19     break;
20   default:
21 }
22 console.log(msg);
```

결과

찾는 값입니다.

switch문은 If문과 같이 조건을 판단할 때 사용하는 제어문입니다. 다음과 같이 비교할 조건이 많은 경우에 주로 사용합니다.

```
switch (number) {        // 1)
  case 1:                // 2)
    msg = '값이 아닙니다.';
    break;
  default:               // 3)
}
```

1. **switch문** 안에는 각각의 case에서 비교할 숫자가 들어갑니다.
2. **case문**에는 조건식을 작성합니다. 해당하는 조건일 경우 처리문을 실행하고 break문이 작성된 경우 다음의 case는 조건을 실행시키지 않고 프로그램이 종료됩니다.
3. **default문**은 어느 case문에도 해당되지 않을 경우 처리되는 예외 처리문입니다.

1◆ number 상수를 3으로 선언합니다.

3◆ msg 변수를 선언합니다.

4~21◆ 4번 줄 switch문에 각 case와 비교할 number 상수가 들어갑니다.

5, 8, 11, 14, 17번 줄 case 뒤의 숫자와 number를 비교하여 같을 경우 해당 조건의 코드 블록을 실행합니다.

number는 3이므로, 5번 줄 case부터 순차적으로 비교합니다. 11번 줄 case의 숫자가 동일하므로 `msg = '찾는 값입니다.';`를 실행하고, _break;_ 를 실행하여 switch 문을 빠져나옵니다. 따라서, 14번, 17번 줄에서의 비교는 이루어지지 않습니다.

22◆ console.log() 함수를 이용하여 msg에 저장된 값을 출력합니다.

반복문 for

- **학습 내용 :** 반복문(for)을 배워봅니다.
- **힌트 내용 :** 같은 기능이 두 번 이상 반복된다면 for문을 이용해 보세요.

```
1   const number = 9;
2
3   for (let value = 1; value < 10; value += 1) {
4       console.log(number * value);
5   }
```

결과

9
18
27
36
45
54
63
72
81

number 상수를 선언하고 9로 초기화 하였습니다.　◆ 1

3번 줄에는 조건을 갖춘 for문이 작성되어 있습니다. for (let value = 1; value < 10; value += 1)　◆ 3~5
위의 설명과 같이, 시작 값을 1로 선언하였습니다. value는 10 미만이라는 조건식을 만족할 때
만 실행되며, 만족하지 않는 경우 반복을 멈춥니다. 그리고 value는 for문이 반복될 때마다 1씩
증가합니다.

for문의 조건식을 만족할 때 실행될 처리문입니다. console.log(number * value); 따라서, number　◆ 4
상수에 value값을 곱한 값을 출력하며, 이는 조건식을 만족하지 않을 때까지 반복합니다.

위 for문에서 value의 초기값이 1이며, 10 미만까지 1씩 증가하므로, value가 1부터 9일 때까지 조건문을 만족하므로 console.log에 해당 값을 9번 출력하게 됩니다.

다음의 코드를 하나씩 살펴보겠습니다.

```
for (시작되는 값; 조건식; 증감조건){
    처리문
}
```

연산자	선증감조건	실행결과	후증감조건	실행결과
++	++i	계산식이 실행되기 전에 i에 1씩 더함	i++	계산식에 연산이 실행된 이후 i에 1씩 더함
--	--i	계산식이 실행되기 전에 i에 1씩 빼기	i--	계산식에 연산이 실행된 이후 i에 1씩 빼기

[증감조건]

위 소스코드를 활용하여 선증감조건으로도 실행시켜봅니다.

만약 for문을 활용하지 않는다면 다음과 같이 console.log 구문을 불필요하게 여러 번 사용해야 합니다.

```
// for을 사용하지 않은 경우
let number = 9;
console.log(number * 1);
console.log(number * 2);
console.log(number * 3);
console.log(number * 4);
console.log(number * 5);
console.log(number * 6);
console.log(number * 7);
console.log(number * 8);
console.log(number * 9);
```

for문을 사용하면, 코드의 불필요한 반복을 줄이고 짧게 작성할 수 있어 보다 효율적입니다.

중첩 for문을 이용해 구구단 출력하기

초급 032

- **학습 내용** : for문 두 개를 중첩해서 구구단을 출력합니다.
- **힌트 내용** : for문 두 개를 겹쳐서 사용할 수 있습니다.

```
1  for (let j = 2; j <= 9; j += 1) {
2    console.log('==== %d단 시작====', j);
3    for (let i = 1; i <= 9; i += 1) {
4      console.log('%d * %d = %d', j, i, j * i);
5    }
6  }
```

결과

```
==== 2단 시작====
2 * 1 = 2
2 * 2 = 4
2 * 3 = 6
··· 중략 ···
9 * 8 = 72
9 * 9 = 81
```

for문 안에 for문이 들어 있는 형태를 중첩 for문이라고 합니다. 행, 열이 같이 바뀌는 표나 배열에 배열이 들어가는 구조를 연산할 때 주로 사용합니다.

중첩 for문을 이용해서 구구단을 출력해 볼 수 있습니다. 구구단을 출력하는 코드를 실무에서 직접 쓸 일은 드물지만, 반복문(for문 등) 안에 또 반복문이 들어가는 중첩 for문 로직은 굉장히 많이 사용합니다. 구구단을 출력해 보면서 for문에 대한 이해도 높일 수 있습니다.

j는 2단, 3단 할 때 몇 단에 해당합니다. 2부터 9까지 변합니다.   ◆ 1

i는 1부터 9까지 변하는 수입니다. 각 단에서 뒤에 곱하는 수에 해당합니다.   ◆ 3

for문 끝내기 break

- **학습 내용 :** break를 이용해 for문을 끝내는 법을 배웁니다.
- **힌트 내용 :** break는 for문을 완전히 끝냅니다.

```
1 const studentList = [
2   { name: 'kyeongrok', age: 31, score: 85 },
3   { name: 'jihyun', age: 31, score: 95 },
4   { name: 'minsup', age: 35, score: 76 },
5   { name: 'yuna', age: 31, score: 94 },
6 ];
7
8 let resultStudent = '';
9 for (let index = 0; index < studentList.length; index += 1) {
10   if (studentList[index].name === 'minsup') {
11     resultStudent = studentList[index];
12     break;
13   }
14   console.log(studentList[index].name, '은 minsup이 아닙니다.');
15 }
16
17 console.log('resultStudent:', resultStudent);
```

결과

```
kyeongrok 은 minsup이 아닙니다.
jihyun 은 minsup이 아닙니다.
resultStudent: { name: 'minsup', age: 35, score: 76 }
```

사용 방법은 다음과 같이 멈추고 싶은 부분에 break;를 사용하면 됩니다.

```
for (let i = 0; i < 100; i += 1) {
  if (i > 10) {
    break;
  }
}
```

studentList에는 4명의 학생이 있습니다. 이름이 'minsup'인 학생을 찾기 위해 반복문을 사용하려고 합니다. 'minsup'은 4명의 학생 중 3번째에 있습니다. 그러면 0번부터 3번까지만 반복하면 됩니다. break는 반복문을 끝내고 싶을 때 사용합니다.

studentList에 있는 학생이 4명이 아니고 4,000명일 경우 3번째에 있는 'minsup'을 찾기 위해 4,000개를 다 검색하는 것은 비효율적입니다. 그래서 필요한 연산을 한 이후에는 break로 반복문을 끝내주는 것이 좋습니다.

034 자주 쓰는 반복문 for of

- **학습 내용** : 개수만큼 반복하는 반복문을 배웁니다.
- **힌트 내용** : for문을 이용할 때 of를 씁니다.

```
1 const userList = [
2   { name: 'kyeongrok', age: 31, score: 85 },
3   { name: 'jihyun', age: 31, score: 95 },
4   { name: 'minsup', age: 35, score: 76 },
5 ];
6
7 for (const user of userList) {
8   console.log('user:', user);
9 }
```

결과

```
user: { name: 'kyeongrok', age: 31, score: 85 }
user: { name: 'jihyun', age: 31, score: 95 }
user: { name: 'minsup', age: 35, score: 76 }
```

for of는 list에 있는 데이터 개수만큼 하나씩 뽑아서 반복문을 실행하는 구문입니다.

반복 횟수를 지정해서 2단부터 9단까지 반복하는 for문을 배워 보았습니다. 하지만 횟수를 지정해서 반복하는 경우보다 list에 들어 있는 모든 요소 개수만큼 반복하는 for문을 더 많이 사용합니다. 개수만큼 반복하는 for문을 for each(포 이치)문이라고 합니다.

1~5 ◆ userList에 3명분의 사용자 데이터가 들어 있습니다. for of는 userList의 개수만큼 3번 반복합니다.

.forEach() 포 이치

- **학습 내용** : .forEach()의 사용법을 알아봅니다.
- **힌트 내용** : listUser.forEach(*function*(user){})

```
1  const listUser = [
2    { name: 'kyeongrok', age: 31 },
3    { name: 'jihyun', age: 31 },
4    { name: 'minsup', age: 35 },
5  ];
6
7  listUser.forEach(function(user){
8    console.log(user);
9  });
10 console.log('----------------------');
11 // arrow function
12 listUser.forEach(user => console.log(user));
```

결과

```
{ name: 'kyeongrok', age: 31 }
{ name: 'jihyun', age: 31 }
{ name: 'minsup', age: 35 }
----------------------
{ name: 'kyeongrok', age: 31 }
{ name: 'jihyun', age: 31 }
{ name: 'minsup', age: 35 }
```

.forEach()를 이용하면 값을 하나씩 뽑아서 바로 함수에 넣어서 계산할 때 편합니다. each는 각 각이라는 뜻입니다.

```
listUser.forEach(user => console.log(user));
```

listUser에 있는 요소들을 user라는 이름으로 뽑아냅니다. 배열에 들어 있는 요소를 뽑아서 다음으로 넘겨주는 구조입니다.

7~9 ◆ .forEach()는 listUser에 있는 값을 하나씩 뽑아서 function(user)()에 넣어 줍니다. function은 user라고 받은 값을 출력해주는 코드입니다. 매개변수 user는 개발자가 이름을 정해준 것이고 이 매개변수에 값을 넣어주는 것은 .forEach()입니다.

12 ◆ 7~9번 줄을 한 줄로 쓸 수 있는 화살표 함수(arrow function)의 예제입니다. 이 내용은 뒤에서 설명합니다.

반복문 while

```javascript
1   const number = 9;
2   let value = 1;
3
4   while (value < 10) {
5       console.log(number * value);
6       value += 1;
7   }
```

결과

```
9
18
27
36
45
54
63
72
81
```

자바스크립트에서는 또 다른 반복문으로 while이 있습니다. 사용 방법은 다음과 같습니다.

```
while (조건식) {
    반복되는 코드
}
```

대부분 프로그래밍 언어에 반복문으로 while 문법이 있습니다. 앞에서 반복문 for에 대해 알아보았습니다. while문과 for문은 둘 다 반복한다는 기능은 같지만, 쓰임새에서 약간의 차이가 있습니다.

for문은 조건식, 반복을 위한 변수의 초기값과 증감조건을 한눈에 볼 수 있어 주로 정해진 횟수만큼 반복되는 코드를 작성할 때 쓰입니다. 반면 while문은 조건식만 나타냄으로써 반복 그 자체에 의미를 두는 코드를 작성할 때 쓰입니다.

1 ◆ 상수 number를 9로 초기화합니다.

2 ◆ 반복 조건을 위한 값을 1로 초기화합니다. for문은 한 줄에 입력하지만, while문은 바깥에 선언하는 차이가 있습니다.

4~7 ◆ 조건식 value 〈 10으로 value가 10 이상이 될 때까지 반복합니다. 그리고 value++ 연산을 함으로써 반복문을 빠져나가기 위한 조건을 만듭니다.

날짜 시간 생성하기 Date()

- **학습 내용** : 날짜를 생성하는 법을 배웁니다.
- **힌트 내용** : const today = *new* Date();

```
 1 const today = new Date();
 2 const date1 = new Date(2017, 9 - 1, 2);
 3 const date2 = new Date(2017, 8, 3);
 4 const date3 = new Date(2017, 8, 3, 18);
 5 const date4 = new Date(2017, 8, 3, 18, 20);
 6 const date5 = new Date(2017, 8, 3, 18, 20, 30);
 7
 8 console.log(today.toLocaleString());
 9 console.log(date1.toLocaleString());
10 console.log(date2.toLocaleString());
11 console.log(date3.toLocaleString());
12 console.log(date4.toLocaleString());
13 console.log(date5.toLocaleString());
```

결과

```
2017-9-2 15:17:59
2017-9-2 00:00:00
2017-9-3 00:00:00
2017-9-3 18:00:00
2017-9-3 18:20:00
2017-9-3 18:20:30
```

new Date()를 이용하면 현재 날짜와 시간 정보가 들어 있는 Date() 객체(object)가 생성됩니다.

현재 날짜 시간을 생성합니다.

◆ 1

2~3 ◆ 2017년 9월 2일 0시 0분 0초의 날짜를 생성합니다. 9 – 1을 해준 이유는 월(month)은 1부터 세지 않고 0부터 11까지 세기 때문에 원하는 월 −1을 해줍니다. 3번 줄처럼 9월로 생성하고 싶을 때 8을 넣어주기도 하지만, 덜 헷갈리게 표현하기 위해 9월을 만들고 싶을 때는 예제처럼 9 – 1이라고 써줍니다.

4 ◆ 2017년 9월 3일 18시 0분 0초를 생성합니다. 년월일을 넣고 뒤에 시(hour)까지 넣어주면 됩니다.

5~6 ◆ 분, 초도 같이 넣어주어 날짜를 생성할 수 있습니다.

날짜 시간 출력하기

- **학습 내용** : 날짜에서 필요한 부분을 출력해 봅니다.
- **힌트 내용** : .getFullYear(), .getMonth() + 1, .getDate()

```
1  const date = new Date(2017, 8, 3, 18, 20, 30);
2  console.log('date : %s', date.toLocaleString());
3  console.log('LocaleDateString : %s', date.toLocaleDateString());
4  console.log('LocaleTimeString : %s', date.toLocaleTimeString());
5
6  console.log('year : %s', date.getFullYear());
7  console.log('month : %s', date.getMonth() + 1);
8  console.log('date : %s', date.getDate());
9  console.log('hours : %s', date.getHours());
10 console.log('minutes : %s', date.getMinutes());
11 console.log('seconds : %s', date.getSeconds());
```

결과

```
date : 2017-9-3 18:20:30
LocaleDateString : 2017-9-3
LocaleTimeString : 18:20:30
year : 2017
month : 9
date : 3
hours : 18
minutes : 20
seconds : 30
```

특정 날짜의 2017-9-3 형식, 년, 월, 일, 시, 분, 초 등 각각 날짜의 요소에 대한 값만 알고 싶을 때 각각 값들만 뽑을 수 있습니다.

.getMonth() + 1을 사용하였습니다. 월은 0부터 11까지 세기 때문에 출력할 때는 +1을 해주어야 합니다.

◆ 7

yyyy-MM-dd 형식으로
날짜 출력하기

- **학습 내용 :** 날짜를 2017-09-09와 같이 yyyy-MM-dd 형식으로 출력하는 법을 알아봅니다.
- **힌트 내용 :** 10월, 10일보다 작은 경우 0을 붙입니다.

```
1 const getYymmdd = (date) => {
2   const yyyy = date.getFullYear();
3   const mm = date.getMonth() < 9 ? `0${date.getMonth() + 1}` : (date.
4 getMonth() + 1);
5   const dd = date.getDate() < 10 ? `0${date.getDate()}` : date.getDate();
6   return `${yyyy}-${mm}-${dd}`;
7 };
8
9 const yymmdd = getYymmdd(new Date());
10 const yymmdd170909 = getYymmdd(new Date(2017, 9 - 1, 9));
11 console.log(yymmdd);
12 console.log(yymmdd170909);
```

결과

```
yymmdd: 2017-11-11
yymmdd170909: 2017-09-09
```

날짜를 출력할 때 2017-09-09와 같이 yyyy-MM-dd 형식으로 출력하고 싶을 때가 있습니다. 그런데 date.getMonth()만 사용할 경우에는 2017-9-9 이런 식으로 출력됩니다.

날짜 형식을 유연하게 쓸 수 있게 해주는 라이브러리가 있지만 import해 주어야 하기 때문에 직접 함수를 만들어 쓰는게 편한 경우가 있습니다.

삼항연산자를 사용해 한 자리 숫자가 나오는 경우 0을 붙여주는 예제입니다.

yyyy-mm-dd 형식으로 출력하는 함수를 선언합니다. 인자로는 Date 오브젝트를 받습니다.　　◆ 1

date.getFullYear()를 이용해 year를 뽑습니다.　　◆ 2

date.getMonth() 〈 9 ? `0${date.getMonth() + 1}` : (date.getMonth() + 1) 위에서 배웠던 삼항　　◆ 3
연산자입니다. date.getMonth()가 9보다 작으면 : 앞에 있는 것, 아니면 : 뒤에 있는 것이 나
옵니다.

앞에 있는 식은 0을 붙여주는 식이고 뒤에 있는 식은 그냥 출력하는 식입니다. 여기에서 〈 9로
한 이유는 month는 0에서 11까지로 월을 세기 때문입니다.

month와 같이 〈10보다 작을 때 앞에 0을 붙입니다.　　◆ 5

yyyy-MM-dd 형식에 맞추어 리턴값을 만듭니다.　　◆ 6

함수로 날짜를 생성합니다. new Date()를 했기 때문에 현재 시간이 만들어집니다.　　◆ 9

함수로 날짜를 생성합니다. new Date(2017, 9 - 1, 9)를 했기 때문에 2017년 9월 9일이 만들어　　◆ 10
집니다.

결과를 출력합니다.　　◆ 11~12

Timestamp(타임스탬프)

- **학습 내용** : Date 오브젝트로 타임스탬프를 만들어 봅니다.
- **힌트 내용** : Date 오브젝트 → Timestamp, Timestam → Date 오브젝트 둘 다 가능합니다.

```
1 const date = new Date();
2 const dateToTimestamp = date.getTime();
3 const timestampToDate = new Date(1570274211107);
4 const timestampToInit = new Date(1);
5
6 console.log('Date to timestamp:', dateToTimestamp);
7 console.log('Initial timestamp:', timestampToInit);
8 console.log('Timestamp to date:', timestampToDate);
```

결과

```
Date to timestamp: 1510397267352
Initial timestamp: 1970-01-01T00:00:00.001Z
Timestamp to date: 2019-10-05T11:16:51.107Z
```

Timestamp란, '타임스탬프' 또는 '타임스템프'라고 읽습니다. 날짜와 시간을 숫자로 표현해 놓은 값입니다. 자바스크립트에서는 총 13자리의 숫자를 씁니다.

```
const dateToTimestamp = date.getTime();
```

date.getTime()을 이용해 타임스탬프를 생성할 수 있습니다.

숫자로 표현할 때 1970년 1월 1일 0시 0분 0초 000을 기준으로 합니다. 그리고 +1이 될 때마다 1밀리초(sec)씩 증가합니다. 자바스크립트에서 타임스탬프를 얻으려면 .getTime()을 이용하면 됩니다.

new Date()를 이용해 Date 오브젝트를 생성합니다. new Date()만 쓰면 현재 시간으로 생성됩니다. ◆ 1

.getTime()이 타임스탬프를 얻는 함수입니다. .getTime()을 하면 13자리의 숫자가 나옵니다. ◆ 2

타임스탬프를 이용해 Date 오브젝트를 만들 수 있습니다. new Date(타임스탬프)처럼 타임스탬프를 넣어 만들면 해당 타임스탬프에 해당하는 날짜 시간이 만들어집니다. ◆ 3
위 예제에서는 1510397267352인데 이것은 2019년 10월 5일 11시 16분 51초 107입니다.

타임스탬프 1로 Date 오브젝트를 만든 예제입니다. 최초 날짜인 1970년 1월 1일 0시 0분 0초 ◆ 4
001로 만들어집니다. 1 대신 13자리 숫자인 0000000000001로 넣어도 동일합니다.

값을 출력합니다. ◆ 6~8

예외처리 ① try catch

- **학습 내용** : 예외가 발생해도 프로그램이 멈추지 않도록 하는 예외처리 방법에 대해 배웁니다.
- **힌트 내용** : try{ 에러가 날 것 같은 코드} catch(e){ 에러가 났을 때 실행할 코드}

```
1  try {
2    printMessage('hello');
3  } catch (e) {
4    console.log('error:', e);
5  }
6
7  console.log('program finished');
```

결과

```
error: ReferenceError: printMessage is not defined
    at Object.<anonymous> (C:\git\nodejs_example_200\00b_loop_string\037_
    try_catch.js:2:3)
    at Module._compile (module.js:570:32)
    at Object.Module._extensions..js (module.js:579:10)
    at Module.load (module.js:487:32)
    at tryModuleLoad (module.js:446:12)
    at Function.Module._load (module.js:438:3)
    at Module.runMain (module.js:604:10)
    at run (bootstrap_node.js:389:7)
    at startup (bootstrap_node.js:149:9)
    at bootstrap_node.js:502:3
program finished
```

에러가 났을 때 예외처리하는 방법을 알아보겠습니다. try catch문, try catch라고 부르고, 읽을 땐 '트라이 캐치문', '트라이 캐치' 등으로 읽습니다.

예외가 날 것 같은 곳에 try catch를 걸어 프로그램이 멈추는 것을 예방합니다. 한 번 실행하고 끝나는 프로그램이라면 잘 느끼지 못할 수 있지만 1초에 한 번씩 계속 실행하는 프로그램이나 요청이 10초에 한 번씩 들어와서 계속 처리해야 하는 프로그램인 경우에는 프로그램이 죽지 않는 것이 중요합니다.

에러가 나면 프로그램이 가만히 있는 것이 아니고 프로그램이 메모리에서 내려옵니다. 이걸 보통 '프로그램이 죽는다'고 합니다. try catch를 써서 프로그램이 죽는 것을 방지할 수 있습니다.

catch(){ } 블록에는 console.log()로 로그를 찍어서 왜 문제가 발생했는지를 알아보고 수정합니다.

사용 방법은 에러가 날 것 같은 부분을 try{} catch(e){}로 감싸줍니다.

2번 줄이 실행하고자 하는 코드입니다. 하지만 이 코드가 에러날 가능성이 있다면 try{}catch{}로 감싸줍니다.   ◆ 1~3

위 예제는 printMessage()라는 함수가 선언되어 있지 않은 상태에서 호출하려고 하는 경우로 에러를 강제로 발생시킨 예제입니다.

2번 줄을 실행하려다가 에러가 나면 catch(e){} 블록에 있는 console.log('error:', e)가 실행됩니다.   ◆ 4
결과에는 찍어 놓은 error: ReferenceError: printMessage is not defined 에러가 나고 에러를 콘솔에 찍어 놓았기 때문에 어디에서 에러가 났는지 알 수 있습니다.

try{}catch{}를 걸어 놓았기 때문에 에러가 발생해도 프로그램이 멈추지 않고 끝까지 실행됩니다.   ◆ 7
다. 그래서 7번 줄까지 프로그램이 실행되고 정상 종료되었습니다.

예외처리 ② try catch final

- **학습 내용** : 예외 발생 여부에 상관 없이 실행되는 블록을 만듭니다.
- **힌트 내용** : try{ 실행할 코드 } catch(e){ 에러가 났을 때 실행할 코드} finally{ 언제든 실행하는 코드}

```javascript
1 const printHello = () => console.log('hello');
2
3 try {
4   printHello();
5 } catch (e) {
6   console.error(e);
7 } finally {
8   console.log('finally1');
9 }
10
11 try {
12   printBye();
13 } catch (e) {
14   console.error(e);
15 } finally {
16   console.log('finally2');
17 }
```

try{ } catch(e){ }의 결과에 관계 없이 항상 실행되는 블록인 finally에 대해 설명해 보겠습니다.

1◆ printHello()라는 console에 'hello'를 출력하는 함수 하나를 만들었습니다.

4◆ 위에서 만든 printHello()를 실행합니다. 잘 실행되었기 때문에 결과에는 'hello'가 출력되고 catch{}로 감싼 블록은 실행되지 않습니다.

6◆ 4번 줄이 잘 실행되었기 때문에 실행되지 않습니다.

8◆ 에러가 났는지 여부에 상관 없이 'finally1'을 출력하는 코드가 실행되었습니다.

이번에는 에러가 나는 줄을 실행해 보겠습니다. printBye()를 실행하면 해당 함수가 없기 때문 ◆ 12
에 에러가 발생합니다.

12번 줄에서 에러가 났기 때문에 에러를 출력하는 코드가 실행되었습니다. ◆ 14

에러가 발생했는지 여부에 상관 없이 실행되었기 때문에 'finally2'를 출력하는 코드가 실행되 ◆ 16
었습니다.

결과

```
hello
finally1
finally2
ReferenceError: printBye is not defined
    at Object.<anonymous> (C:\git\nodejs_example_200\00b_loop_string\041_
    try_catch_final.js:12:3)
    at Module._compile (module.js:570:32)
    at Object.Module._extensions..js (module.js:579:10)
    at Module.load (module.js:487:32)
    at tryModuleLoad (module.js:446:12)
    at Function.Module._load (module.js:438:3)
    at Module.runMain (module.js:604:10)
    at run (bootstrap_node.js:389:7)
    at startup (bootstrap_node.js:149:9)
    at bootstrap_node.js:502:3
```

전역 객체(Global Object)

초급 **043**

- **학습 내용** : 전역 객체에 대해 배웁니다.
- **힌트 내용** : 전역 객체와 주요 전역 객체에 대해 알아보겠습니다.

전역 객체란 Node.js에서 객체를 따로 선언할 필요 없이 자유롭게 사용할 수 있는 객체를 말합니다. 즉, 별도의 모듈을 불러오지 않고 사용 가능합니다.

```
 1  // process
 2  console.log(process.env);           // 컴퓨터 환경과 관련 정보를 가진 객체
 3  console.log('--------------');
 4  console.log(process.arch);          // 프로세서의 아키텍쳐
 5  console.log('--------------');
 6  console.log(process.uptime());      // 현재 프로그램이 실행된 시간
 7  console.log('--------------');
 8  console.log(process.memoryUsage()); // 메모리 사용 정보를 가진 객체
 9  console.log('--------------');
10  console.log(process.version);       // Node.js 버전
11  console.log('--------------');
12  console.log(process.versions);      // Node.js 버전
13
14  // console
15  console.log('Number: %d + %d = %d', 1, 2, 3 + 4);
16  console.log('String: %s', 'Hello World!');
17  console.log('JSON: %j', { name: 'node.js' });
18  console.log('String1', 'String2.');
```

주요 전역 객체는 다음과 같습니다.

- **process** : 현재 동작 중인 프로세스의 정보
- **console** : 콘솔 출력
- **buffer** : 이진 데이터를 다루는 버퍼 클래스
- **require()** : 모듈 로딩

- **__filename, __dirname** : 언더 스코어(_) 2개. 현재 폴더 경로와 파일 경로
- **module, exports** : 로딩된 모듈 정보와 모듈로 타입, 객체 노출시키기
- **Timeout** : 타이머, 반복 함수

그중에서도 우리는 기본적이며 중요한 process, console에 대해 상세히 알아보겠습니다. 나머지 전역 객체는 https://nodejs.org/api/globals.html를 참고하여 실습해보기 바랍니다.

process(프로세스) 주요 속성과 메소드

◆ 2~12

- **env**: 환경 변수 정보
- **argv** : 프로세스를 실행할 때 전달되는 파라미터 정보
- **exit()** : 프로세스를 끝내는 메소드

결과

```
{ ALLUSERSPROFILE: 'C:\\ProgramData',
  APPDATA:    'C:\\Users\\JihyunJeong\\AppData\\Roaming',
  ATOM_HOME:   'C:\\Users\\JihyunJeong\\.atom',
    CommonProgramFiles: 'C:\\Program Files\\Common Files',
---- 중략 ---
openssl: '1.0.2k'    }
Number: 1 + 2 = 7
String: Hello World!
JSON: {"name":"node.js"}
String1 String2.
```

주요 속성과 메소드

◆ 15~18

- **log()** : 콘솔 화면에 문자열을 출력하는 메소드
- **dir()** : 객체가 가지고 있는 속성을 그대로 출력

결과

```
Number: 1 + 2 = 7
String: Hello World!
JSON: {"name":"node.js"}
String1 String2.
```

함수(function) 선언하기

```
 1 function printHello() {
 2   console.log('hello');
 3 }
 4 printHello();
 5
 6 const printBye = () => {
 7   console.log('bye');
 8 }
 9
10 printBye();
```

결과

```
Hello
Bye
```

프로그래밍에서 함수는 특정 명령문을 묶어 놓은 단위입니다. 여러 번 반복되는 코드를 매번 만들지 않고 함수로 묶어 놓은 다음에 호출해서 사용하기 위해 만들어졌습니다.

함수는 다음과 같은 모양으로 선언을 합니다.

```
function 함수 이름() {
    실행할 내용
}
```

함수는 function이라는 명령어로 선언합니다. 하지만 ES6에서는 function이라는 구문 대신에 화살표 =〉를 사용해서 주로 함수를 만듭니다. 이 방법은 뒤에 소개하겠습니다.

printHello라는 함수를 선언하였습니다. ◆ 1~3

선언한 함수 이름 다음에 () 괄호를 붙여 실행합니다. ◆ 4

앞으로 사용하게 될 화살표 함수를 선언하는 방법입니다. 변수를 사용하는 방법과 비슷합니다. ◆ 6~8

앞에 function을 빼고 () 다음에 => 화살표를 써줍니다. 처음에는 앞에 있는 function을 빼고 ()
뒤에 => 화살표를 붙여 준다고 생각하면 편합니다.

화살표 함수로 선언한 함수를 실행합니다. 함수를 실행하는 방법은 function을 사용해 실행한 ◆ 10
위의 방법과 동일합니다.

매개변수(parameter)와 인자(argument)

- **학습 내용 :** 함수로 값을 넘기는 방법에 대해 알아봅니다.
- **힌트 내용 :** 넘기는 값을 인자(argument)라고 하고 받는 변수를 매개변수(parameter)라고 합니다.

```javascript
1  function printMessage(pMessage) {
2    console.log(pMessage);
3  }
4  printMessage('hello');
5
6  const printMessage2 = (pMessage) => {
7    console.log(pMessage);
8  }
9  printMessage2('bye');
```

Parameter와 Argument에 대해 알아보겠습니다. Parameter는 파라메터 또는 파라미터 등으로 읽습니다. 한글로 번역하면 '매개변수'입니다. 함수를 선언할 때 외부에서 받은 값을 어떤 이름의 변수에 넣을지 지정해 놓은 것이 매개변수입니다. 매개변수는 함수가 외부로부터 값을 받을 때 사용하는 '변수'입니다. 값이 넘어오는 매개체가 된다고 해서 '매개변수'라고 합니다.

Argument는 아규먼트, 알규먼트 등으로 읽습니다. 한글로 번역하면 '인수'입니다. 함수로 넘기는 값 자체를 말합니다. 위 코드 printMessage('hello');에서는 'hello'가 인자입니다.

1~3 ◆ printMessage(pMessage)는 pMessage라는 매개변수에 값을 받아 출력해 주는 함수를 만듭니다.

4 ◆ 함수를 실행할 때 () 안에 인자로 'hello'를 넘겨주어 실행합니다.

6~8 ◆ printMessage2(pMessage)라는 함수를 선언합니다. => 화살표 함수를 사용해 선언하는 방법입니다. 위에서 사용한 function 명령어 대신 매개변수를 넣는 () 다음에 => 화살표를 사용해서 선언하였습니다.

9 ◆ 인자로 'bye'를 넘겨 printMessage2 함수를 실행합니다.

```
1 // 함수 값의 반환
2 function sum(a, b) {
3   const r = a + b;
4   return r;
5 }
6
7 const result = sum(100, 200);
8 console.log(result);
```

결과

300

함수의 값을 반환하는 방법에 대해 알아보겠습니다.

다음과 같이 함수 안에 return을 써주면 함수의 연산 결과를 함수를 호출한 곳으로 보내줄 수 있습니다.

```
function 함수이름(값1, 값2) {
  return 결과;
}
```

return을 사전에서 찾아보면 '반환', '반환한다' 라는 뜻입니다. 실제 현장에서 사용할 때는 '반환' 보다는 '돌려준다' 라고 많이 쓰고 '리턴값', '리턴' 등으로도 많이 씁니다. 이 책에서는 return을 '리턴' 이라고 주로 쓸 예정입니다.

위와 같이 100, 200의 두 파라미터를 함수로 전달하고 그 결과값을 r로 리턴합니다. 리턴된 값을 상수 result에서 다시 input한 뒤에 console 창으로 출력해 보면 다음과 같은 결과값이 나오게 됩니다.

이와 같이 return문을 이용해 함수처리가 끝난 후의 값을 돌려받을 수 있습니다.

2~5 ◆ a, b 두 개의 파라미터를 갖는 sum 함수를 선언하였습니다. sum 함수가 실행되면 전달된 두 개의 값(위에서는 100, 200)을 더합니다. 그 결과를 상수 r에 저장합니다. 그리고 상수 r을 리턴합니다.

7 ◆ 100, 200 두 파라미터를 받아서 그 합인 sum을 호출하였습니다. sum 함수는 전달된 100, 200을 합하여 r 상수에 초기화하고, r 값을 리턴합니다. 리턴된 값은 선언된 result 상수에 초기화됩니다.

8 ◆ console.log(result); result 값을 콘솔에 출력하므로 100+200 즉, 300이 출력됩니다.

A, B, C, F 등급을 구하는 함수 만들기

- **학습 내용** : A, B, C, F 등급을 구하는 함수를 만들어 봅니다.
- **힌트 내용** : *function* getDegree(score) {}

```javascript
1  const students = [
2    { name: 'kyeongrok', age: 31, score: 85 },
3    { name: 'jihyun', age: 31, score: 95 },
4    { name: 'minsup', age: 35, score: 76 },
5  ];
6
7  function getDegree(score) {
8    if (score >= 90) {
9      return 'A';
10   } else if (score >= 80) {
11     return 'B';
12   } else if (score >= 60) {
13     return 'C';
14   }
15   return 'F';
16 }
17
18 students.forEach((student) => {
19   const result = `name: ${student.name}, score: ${getDegree(student.score)}`;
20   console.log(result);
21 });
```

결과

```
name:kyeongrok score:B
name:jihyun score:A
name:minsup score:C
```

if와 .forEach를 이용해 students에 있는 학생들의 등급을 구하고 결과를 출력하는 예제입니다.

1~5 ◆ 3개의 json 오브젝트를 담는 리스트를 선언 및 초기화하였습니다.

7~16 ◆ score, 한 개의 파라미터를 받아 해당 점수가 어느 구간인지를 파악하여 적절한 문자를 리턴하는 getDegree 함수를 if ~ else if문을 이용하여 선언하였습니다.

8~9 ◆ score가 90 이상일 경우, A를 리턴합니다. 만약, 리턴하는 경우 함수의 실행 문맥은 끝나게 됩니다.

10~11 ◆ score가 90 이상이 아니고, 80 이상이므로, 논리적으로 80 이상 90 미만인 경우에 B를 리턴합니다.

12~13 ◆ score가 60 이상이고, 80 미만인 경우 C를 리턴합니다.

15 ◆ 이전까지 속하는 조건이 없어 return되지 않았을 경우 F를 return합니다.

18~21 ◆ forEach문을 통해 students 리스트에 있는 json 오브젝트를 하나씩 꺼내어 (student) =〉 {}에 전달합니다. students에 있는 json 오브젝트가 3개이므로 순차적으로 3번 실행합니다. 뒤에 나오는 화살표 함수를 사용하였습니다.

전달된 student 객체의 name 필드를 이용해 name을 출력하고, score 필드를 getDegree 함수의 파라미터로 전달하여 해당되는 리턴값을 score로 출력합니다.

- **학습 내용** : function(함수) 선언하는 법을 배웁니다.
- **힌트 내용** : let printWelcome = function(){}

```
 1  // 함수 선언식(Function declaration)
 2  function printMessage(message) {
 3    console.log(message);
 4  }
 5
 6  // 함수 표현식(Function expression)
 7  const printWelcome = function () {
 8    console.log('welcome');
 9  };
10
11  printMessage('bye');
12  printWelcome();
13
14  console.log('typeof printMessage : %s', typeof printMessage);
15  console.log('typeof printWelcome : %s', typeof printWelcome);
16
17  // 괄호를 쓰지 않음
18  const pm = printMessage;
19  pm('good morning');
20  console.log('typeof pm : %s', typeof pm);
```

결과

```
bye
welcome
typeof printMessage : function
typeof printWelcome : function
good morning
typeof pm : function
```

함수를 선언하는 방법은 함수 선언식(function declaration)과 함수 표현식(function expression), 람다 표현식(lambda expression)이 있습니다. 람다 표현식은 화살표 함수로 뒤에서 배우겠습니다.

2~4 ◆ function 키워드로 시작해서 함수 이름을 지정하고 파라미터 이름을 지정하는 방식으로 함수를 선언합니다.

7~9 ◆ 변수를 선언하고 변수에 익명함수를 지정하는 형태로 함수를 선언합니다. 익명함수는 변수에 넣지 않은 이름이 없는 함수입니다.

14~15 ◆ typeof로 타입을 출력해보면 둘 다 function으로 출력되는 것을 볼 수 있습니다.

18~19 ◆ 함수를 선언하고 함수명에 () 괄호를 붙이지 않고 변수에 할당하면 해당 변수(위의 pm)는 function이 됩니다.

자바스크립트 함수의 성질(일급 객체)

- **학습 내용 :** 자바스크립트의 함수는 변수에 넣을 수 있습니다.
- **힌트 내용 :** let p = plus;

```javascript
1  function plus(a, b) {
2      return a + b;
3  }
4
5  function minus(a, b) {
6      return a - b;
7  }
8
9  let p = plus;
10 console.log("typeof plus : %s",typeof plus);
11 console.log("typeof p : %s",typeof p);
12 console.log("10 + 20 = %d", p(10, 20));
13
14 // 함수를 파라미터로 받는 함수
15 function calculate(a, b, func){
16     return func(a, b);
17 }
18
19 // 함수를 넘겨서 계산함
20 console.log(calculate(10, 20, minus));
21 console.log(calculate(10, 20, plus));
```

결과

```
typeof plus : function
typeof p : function
10 + 20 = 30
-10
30
```

자바스크립트의 함수는 일급 객체입니다. '일급 객체'는 first-class citizens를 번역한 말입니다. 변수에 넣거나 함수에 파라미터로 전달할 수 있는 객체를 일급 객체라고 합니다.

1~3 ◆ plus() 함수를 선언합니다.

5~7 ◆ minus() 함수를 선언합니다.

9~11 ◆ let p = plus;처럼 plus에 ()를 붙이지 않고 함수의 이름을 써서 변수에 넣을 수 있습니다. typeof 를 이용해 어떤 타입인지를 출력해 보면 plus와 p는 모두 function으로 출력됩니다.
이렇게 변수에 함수를 지정할 수 있는 성질은 함수를 파라미터로 바로 넘기는 것이 가능합니다.

15~21 ◆
```
function calculate(a, b, func){
    return func(a, b);
}
```

calculate() 함수는 값을 두 개 받고 세 번째 파라미터로 함수를 받게 되어 있습니다.

```
console.log(calculate(10, 20, minus));
```

세 번째 파라미터로 받은 함수의 연산을 실행한 결과를 리턴합니다.

화살표(arrow) 함수

- **학습 내용** : 화살표 함수(arrow 함수)에 대해 알아봅니다.
- **힌트 내용** : const printHello = () => console.log('hello');

```
 1 const printHello = () => console.log('hello'); // {} 중괄호를 쓰지 않아도 됩니다.
 2 const printHello2 = () => 'hello2'; // hello2를 return합니다.
 3 const printMessage = message => console.log(message);
 4 const plus = (a, b) => a + b;
 5 const minus = (a, b) => a - b;
 6
 7 printHello();
 8 console.log(printHello2());
 9 printMessage('message');
10 console.log('plus : %d', plus(10, 20));
11 console.log('minus : %d', minus(10, 20));
```

결과

```
hello
hello2
message
plus : 30
minus : -10
```

ES6에서 새로 만든 화살표 함수로, function, return을 생략해서 쓰기 위해 개발하였습니다. 계산식을 프로그래밍할 때 도움이 됩니다.

사용 방법은 다음과 같습니다.

```
const printHello = () => console.log('hello');
```

107

화살표 함수는 함수를 다른 함수에 전달할 때 유용합니다. 처음 사용할 때는 기존에 여러 변수들, 매개변수 등을 일일이 선언해주다가 생략해주는 문법에 익숙하지 않아서 어려움을 느낄 수 있지만 익숙해지면 이 방법을 주로 쓰게 됩니다.

1 ◆ `const printHello = () => console.log('hello');`은 다음의 함수와 같습니다.

```
function printHello() {
  console.log('hello');
}
```

function이라는 단어가 생략되고 =>로 바뀌었습니다.
처음에 가장 헷갈리는 부분은 function이 없어졌는데 function 자리에 =>(화살표) 기호가 생기는 것이 아니라, 파라미터가 들어가는 괄호() 뒤에 생긴다는 점입니다. 처음에는 => 기호가 생기는 부분을 주의해서 보기 바랍니다.

2 ◆ `const printHello2 = () => 'hello2';`은 다음의 함수와 같습니다.

```
function printHello2() {
  return 'hello';
}
```

return 값이 있는 화살표 함수 표기법입니다. function, return이 빠지고 function은 =>로 대체되었고 return은 => 다음이 문자열이기 때문에 return을 자동으로 넣어 줍니다.
console.log()와 같이 실행하고 끝나는 경우에는 null을 return합니다.

3 ◆ 매개변수가 한 개인 경우 ()를 생략할 수 있고, ()를 써줘도 됩니다.

4~5 ◆ 연산과 return을 한 줄에 쓸 수 있습니다. 이렇게 사용하면 함수를 다른 함수에 전달할 때 유용합니다.

7~11 ◆ 출력합니다.

화살표(arrow) 함수, {} 이용하기

- **학습 내용** : 화살표 함수의 형태에 대해 알아봅니다.
- **힌트 내용** : (a, b) => { return a + b; };

```
1  const sumAndPrint = (a, b) => {
2    const result = a + b;
3    return `결과는 ${result}입니다.`;
4  }
5
6  const result = sumAndPrint(10, 20);
7  console.log(result);
```

화살표(Arrow) 함수를 처음 사용할 때는 어디서 시작하고 어디서 끝나고, 파라미터로 값은 어떻게 전달이 되고, return은 언제 되고 등 생략되는게 많기 때문에 헷갈리는 경우가 많습니다. 위 예제는 다음의 함수를 화살표 함수로 표현한 예제입니다.

```
function sumAndPrint (a, b){
  const result = a + b;
  return `결과는 ${result}입니다.`;
}
```

=>를 사용해서 function이라는 명령어를 짧게 줄였습니다. 화살표 함수는 {}를 이용해 여러 줄로 사용할 수 있습니다.

{} 중괄호를 생략하고 (a, b) => a + b 이렇게 쓰는 경우는 (a, b) => { return a + b; }와 같습니다. 한 줄이고 마지막 줄을 리턴하기 때문에 {} 중괄호와 return을 뺀 것입니다.

이 표현방식은 처음엔 익숙하지 않을 수 있지만 사용하다보면 function, return, {} 등을 쓰지 않아도 될뿐만 아니라 만들어야 할 식에 집중할 수 있기 때문에, 적응되면 이 방식을 선호하게 됩니다.

화살표 함수 예제

- **학습 내용** : 화살표 함수를 이용해 여러 줄의 연산을 한 줄로 만들어 봅니다.
- **힌트 내용** : studentList.forEach(student => console.log('**name**:', student.name));

```
1  const studentList = [
2    { name: 'kyeongrok', age: 31, math: 85, science: 75 },
3    { name: 'jihyun', age: 31, math: 95, science: 83 },
4    { name: 'minsup', age: 35, math: 76, science: 98 },
5  ];
6  const plus = (a, b) => a + b;
7  studentList.forEach(student => console.log(`${student.name} total:
8  ${plus(student.math, student.science)}`));
9
10 console.log('--------------------');
11
12 studentList.forEach((student) => {
13   console.log(`${student.name} total: ${plus(student.math, student.science)}`);
14 });
```

결과

```
kyeongrok total:160
jihyun total:178
minsup total:174
--------------------
kyeongrok total:160
jihyun total:178
minsup total:174
```

화살표 함수를 이용하면 여러 줄로 길어질 수 있는 연산들을 한 줄에 해결할 수 있습니다. 이
번 예제는 모든 학생들의 수학점수와 과학점수를 더한 결과를 출력하는 예제입니다.

두 값을 더해주는 함수를 선언합니다. function, return, {} 등 기호가 빠져 있어서 처음에는 어색할 수 있습니다. ◆ 6

6번 줄에서 선언한 plus 함수에 student.math, student.science 두 가지 값을 넘겨주고 리턴받은 값을 출력하는 예제입니다. forEach를 쓸 때 .forEach(다음에 나오는 변수 student에는 studentList의 한 줄이 들어갑니다. 그래서 화살표 함수 => 뒤에 나오는 식에는 name, math, science등 student에 있는 값들을 뽑아서 사용할 수 있습니다. ◆ 7~8

7번 줄을 {} 중괄호를 써서 표현한 예제입니다. student => console.log(출력할 내용); 이런 형식으로 되어 있는 .forEach() 안에 들어 있는 함수를 다음과 같이 풀어서 쓸 수도 있습니다. ◆ 12~14

```
(student) => {
    console.log(출력할 내용);
}
```

콜백함수 callback()

```
 1 const sum = (a, b) => a + b;
 2
 3 const printResult = (result) => {
 4   console.log(`결과는 ${result}입니다.`);
 5 };
 6
 7 const calculationAndPrint = (calculationResult, callback) => {
 8   callback(calculationResult);
 9 };
10
11 calculationAndPrint(sum(10, 20), printResult);
```

결과

결과는 30입니다.

Callback(콜백)은 사전에서 찾아보면 '답신 전화', '회신'이라는 뜻입니다.

```
calculationAndPrint(sum(10, 20), printResult);
```

위 코드에서는 printResult가 콜백함수입니다.

콜백함수는 특정 함수에 파라미터로 전달된 함수를 말합니다. 자바스크립트에서 함수는 일급 객체이므로, 변수에 담거나 전달하는 식으로 활용할 수 있습니다. 어떤 함수에 전달된 콜백함수는 해당 함수가 실행될 때 호출되는 방식으로 작동하게 됩니다.

callback이기 때문에 뒤에서부터 알아보겠습니다.

calculationAndPrint를 실행할 때 두 번째 인자로 printResult를 넘겼습니다.　　　　　　　　◆ 11

11번 줄에서 호출한 calculationAndPrint 함수는 파라미터가 두 개입니다. 7번 줄에서 호출할 때　◆ 7~9
파라미터가 두 개이기 때문에 인자를 두 개 받습니다.

첫 번째 calculationResult는 30을 받습니다. 30은 1번 줄에 선언한 sum(10, 20) 함수의 결과입
니다. 두 번째는 함수를 받습니다. 파라미터 callback에는 printResult가 넘어옵니다. 이 함수는
넘어온 값을 출력해 주는 함수입니다.

printResult로 30을 넘겨줍니다.　　　　　　　　　　　　　　　　　　　　　　　　　　　◆ 8

printResult라는 이름으로 선언된 함수는 result로 받은 값을 '결과는 ', result, '입니다.' 형식으로　◆ 3~5
출력해 줍니다.

실제 개발을 하다 보면 callback에 callback을 여러 번 겹쳐서 사용하는 코드가 나오는 경우가 있
습니다. 이어져 있는 형태가 체인같다고 하여 이런 형태를 체이닝(chaining)이라고 합니다.

함수의 유효 범위(Scope)

- **학습 내용** : 함수 내의 선언된 지역변수와 함수 밖에서 선언된 전역변수에 대해 알아보고 함수를 변수에 대입하는 것에 대해 배워보겠습니다.
- **힌트 내용** : 함수 내외에 존재하는 변수의 유효 범위

```javascript
1  // 함수의 유효 범위(Scope) 및 익명함수
2
3  // 전역 변수
4  let resultSubtraction;
5  function subtraction(a, b) {
6    resultSubtraction = a - b;
7  }
8
9  subtraction(100, 50);
10 console.log(resultSubtraction);
11
12 // 변수에 익명함수 형태로 함수를 정의할 수 있음
13 function multiple(a, b) {
14   const result = a * b;
15   return result;
16 }
17
18 const r = multiple(10, 10);
19 console.log(r);
20
21 // 지역변수
22 function sum(a, b) {
23   const resultSum = a + b;
24 }
25
26 sum(20, 30);
27 console.log(resultSum);
```

결과

```
50
100
C:\git\nodejs_example_200\031to092_level2\54_scope.js:28
console.log(resultSum);
              ^

ReferenceError: resultSum is not defined
    at Object.<anonymous> (C:\git\nodejs_example_200\031to092_level2\54_
    scope.js:28:13)
    at Module._compile (module.js:570:32)
    at Object.Module._extensions..js (module.js:579:10)
    at Module.load (module.js:487:32)
    at tryModuleLoad (module.js:446:12)
    at Function.Module._load (module.js:438:3)
    at Module.runMain (module.js:604:10)
    at run (bootstrap_node.js:389:7)
    at startup (bootstrap_node.js:149:9)
    at bootstrap_node.js:502:3
```

변수를 지정하는 것은 아주 중요합니다. 특정 함수 내에서 지정되었는지 함수 밖에서 지정되었는지에 따라 해당 변수를 호출할 수 있고 없고가 달라집니다.

함수 내부에서 선언된 변수를 '**지역변수**'라고 합니다. 함수 내부에서만 사용할 수 있습니다. 함수 밖에서는 해당 변수를 사용할 수 없습니다.
함수 외부에서 선언된 변수는 '**전역변수**'입니다. 프로그램 영역 전체에서 사용될 수 있습니다.

resultSum이 지역변수로 선언되었기 때문에 sum() 함수 내에서만 사용할 수 있습니다. 따라서 27번 줄 console.log(resultSum);에서 reulstSum이라는 변수를 찾을 수 없기 때문에 에러가 정의되지 않았다고 에러가 발생합니다.

프로그램 퍼포먼스 측면에서 변수의 선언은 매우 중요합니다. 불필요한 메모리를 차지하지 않도록 사용에 주의해야 합니다. 프로그램 전체에서 사용되는 변수는 주로 상단에 선언합니다.

◆ 23

 CAUTION

함수 내에서 변수 유형(예, var 또는 let)을 지정하지 않고 변수를 선언할 경우 '지역변수'가 아니라 '전역변수'가 됩니다.

난수 생성(random)

- **학습 내용** : 난수(랜덤 값) 생성하는 방법을 알아봅니다.
- **힌트 내용** : Math.random();

```
1  const randomNumber = Math.random(); // 0.7483689112586123
2  const zeroToNine = Math.floor(Math.random() * 10, 10); // 0 to 9
3  const twentyToThirty = Math.floor(Math.random() * ((30 - 20) + 1), 10) +
4  20; // 20 to 30
5  const oneToTen = Math.floor(Math.random() * 10, 10) + 1; // 1 to 10
6  const makeRandom = (min, max) => Math.floor(Math.random() * ((max - min)
7  + 1), 10) + min;
8
9  console.log(randomNumber);
10 console.log('zeroToNine:', zeroToNine);
11 console.log('oneToTen:', oneToTen);
12 console.log('twentyToThirty:', twentyToThirty);
13
14 for (let value = 1; value < 10; value += 1) {
15   console.log('10 to 20:', makeRandom(10, 20));
16 }
```

결과

```
0.15987949427641213
zeroToNine: 3
oneToTen: 7
twentyToThirty: 21
10 to 20: 17
10 to 20: 19
10 to 20: 19
10 to 20: 14
10 to 20: 18
10 to 20: 11
```

```
10 to 20: 10
10 to 20: 19
10 to 20: 12
```

난수(Random)는 무작위 값을 말합니다. 보통 '랜덤', '랜덤값' 등으로 읽습니다.

다음과 같이 사용합니다.

```
const randomNumber = Math.random();
```

테스트(Test) 데이터를 만들거나 게임에서 데미지를 계산할 때 그리고 여러 대의 서버 중 몇 번 서버로 요청을 보내줄지 등 난수를 사용할 일이 많습니다.

기본적으로 Math.random()을 사용하면 0.748368911258612와 같이 0 이상 1 미만의 숫자를 만들어 줍니다. 우리는 이런 소수점 자리의 숫자보다는 정수가 필요한 경우가 많기 때문에 위에 0.7483~~~으로 나오는 숫자에 내가 원하는 숫자만큼 곱해준 후 소수점 자리를 버림으로써 정수를 얻을 수 있습니다.

Math.random()을 사용하면 0.748368911258612와 같이 0 이상 1 미만의 숫자를 만들어 줍니다. ◆ 1

0부터 9까지 필요하다면 0.748368911258612에 10을 곱한 수인 7.48368911258612에서 소수 ◆ 2
점을 버리면 7이 나옵니다. Math.floor()는 소수점을 버리는 함수입니다.
Math.random() * 10, 10에서 뒤에 있는 10은 10진수를 의미합니다. 생략하면 기본값은 10진수 이지만 가독성을 좋게 하기 위해 써주는 것이 좋습니다.

20부터 30까지 나오게 하려면 앞에 숫자가 0부터 10까지 총 11가지 숫자가 나와야 합니다. 그 ◆ 3~4
래서 범위를 지정을 할 때 ((30 − 20) + 1) 이렇게 +1을 해줍니다.
(30 − 20)만 쓰면 0부터 9까지 10가지만 생성되기 때문에 20부터 29까지만 생성됩니다.

화살표 함수를 이용해 makeRandom이라는 함수를 선언한 예제입니다. 10과 20 사이의 숫자를 ◆ 6~7
만들고 싶다면 makeRandom(10, 20)이라고 써줍니다.

반올림 .round(number)

- **학습 내용 :** 어떤 수를 반올림하는 함수를 알아봅니다.
- **힌트 내용 :** Math.round();

```
1  const number = 88.7;
2  const divide = 1 / 2;
3
4  console.log('type:%s %d', typeof number, number);
5  console.log('round', typeof number, Math.round(number));
6  console.log('divide:%d, %d', divide, Math.round(divide));
```

결과

```
type:number 88.7
round number 89
divide:0.5, 1
```

숫자를 처리할 때 반올림 등 값을 어림하는 작업이 필요할 때가 많습니다. Math.round()를 사용하면 입력된 소수를 반올림하여 정수로 출력합니다. 예를 들어, 17.32의 경우 17, −3.7442의 경우 −4가 됩니다.

4 ◆ typeof를 이용하여 number의 타입과 그 숫자를 그대로 출력합니다.

5 ◆ number에 Math.round()를 사용하여 반올림한 결과값과 타입을 출력합니다.

6 ◆ divide 상수에 대해서도 Math.round()를 적용하기 전, 후의 결과를 구분하여 출력합니다.

- **학습 내용** : 어떤 수들이 있을 때 그 중 가장 큰 값과 가장 작은 값을 구하는 함수를 알아봅니다.
- **힌트 내용** : Math.max(), Math.min()

```
1  const maxResult = Math.max(-10, 10, 20, 30, 40);
2  const minResult = Math.min(-10, 10, 20, 30, 40);
3
4  console.log('max :', maxResult);
5  console.log('min :', minResult);
```

결과

```
max : 40
min : -10
```

몇 개의 숫자가 주어졌을 때 그 중 가장 큰 값과 작은 값을 구하는 일은 단순히 값을 산출하거나, 가장 표를 많이 얻은 의견을 구하거나 하는 등 집계하는 프로그램에서 주로 많이 사용되곤 합니다.

```
Math.max(-10, 10, 20, 30, 40);
```

Math.max(), Math.min()은 입력된 숫자 중 가장 큰 수(정수, 실수 상관없이)를 반환하는데 만약 파라미터 중 하나라도 숫자로 변환하지 못할 경우 NaN(Not a Number: 숫자가 아닙니다)를 리턴하게 됩니다.

예를 들어, 숫자로 된 배열을 파라미터로 넘겨도 NaN를 리턴하므로 숫자로 변환하여 넣어야 합니다. 또한 Math의 메소드들은 정적 메소드이므로 Math 오브젝트의 메소드로는 활용할 수 없고 항상 위처럼 Math.max(), Math.min()으로 사용해야 합니다.

Math.max에 −10, 10, 20, 30, 40를 파라미터로 넘기고 결과값을 maxResult에 초기화합니다. ◆ 1

Math.min에 −10, 10, 20, 30, 40를 파라미터로 넘기고 결과값을 minResult에 초기화합니다. ◆ 2

구한 maxResult, minResult 값을 각각 출력합니다. ◆ 4~5

절대값 abs()

• **학습 내용 :** 어떤 수의 절대값을 구하는 방법에 대해 알아봅니다.
• **힌트 내용 :** Math.abs()

```javascript
1  const abs1 = Math.abs('-1'); // 1
2  const abs2 = Math.abs(-3.141592); // 3.141592
3  const abs3 = Math.abs([2]); // 2
4  const abs4 = Math.abs([1, 2]); // NaN
5  const abs5 = Math.abs({}); // NaN
6  const abs6 = Math.abs(null); // 0
7  const abs7 = Math.abs(''); // 0
8  const abs8 = Math.abs([]); // 0
9
10 console.log('abs1:', abs1);
11 console.log('abs2:', abs2);
12 console.log('abs3:', abs3);
13 console.log('abs4:', abs4);
14 console.log('abs5:', abs5);
15 console.log('abs6:', abs6);
16 console.log('abs7:', abs7);
17 console.log('abs8:', abs8);
```

결과

```
abs1: 1
abs2: 3.141592
abs3: 2
abs4: NaN
abs5: NaN
abs6: 0
abs7: 0
abs8: 0
```

A, B라는 두 값이 있을 때 두 값의 차이는 일반적으로 |A−B|와 같이 계산합니다. A−B는 A〉B 일 때 양수이고, A〈B일 때 음수이지만, 차이는 항상 양의 정수로 나타내야 하므로 절대값 │ │ 을 붙이게 됩니다. 이때 절대값을 구하는 함수가 abs() 함수입니다. 이처럼 절대값 계산은 일반 적으로 어떤 수의 차이를 구할 때 사용됩니다.

값을 구할 수 있는 경우입니다. ' '는 문자를 의미하지만, 문자가 숫자를 의미하는 경우 값으로 구할 수 있습니다. [ ] 배열 역시 정수 원소를 1가지 담고 있는 경우 해당 숫자값을 함수의 인수 로 받을 수 있습니다. 따라서, 해당 값들의 절대값을 구할 수 있습니다. Math.abs() 함수는 결 과를 리턴하여 그 값들이 abs1, abs2, abs3 변수에 초기화됩니다.   ◆ **1~3**

값을 구할 수 없는 경우입니다. 인수로 1, 2를 원소로 가지는 집합 [1, 2]가 주어졌으나 숫자값 하나를 가진 집합이 아니고 원소를 여러 개 잡은 집합이므로 Math.abs()의 인수로는 적절하지 않습니다. 또한 {}는 객체 리터럴로 숫자 타입이 아니기에 NaN을 출력하게 됩니다.   ◆ **4~5**

숫자를 의미하지는 않지만 0으로 인정되는 예외입니다. null, ', [ ]는 절대값을 0으로 약속합 니다.   ◆ **6~8**

Math.abs()의 각 결과값을 출력합니다.   ◆ **10~17**

거듭제곱 pow()

- **학습 내용** : 어떤 수의 거듭제곱을 구하는 방법에 대해 알아봅니다.
- **힌트 내용** : Math.pow()

```
1  const pow1 = Math.pow(7, 2); // 49
2  const pow2 = Math.pow(2, 10); // 1024
3  const pow3 = Math.pow(8, 1 / 3); // 2
4  const pow4 = Math.pow(2, 0.5); // 1.4142135623730951
5  const pow5 = Math.pow(7, -2); // 0.02040816326530612
6  const pow6 = Math.pow(8, -1 / 3); // 0.5
7  const pow7 = Math.pow(-7, 2); // 49
8  const pow8 = Math.pow(-7, 1 / 2); // NaN
9
10 console.log('pow1:', pow1);
11 console.log('pow2:', pow2);
12 console.log('pow3:', pow3);
13 console.log('pow4:', pow4);
14 console.log('pow5:', pow5);
15 console.log('pow6:', pow6);
16 console.log('pow7:', pow7);
17 console.log('pow8:', pow8);
```

결과

```
pow1: 49
pow2: 1024
pow3: 2
pow4: 1.4142135623730951
pow5: 0.02040816326530612
pow6: 0.5
pow7: 49
pow8: NaN
```

어떤 지수함수가 있을 때 거듭제곱의 대상이 되는 값을 밑, 밑을 몇 번 거듭제곱할지 정하는 값을 지수라고 합니다.

Math.pow 함수는 인수를 두 개 받습니다. 왼쪽 인수가 밑, 오른쪽 인수가 지수입니다. 예를 들어, 2의 제곱을 구하고 싶은 경우, Math.pow(2, 2)와 같이 구할 수 있습니다.

만약 지수의 값이 분수라면 거듭제곱근을 의미하게 되며, 지수의 값이 음수라면 밑의 역수를 거듭제곱하게 됩니다. 거듭제곱은 수를 다루는 많은 분야에서 공통적으로 빈번히 사용하는 계산이므로 잘 알아두면 쉽게 해당 값을 구할 수 있습니다.

자연수 밑을 양의 정수로 거듭제곱하는 경우, 예상하는대로 거듭제곱한 값을 구할 수 있습니다. 7의 제곱은 49, 2의 10승은 1024로 예상된 결과가 나옵니다. ◆ 1~2

자연수 밑을 0보다 크고 1보다 작은 수로 거듭제곱하는 경우입니다. 이 경우, 지수함수의 값은 양의 거듭제곱근 값을 구하게 되며, 결과적으로 본래 밑보다 작은 값을 얻게 됩니다. 8의 1/3 거듭제곱은 8의 세제곱근과 같으므로 2가 되며 2의 0.5(=1/2) 제곱은 2의 양의 제곱근인 $\sqrt{2}$ 와 같습니다. ◆ 3~4

자연수 밑에 대해 음수의 거듭제곱을 하는 경우, 자연수의 역수에 대해 음수의 절대값을 거듭제곱하는 것과 같습니다. 따라서, 7의 −2승은 1/7의 2승과 같으므로, 1/49 = 0.020408... 이 됩니다. 8의 −1/3 승 역시 1/8의 1/3승으로 1/8의 세제곱근과 같으므로 1/2 = 0.5입니다. ◆ 5~6

음수를 제곱하는 경우 −1의 제곱은 1이므로, 양수가 됩니다. 하지만, 음수의 제곱근은 무리수로 실수가 아닙니다. Math.pow() 함수는 실수범위 값을 출력하므로 이 경우 NaN을 값을 리턴합니다. ◆ 7~8

Math.pow() 함수를 이용하여 구한 값을 차례대로 출력합니다. ◆ 10~17

제곱근 함수, 세제곱근 함수
sqrt(), cbrt()

- **학습 내용 :** 어떤 수의 제곱근과 세제곱근을 구하는 함수에 대해 알아봅니다.
- **힌트 내용 :** Math.sqrt(), Math.cbrt()

```javascript
 1 const sqrt1 = Math.sqrt(9); // 3
 2 const sqrt2 = Math.sqrt(1);  // 1
 3 const sqrt3 = Math.sqrt(0);  // 0
 4 const sqrt4 = Math.sqrt(-1); // NaN
 5
 6 const cbrt1 = Math.cbrt(-8); // -2
 7 const cbrt2 = Math.cbrt(0); // 0
 8 const cbrt3 = Math.cbrt(1); // 1
 9 const cbrt4 = Math.cbrt(Infinity); // Infinity
10
11 console.log('sqrt1:', sqrt1);
12 console.log('sqrt2:', sqrt2);
13 console.log('sqrt3:', sqrt3);
14 console.log('sqrt4:', sqrt4);
15 console.log('cbrt1:', cbrt1);
16 console.log('cbrt2:', cbrt2);
17 console.log('cbrt3:', cbrt3);
18 console.log('cbrt4:', cbrt4);
```

결과

```
sqrt1: 3
sqrt2: 1
sqrt3: 0
sqrt4: NaN
cbrt1: -2
cbrt2: 0
cbrt3: 1
cbrt4: Infinity
```

sqrt(square root), cbrt(cube root)는 각각 양의 제곱근과 세제곱근을 구하는 함수입니다. '스퀘어루트', '큐브루트' 등으로 읽습니다.

pow 함수의 두 번째 인자로 1/2, 1/3을 주는 방식으로 이용할 수 있지만, 사용 목적이 분명하고 반복적으로 값을 구해야 하는 경우, 본 함수들을 사용하는 것이 실행 속도와 코드 가독성에 도움을 줄 수 있습니다.

양의 정수의 양의 제곱근은 본래 구하는 방식으로 구할 수 있습니다. 0의 제곱근은 0 하나뿐입니다. −1의 제곱근은 실수 범위에서 구할 수 없으므로, NaN이 나옵니다. 구한 값을 각 변수에 초기화합니다. ◆ 1~4

세제곱근이란 세제곱하여 해당 수가 되는 수를 의미하므로 −8, 0, 1의 세제곱근은 각각 −2, 0, 1이 됩니다. Infinity란 무한대를 의미하는 수입니다. 예를 들어 어떤 양수를 0으로 나누면 양의 방향으로 발산하므로 양의 무한대인 Infinity가 되며, 음수를 0으로 나누면 음의 방향으로 발산하므로 −Infinity가 됩니다. 무한의 양의 제곱근을 구해도 무한이므로, Infinity가 얻어집니다. ◆ 6~9

Math.sqrt(), Math.cbrt()를 통해 구한 값을 차례로 출력합니다. ◆ 11~18

부호 함수 sign()

- **학습 내용** : 어떤 수의 부호를 구하는 방법에 대해 알아봅니다.
- **힌트 내용** : Math.sign()

```javascript
1 const sign1 = Math.sign(3); //  1
2 const sign2 = Math.sign(-3); // -1
3 const sign3 = Math.sign('-3'); // -1
4 const sign4 = Math.sign(0); //  0
5 const sign5 = Math.sign(NaN); // NaN
6 const sign6 = Math.sign('foo'); // NaN
7 const sign7 = Math.sign(); // NaN
8
9 console.log('sign1:', sign1);
10 console.log('sign2:', sign2);
11 console.log('sign3:', sign3);
12 console.log('sign4:', sign4);
13 console.log('sign5:', sign5);
14 console.log('sign6:', sign6);
15 console.log('sign7:', sign7);
```

결과

```
sign1: 1
sign2: -1
sign3: -1
sign4: 0
sign5: 0
sign6: NaN
sign7: NaN
sign8: NaN
```

일반적으로 어떤 값이 양수인지 음수인지 판별하는 상황에서 항상 0보다 큰지, 0보다 작은지 비교하지만, 함수형 프로그래밍 패러다임에서는 가능하면 해당 코드를 함수화하는 것이 바람직합니다. Math.sign() 함수는 어떤 실수 범위값의 부호가 +인지, −인지를 판별하여 양수일 경우 1, 음수일 경우 −1을 출력합니다.

값으로 인정되는 경우입니다. 3, −3은 본래 숫자이므로 그 양과 음의 여부를 판단할 수 있습니다. '−3'은 문자이지만, 문자의 내용이 숫자이므로 값으로 인식하여 부호값을 판별합니다. [3.14]와 같이 숫자 하나만을 원소로 갖는 배열도 숫자값으로 인식하여 부호값을 판별할 수 있습니다. ◆ 1~3

0의 부호는 0으로 약속합니다. 1의 보수 표현에서는 0이 +0과 −0이 존재합니다. node.js에서는 +0, −0 모두 0으로 표기하지만, 만약, 3/0과 3/−0의 부호값을 출력해본다면 Infinity, −Infinity 의 부호이므로 각각 1, −1로 출력되는 것을 확인할 수 있습니다. ◆ 4

부호를 판별할 수 없는 경우입니다. NaN은 숫자가 아닌 값을 표현하므로, 부호를 판단할 수 없습니다. 'foo'는 문자이므로 숫자가 아니고 값을 넣지 않는 경우도 판별할 수 없는 경우로 모두 NaN을 리턴하게 됩니다. ◆ 5~7

Math.sign() 함수를 통해 구한 부호값을 차례로 출력합니다. ◆ 9~15

로그함수 log(), log10(), log2(), log1p()

- **학습 내용 :** 다양한 로그함수들의 사용법을 알아봅니다.
- **힌트 내용 :** Math.log(), Math.log10(), Math.log2(), Math.log1p()

```javascript
1  const log_1 = Math.log(10); // 2.302585092994046
2  const log_2 = Math.log(1); // 0
3
4  const log10_1 = Math.log10(10000); // 4
5  const log10_2 = Math.log10(10); // 1
6
7  const log2_1 = Math.log2(1024); // 10
8  const log2_2 = Math.log2(2); // 1
9
10 const log1p_1 = Math.log1p(1); // 0.6931471805599453
11 const log1p_2 = Math.log1p(0); // 0
12
13 console.log('log_1:', log_1);
14 console.log('log_2:', log_2);
15 console.log('log10_1:', log10_1);
16 console.log('log10_2:', log10_2);
17 console.log('log2_1:', log2_1);
18 console.log('log2_2:', log2_2);
19 console.log('log1p_1:', log1p_1);
20 console.log('log1p_2:', log1p_2);
```

로그함수는 지수함수의 역함수로 어떤 큰 값의 스케일을 줄이고 싶을 때 주로 사용합니다. 그 기원을 살펴보면 산수를 빠르게 하기 위해 고안된 개념이라고 합니다. 예를 들어, 어떤 값의 흐름이 지수적으로 급격하게 증가하는 경우 해당 값의 그래프를 그려보면 너무 빠른 속도로 치솟기에 그 경향성을 살펴보기에 적절하지 않습니다.

결과

```
log_1: 2.302585092994046
log_2: 0
log10_1: 4
log10_2: 1
log2_1: 10
log2_2: 1
log1p_1: 0.6931471805599453
log1p_2: 0
```

일반적으로 그러한 그래프에 대해서는 값의 스케일을 로그 스케일로 취해서 보면 편합니다. 수학에서는 값을 구하기 복잡한 경우 양 변에 로그를 취해서 값의 스케일을 줄이는 방법을 사용하기도 합니다.

Math.log() 함수는 밑이 자연상수(e)인 함수로 y = lnx와 같습니다. 따라서 log(10)은 ln10(=2.3025...) 값과 같습니다. 1의 로그 값은 항상 0으로 약속하므로, log(1)의 값은 0입니다. ◆ 1~2

Math..log10 함수는 밑이 10인 함수입니다. 따라서, log10(10000)에서 10000은 10의 4거듭제곱이므로 4가 되며, log10(10)은 1입니다. ◆ 4~5

Math.log2 함수는 밑이 2인 함수입니다. 따라서, log2(1024)에서 1024는 2의 10거듭제곱이므로 10이 되며 log2(2)는 1입니다. ◆ 7~8

Math.log1p() 함수는 밑이 e인 로그함수이며, 어떤 수가 주어졌을 때 해당 값에 1을 더해서 그 로그 값을 구하는 함수입니다. 즉, log1p(x)는 log(x+1)과 같습니다. 그 예로 log(10)은 log1p(9)와 같습니다. 이렇게 구할 경우, 만약 굉장히 작은 숫자를 받는다면 log1 즉, 0에 매우 가까운 값을 갖게 되므로 정밀하게 계산할 때의 값과 상대오차가 크게 발생하게 됩니다. 이런 방법으로 문제 발생상황을 쉽게 인지할 수 있게 됩니다. 잘 사용되지는 않지만, 높은 정확도가 요구되는 경우 활용할 수 있습니다. ◆ 10~11

Math.log1p(1)은 ln2(=0.6931...) 값, Math.log1p(0)은 ln(1)이므로 0을 리턴하게 됩니다.

바닥함수, 천장함수
floor(), ceil()

- **학습 내용 :** 어떤 값의 바로 아래 정수값, 바로 위 정수값을 구하는 바닥함수와 천장함수를 알아봅니다.
- **힌트 내용 :** Math.floor(), Math.ceil()

```javascript
1  const floor1 = Math.floor(45.95); // 45
2  const floor2 = Math.floor(4); // 4
3  const floor3 = Math.floor(NaN); // NaN
4  const floor4 = Math.floor(-45.05); // -46
5
6  const ceil1 = Math.ceil(7.004); // 8
7  const ceil2 = Math.ceil(-0.95); // -0
8  const ceil3 = Math.ceil(-4); // -4
9  const ceil4 = Math.ceil(-7.004); // -7
10
11 console.log('floor1:', floor1);
12 console.log('floor2:', floor2);
13 console.log('floor3:', floor3);
14 console.log('floor4:', floor4);
15 console.log('ceil1:', ceil1);
16 console.log('ceil2:', ceil2);
17 console.log('ceil3:', ceil3);
18 console.log('ceil4:', ceil4);
```

결과

```
floor1: 45
floor2: 4
floor3: NaN
floor4: -46
ceil1: 8
ceil2: 0
ceil3: -4
ceil4: -7
```

어떤 실수 값이 주어졌을 때 해당 값 바로 아래의 정수값과 바로 위의 정수값을 구하는 함수를 각각 바닥함수, 천장함수라고 합니다. 예를 들어, 통계 계산 시 소수점으로 구하면 안되는 경우가 있을 수 있습니다. 사람 수나 물건의 개수가 실수로 표현될 수 없으므로 정수 값으로 표현해야 하는데 이런 경우 천장함수 혹은 바닥함수를 활용할 수 있습니다.

Math.floor() 함수는 바닥함수로 인수는 항상 실수값이 들어와야 합니다. 따라서, NaN인 경우 구할 수 없으므로 NaN을 그대로 리턴하게 되며 그 외의 경우 해당 값보다 같거나 작은 가장 가까운 정수를 리턴하게 됩니다. 따라서, 45.95인 경우 45, 4인 경우 그대로 4, −45.05인 경우 −46을 얻을 수 있습니다.
◆ 1~4

Math.ceil()은 천장함수로 이 역시 항상 실수값을 인수로 받습니다. 천장함수는 해당 값보다 같거나 큰 가장 가까운 정수를 리턴합니다. 따라서, 7.004인 경우 8, −0.95인 경우 0, −4인 경우 그대로 −4 그리고 −7.004인 경우 −7을 얻을 수 있습니다.
◆ 6~9

Math.floor(), Math.ceil()로 구한 값을 차례로 출력합니다.
◆ 11~18

버림함수 trunc()

- **학습 내용 :** 어떤 수에서 소수 자리 부분을 제거해주는 함수에 대해 알아봅니다.
- **힌트 내용 :** Math.trunc

```
 1 const trunc1 = Math.trunc(24.2);      // 24
 2 const trunc2 = Math.trunc(42.8123123);     // 42
 3 const trunc3 = Math.trunc(0.88);      //  0
 4 const trunc4 = Math.trunc(-0.88);     // -0
 5 const trunc5 = Math.trunc('-1.123'); // -1
 6 const trunc6 = Math.trunc(NaN);          // NaN
 7 const trunc7 = Math.trunc('foo');     // NaN
 8 const trunc8 = Math.trunc();             // NaN
 9
10 console.log('trunc1:', trunc1);
11 console.log('trunc2:', trunc2);
12 console.log('trunc3:', trunc3);
13 console.log('trunc4:', trunc4);
14 console.log('trunc5:', trunc5);
15 console.log('trunc6:', trunc6);
16 console.log('trunc7:', trunc7);
17 console.log('trunc8:', trunc8);
```

결과

```
trunc1: 24
trunc2: 42
trunc3: 0
trunc4: 0
trunc5: -1
trunc6: NaN
trunc7: NaN
trunc8: NaN
```

Math.trunc() 함수는 주어진 실수에서 소수점 자리를 절사하는 버림함수입니다. 바닥함수, 천장함수의 경우 해당 값보다 크거나 작은 정수를 구하여 리턴하지만, 본 함수는 단순히 해당 값의 정수부만을 구합니다. 버림함수는 바닥함수, 천장함수 그리고 반올림 등과 같이 어떤 수의 어림값을 구하고자 할 때 사용될 수 있습니다.

버림함수의 계산은 비교적 간단합니다. 소수점 자리를 그대로 절사하면 되므로, 24.2의 경우 24, 42.8123123의 경우 42, 0.88과 −0.88인 경우 0(단, −0.88의 경우 내부적으로 −0) 그리고 '−1.123'은 문자의 형식이나, 숫자를 담고 있는 문자의 경우 숫자로 인식하여 −1이 나옵니다. ◆ 1~5

NaN, 'foo' 그리고 아무것도 주어지지 않은 경우 모두 숫자가 아닌 값이므로 NaN이 나옵니다. ◆ 6~8

Math.trunc()의 결과값을 차례로 출력합니다. ◆ 10~17

밑이 자연상수(e)인 지수함수 exp(), expm1()

- **학습 내용 :** 자연상수 e를 밑으로 하는 지수함수의 값을 구하는 함수를 알아봅니다.
- **힌트 내용 :** Math.exp(), Math.expm1()

```javascript
1  const exp1 = Math.exp(-1); // 0.36787944117144233
2  const exp2 = Math.exp(0); // 1
3  const exp3 = Math.exp(1); // 2.718281828459045
4
5  const expm1_1 = Math.expm1(-1); // -0.6321205588285577
6  const expm1_2 = Math.expm1(0); // 0
7  const expm1_3 = Math.expm1(1); // 1.718281828459045
8
9  console.log('exp1:', exp1);
10 console.log('exp2:', exp2);
11 console.log('exp3:', exp3);
12 console.log('expm1_1:', expm1_1);
13 console.log('expm1_2:', expm1_2);
14 console.log('expm1_3:', expm1_3);
```

결과

```
exp1: 0.3678794411714424
exp2: 1
exp3: 2.718281828459045
expm1_1: -0.6321205588285577
expm1_2: 0
expm1_3: 1.718281828459045
```

Math.exp()는 지수함수 중 밑이 자연상수인 지수함수를 구하는 함수입니다.

이 함수는 미분하면 자기자신이 되어 변화율이 일정한 특징을 가지는 수학에서 굉장히 중요하게 다뤄지는 함수입니다. 따라서, 물리학, 전자공학 등 다양한 분야에서 사용될 수 있습니다. 이 함수도 pow 함수의 첫 번째 인자로 Math.E(자연상수 e)를 놓는 방법으로 구현할 수 있으나, 밑이 자연상수로 일정하게 유지되는 경우 본 함수를 사용하는 것이 좋습니다.

밑이 e인 지수함수이므로, −1의 경우 1/e(=0.3678...)와 같습니다. 어떤 수의 0승은 항상 1이며, e의 1승은 e 자신이므로 자연상수 e(=2.7182...)값이 나옵니다. ◆ 1~3

expm1 함수는 logp1 함수와 역함수 관계로 exp(x) −1과 같습니다. 이 함수 역시 매우 작은 값을 인수로 넣어주게 되면, exp(1)이 1로 수렴하므로 0이 되어 상대오차가 굉장히 커지게 됩니다. 이런 방식으로 정확도 오류를 명확하게 탐지할 수 있기 때문에 값의 정확성이 중요한 경우 본 함수를 활용할 수 있습니다. ◆ 5~7

expm1(−1)은 exp(−1)(=0.3678...) − 1이며, expm1(0)은 1 − 1이므로 0, expm1(1)은 자연상수 e에서 1을 뺀 값이므로 1.718...이 나옵니다.

Math.exp(), Math.expm1()을 통해 구한 값을 차례로 출력합니다. ◆ 9~14

삼각함수 sin(), cos(), tan()

- **학습 내용** : 삼각함수의 값을 구하는 함수들에 대해 알아봅니다.
- **힌트 내용** : Math.sin(), Math.cos(), Math.tan()

```javascript
1  const sin1 = Math.sin(0); // 0
2  const sin2 = Math.sin(1); // 0.8414709848078965
3  const sin3 = Math.sin(Math.PI / 2); // 1
4
5  const cos1 = Math.cos(0); // 1
6  const cos2 = Math.cos(1); // 0.5403023058681398
7  const cos3 = Math.cos(Math.PI/4); // 0.7071067811865476
8
9  const tan1 = Math.tan(Math.PI/4); // 0.9999999999999999
10
11 console.log('sin1:', sin1);
12 console.log('sin2:', sin2);
13 console.log('sin3:', sin3);
14 console.log('cos1:', cos1);
15 console.log('cos2:', cos2);
16 console.log('cos3:', cos3);
17 console.log('tan1:', tan1);
```

결과

```
sin1: 0
sin2: 0.8414709848078965
sin3: 1
cos1: 1
cos2: 0.5403023058681398
cos3: 0.7071067811865476
tan1: 0.9999999999999999
```

삼각함수 sin(), cos(), tan()는 도형의 각 외에도 물리, 전자기학 등 과학 분야에서 굉장히 많이 활용되는 함수입니다. 삼각함수의 그래프는 주기가 있으며, 진폭의 최대값, 최소값이 있습니다. 각 함수의 값은 실수값을 받을 수 있고, 호도법에 따라 π (Math.PI)는 180°를 의미합니다.

Math.sin() 함수는 sin 함수의 값을 구하는 함수입니다. sin0은 0이 되고, sin1은 약 0.8414 그리고 Math.PI/2는 90도이므로 1을 구할 수 있습니다.   ◆ 1~3

Math.cos() 함수는 cos 함수의 값을 구하는 함수입니다. cos0은 1이며, cos1의 값은 약 0.5403 그리고 Math.PI/4는 cos45°이므로 $\sqrt{2}$ /2 = 0.7071...이 됩니다.   ◆ 5~7

Math.tan() 함수는 tan 함수의 값을 구하는 함수입니다. tan1은 1에 수렴하는 발산값이므로, 0.9999...가 됩니다.   ◆ 9

Math.sin(), Math.cos(), Math.tan() 함수에서 구한 값을 차례로 출력합니다.   ◆ 11~17

역삼각함수 asin(), acos(), atan()

- **학습 내용 :** 역삼각함수의 값을 구하는 함수들에 대해 알아봅니다.
- **힌트 내용 :** Math.asin(), Math.acos(), Math.atan()

```
1  const asin1 = Math.asin(0); // 0
2  const asin2 = Math.asin(1); // 1.5707963267948966
3  const asin3 = Math.asin(Math.PI / 2); // NaN
4
5  const acos1 = Math.acos(0); // 1.5707963267948966
6  const acos2 = Math.acos(1); // 0
7  const acos3 = Math.acos(-1.2); // NaN
8
9  const atan1 = Math.atan(Math.PI/2); // 1.0038848218538872
10
11  console.log('asin1:', asin1);
12  console.log('asin2:', asin2);
13  console.log('asin3:', asin3);
14  console.log('acos1:', acos1);
15  console.log('acos2:', acos2);
16  console.log('acos3:', acos3);
17  console.log('atan1:', atan1);
```

결과

```
asin1: 0
asin2: 1.5707963267948966
asin3: NaN
acos1: 1.5707963267948966
acos2: 0
acos3: NaN
atan1: 0.6657737500283538
```

역삼각함수는 삼각함수의 역함수로 주로 미적분학에서 많이 사용됩니다. 삼각함수는 치역의 원소마다 정의역의 원소 하나가 대응되는 관계(단사함수)가 아니기 때문에 역함수를 정의하려면 정의역과 치역을 제한할 필요가 있습니다. 따라서 제한된 값을 벗어나게 되면 값을 구할 수 없기 때문에 NaN을 출력하게 됩니다.

Math.asin() 함수는 arc sin 함수를 구하는 함수입니다. asin0은 0, asin1은 1.5707 그리고 asin(Math.PI/2)의 경우 Math.PI/2가 1을 넘기 때문에 정의역의 제한 범위를 넘으므로 구할 수 없게 되어 NaN을 리턴합니다.   ◆ 1~3

Math.acos() 함수는 arc cos 함수를 구하는 함수입니다. acos0은 1.5707, acos1은 0 그리고 acos(-1.2)는 정의역의 제한 범위인 -1에서 1 사이를 벗어나므로, NaN을 리턴합니다.   ◆ 5~7

Math.atan() 함수는 arc tan 함수를 구하는 함수입니다. atan(Math.PI/2)는 atan90°로 1.0038...을 리턴합니다.   ◆ 9

Math.asin(), Math.acos(), Math.atan() 함수에서 구한 값을 차례로 출력합니다.   ◆ 11~17

쌍곡함수 sinh(), cosh(), tanh()

- **학습 내용** : 쌍곡함수의 값을 구하는 함수들에 대해 알아봅니다.
- **힌트 내용** : Math.sinh(), Math.cosh(), Math.tanh()

```javascript
 1 const sinh1 = Math.sinh(0); // 0
 2 const sinh2 = Math.sinh(1); // 1.1752011936438014
 3 const sinh3 = Math.sinh(-1); // -1.1752011936438014
 4
 5 const cosh1 = Math.cosh(0); // 1
 6 const cosh2 = Math.cosh(1); // 1.5430806348152437
 7 const cosh3 = Math.cosh(-1); // 1.5430806348152437
 8
 9 const tanh1 = Math.tanh(0); // 0
10 const tanh2 = Math.tanh(Infinity); // 1
11
12 console.log('sinh1:', sinh1);
13 console.log('sinh2:', sinh2);
14 console.log('sinh3:', sinh3);
15 console.log('cosh1:', cosh1);
16 console.log('cosh2:', cosh2);
17 console.log('cosh3:', cosh3);
18 console.log('tanh1:', tanh1);
19 console.log('tanh2:', tanh2);
```

쌍곡함수는 일반적인 삼각함수와 유사한 성질을 갖는 함수로 삼각함수가 단위원(반지름이 1인 원)의 자취를 그리는 것처럼 쌍곡선을 그리는 함수입니다. 쌍곡함수 역시 미분적분과 기하학에서 많이 사용되는 함수입니다. 쌍곡함수는 지수함수를 사용하여 정의되며, 그에 따른 여러 가지 항등식을 통해 계산이 가능합니다.

결과

```
sinh1: 0
sinh2: 1.1752011936438014
sinh3: -1.1752011936438014
cosh1: 1
cosh2: 1.5430806348152437
cosh3: 1.5430806348152437
tanh1: 0
tanh2: 1
```

쌍곡함수의 지수함수 정의

$$\sinh x = \frac{e^x - e^{-x}}{2}$$

$$\cosh x = \frac{e^x + e^{-x}}{2}$$

$$\tanh x = \frac{\sinh x}{\cosh x}$$

Math.sinh() 함수는 sinh 함수를 구하는 함수입니다. sinh은 0, sinh1은 1.1752 그리고 sinh-1는 −1.1752 값을 가집니다. ◆ 1~3

Math.cosh() 함수는 cosh 함수를 구하는 함수입니다. cosh0은 1, cosh1은 1.5430 그리고 cosh-1는 −1.5430 값을 가집니다. ◆ 5~7

Math.tanh() 함수는 arc tan 함수를 구하는 함수입니다. atan(Math.PI/2)는 atan90°로 1.0038...을 리턴합니다. ◆ 9~10

Math.sinh(), Math.cosh(), Math.tanh() 함수에서 구한 값을 차례로 출력합니다. ◆ 12~19

역쌍곡함수 asinh(), acosh(), atanh()

- **학습 내용** : 역쌍곡함수의 값을 구하는 함수들에 대해 알아봅니다.
- **힌트 내용** : Math.asinh(), Math.acosh(), Math.atanh()

```
 1 const asinh1 = Math.asinh(1); // 0.881373587019543
 2 const asinh2 = Math.asinh(0); // 0
 3 const asinh3 = Math.asinh(-1); // -0.881373587019543
 4
 5 const acosh1 = Math.acosh(-1); // NaN
 6 const acosh2 = Math.acosh(0); // NaN
 7 const acosh3 = Math.acosh(1); // 0
 8
 9 const atanh1 = Math.atanh(-1); // -Infinity
10 const atanh2 = Math.atanh(0); // 0
11 const atanh3 = Math.atanh(2); // NaN
12
13 console.log('asinh1:', asinh1);
14 console.log('asinh2:', asinh2);
15 console.log('asinh3:', asinh3);
16 console.log('acosh1:', acosh1);
17 console.log('acosh2:', acosh2);
18 console.log('acosh3:', acosh3);
19 console.log('atanh1:', atanh1);
20 console.log('atanh2:', atanh2);
21 console.log('atanh3:', atanh3);
```

역쌍곡함수는 쌍곡함수의 역함수로 쌍곡함수가 지수함수의 성질을 갖는 것처럼, 역쌍곡함수는 로그함수의 성질을 갖습니다. 쌍곡 사인함수의 경우 단사함수로 그 역함수가 정의역, 치역에 제한이 없으나, 쌍곡 코사인함수와 쌍곡 탄젠트함수는 단사함수가 아니기에 제한이 있어, 제한을 벗어난 값을 입력할 경우 NaN을 리턴하게 됩니다.

결과

```
asinh1: 0.8813735870195429
asinh2: 0
asinh3: -0.8813735870195429
acosh1: NaN
acosh2: NaN
acosh3: 0
atanh1: -Infinity
atanh2: 0
atanh3: NaN
```

역쌍곡함수의 지수함수 정의

$$asinh x = \ln \left(x + \sqrt{x^2 + 1} \right)$$

$$acosh x = \ln \left(x + \sqrt{x^2 - 1} \right)$$

$$atanh x = \frac{1}{2} \ln \frac{1 + x}{1 - x}$$

Math.asinh() 함수는 arc sinh 함수를 구하는 함수입니다. asinh1은 0.8813, asinh0은 0 그리고 asinh−1는 −0.8813 값을 가집니다. ◆ 1~3

Math.acosh() 함수는 arc cosh 함수를 구하는 함수입니다. acosh 함수의 정의역은 함수 특성상 항상 1보다 큰 구간만 구할 수 있습니다. 따라서 acosh−1과 0은 구할 수 없기에 NaN을 리턴하며 cosh1은 0 값을 가집니다. ◆ 5~7

Math.atanh() 함수는 arc tanh 함수를 구하는 함수입니다. atanh 함수의 정의역은 −1을 초과하고 1 미만인 영역이므로 해당 범위에 속하지 않을 경우 NaN을 리턴합니다. −1, 1인 구간은 각각 음의 무한, 양의 무한으로 발산하는 그래프 형을 가지므로, atanh−1의 경우 −Infinity를 리턴하며, atanh0은 0 그리고 atanh2의 경우 정의역을 벗어나므로 NaN값이 얻어집니다. ◆ 9~11

Math.asinh(), Math.acosh(), Math.atanh() 함수에서 구한 값을 차례로 출력합니다. ◆ 13~21

특정 문자열 바꾸기 .replace()

```javascript
 1 const greeting = 'hello';
 2 const dateString = '2017-08-24T11:00:00';
 3 const smallBracket = '()';
 4
 5 // replace
 6 const replacedGreeting = greeting.replace('el', '');
 7 const replacedDateString = dateString.replace('T', ' ');
 8 const middleBracket = smallBracket.replace('(', '{').replace(')', '}');
 9
10 // print
11 console.log('el 없애기 : %s', replacedGreeting);
12 console.log('T를 공백으로 : %s', replacedDateString);
13 console.log('() => {} : %s', middleBracket);
```

결과

```
el 없애기 : hlo
T를 공백으로 : 2017-08-24 11:00:00
() => {} : {}
```

```javascript
const replacedGreeting = 'hello'.replace('el', '');
```

'hello'에서 'el'을 없애는 코드입니다.

문자열(string)은 글자들을 열(가로)로 붙여놓았다는 뜻입니다. string을 번역해 놓은 말로 '스트링'이라고 읽습니다.

사전을 찾아보면 string은 끈, 줄 이런 뜻입니다. 글자들을 끈으로 연결 해놓은 것이 문자열이라고 할 수 있습니다. 이런 문자열을 다루는 기능 중에서 .replace() 연산은 특정 문자(들)를 내가 원하는 문자(열)로 바꿔주는 기능입니다. 여기에서는 특정 문자들 대신에 정규식(regexp)도 포함됩니다. 정규식으로 바꾸는건 뒤에서 알아보겠습니다.

사용하는 방법은 대상 문자열.replace('바꾸기 원하는 문자열', '바꿀 문자열')입니다.

hello에서 el을 없애고 출력을 하는 코드입니다.　　　　　　　　　　　　　　◆ 1, 6, 11

'2017-08-24T11:00:00'로 되어 있는 날짜를 나타내는 문자열에서 T를 빼고 그 자리에 공백을 넣는 코드입니다.　　　　　　　　　　　　　　　　　　　　　　　　　◆ 2, 7, 12

괄호를 중괄호로 바꾸는 예제입니다. 여러 번 바꾸기를 해야 하는 경우 .replace().replace() 이렇게 두 번을 연달아 사용할 수 있습니다.　　　　　　　　　　　　◆ 3, 8, 13

문자열 나누기 .split( )

- **학습 내용 :** 문자열을 나누는 법을 배웁니다.
- **힌트 내용 :** .split('기준이 될 기호')

```
1  const dateString = '2017-08-24 11:00:00';
2
3  // split
4  const date = dateString.split(' ')[0];
5  const time = dateString.split(' ')[1];
6
7  // print
8  console.log('date : %s', date);
9  console.log('time : %s', time);
10
11 const result = 'abc'.split('b');
12 console.log('result:', result);
```

결과

```
date : 2017-08-24
time : 11:00:00
result: [ 'a', 'c' ]
```

.split()은 위 예제에서 날짜와 시간같이 한 개의 string을 나누어 처리를 해야 하는 경우에 사용합니다.

dateString.split('기준이 되는 문자');

.split()의 사용법은 문자열(string)이 들어 있는 변수에 위와 같이 .split()을 붙이고 기준이 되는 문자열을 파라미터로 넘겨줍니다.

위 예제에서는 '2017-08-24 11:00:00' 공백(' ')이 날짜와 시간을 나누고 있으므로 ' '이렇게 공백을 넣어 줍니다. 만약 '2017-08-24T11:00:00' 이렇게 T가 기준이라면 기준이 되는 'T'를 넣어서 .split('T')라고 써줍니다.

.split()은 나눈 결과를 배열에 담아줍니다. 예를 들어 '2017-08-24 11:00:00'.split(' ');을 실행하면 ['2017-08-24', '11:00:00']로 나옵니다.

'abc'.split(**'b'**); 변수를 따로 선언하지 않고 문자열 'abc'에 직접 .split()을 썼습니다. 이런 방식으로 사용을 해도 됩니다. 여기에서는 'b'를 기준으로 나누었기 때문에 결과가 result: ['a', 'c'] 이렇게 'b'는 없어지고 'a', 'c'가 들어 있는 배열이 리턴됩니다.

◆ 11

문자열 추출하기 .substring()

- **학습 내용 :** 문자열 n번째에서 m번째까지 추출하는 법을 배웁니다.
- **힌트 내용 :** .substring(8, 11);

```
1 const string = 'abcdefghijklmnopqrstuvwxyz';
2
3 const substring1 = string.substring(0, 4);
4 const substring2 = string.substring(8, 11);
5 const substring3 = string.substring(24, 25);
6
7 console.log('0, 4:', substring1);
8 console.log('8, 11:', substring2);
9 console.log('24, 25:', substring3);
```

결과

```
0, 4: abcd
8, 11: ijk
24, 25: y
```

문자열에서 특정 부분을 추출하려면 .substring()을 사용합니다. 사용 방법은 .substring(시작 인덱스, 전까지 인덱스)입니다.

3 ◆ abcd ~ xyz까지 알파벳이 써있는 문자열에서 'abcd'만 추출하려면 어떻게 해야 할까요? .substring(0, 4);를 이용합니다. a가 0번이고 d는 4번째에 있기 때문에 3번입니다. 0, 4라고 쓴 이유는 뒤에 나오는 4가 4전까지이므로 3까지를 가리킵니다. 그래서 .substring(0, 4);는 0, 1, 2, 3 이렇게 4개를 추출합니다.

4 ◆ .substring(8, 11);이므로 8, 9, 10번째 인덱스에 있는 ijk가 추출됩니다.

5 ◆ string.substring(24, 25);이므로 24만 추출되어 y가 나옵니다.

숫자로 바꾸기 Number()

- **학습 내용** : 문자열을 숫자로 바꾸는 법을 배웁니다.
- **힌트 내용** : parseInt('123')을 사용합니다.

```
1  // define
2  const order1 = { no: 1, productName: '티셔츠', price: '30000' };
3  const order2 = { no: 2, productName: '청바지', price: '45000' };
4  const order3 = { no: 3, productName: 'shoes', price: '55.70' };
5  const order4 = { no: 4, productName: 'sunglass', price: '120.80' };
6
7  // operation
8  const concatenate = order1.price + order2.price;
9  const sum1 = parseInt(order1.price, 10) + parseInt(order2.price, 10);
10 const sumParseInt = parseInt(order3.price, 10) + parseInt(order4.price,
11 10); // 소수점 없어짐
12 const sumNumber = Number(order3.price) + Number(order4.price);
13
14 // print
15 console.log("order1['price'] + order2['price'] : %s", concatenate);
16 console.log("parseInt(order1['price']) + parseInt(order2['price']) :
17 %s", sum1);
18 console.log("parseInt(order3['price']) + parseInt(order4['price']) :
19 %s", sumParseInt);
20 console.log("Number(order3['price']) + Number(order4['price']) : %s",
21 sumNumber);
```

결과

```
order1['price'] + order2['price'] : 3000045000
parseInt(order1['price']) + parseInt(order2['price']) : 75000
parseInt(order3['price']) + parseInt(order4['price']) : 175
Number(order3['price']) + Number(order4['price']) : 176.5
```

숫자라도 ' ' 안에 들어 있으면 자바스크립트는 문자로 인식을 합니다. 이것을 '문자형'이라고 합니다. 데이터를 다루다 보면 숫자가 문자형으로 되어 있는 경우를 만날 때가 많이 있습니다. 이럴 때는 타입을 변환해 주어야 합니다. 이것을 type casting(타입 캐스팅), 형변환이라고 부릅니다.

8 ◆ order1의 가격과 order2의 가격의 합을 구하려고 했는데 결과는 3000045000로 연결이 되어 나왔습니다.

9 ◆ parseInt()를 이용해서 숫자로 바꾼뒤 더해서 75000이 나왔습니다. parseInt(order1.price, 10)에서 두 번째 파라미터인 10은 10진수라는 뜻입니다. parseInt(order1) 이렇게 생략하는 경우에는 10진수가 기본입니다.

10 ◆ order3, order4는 가격에 소수점이 포함되어 있습니다. parseInt()는 소수점을 버리고 정수로 변환합니다.

12 ◆ 소수점까지 계산하려면 Number()를 이용해 변환한 후 계산합니다.

정규 표현식(regexp) ₩ 이스케이프

● **학습 내용** : 정규 표현식을 사용하는 방법을 알아봅니다.
● **힌트 내용** : /〈정규표현식〉/g

```
1  const string = '<h1>:::특별가 - 99,000원:::</h1>';
2  const result1 = string.replace(/<h1>/g, '');
3  console.log('result1:', result1);
4
5  const result2 = string.replace(/<h1>/g, '').replace(/<\/h1>/g, '');
6  console.log('result2:', result2);
```

결과

```
result1: :::특별가 - 99,000원:::</h1>
result2: :::특별가 - 99,000원:::
```

정규표현식을 이용해 문자열에서 내가 필요한 부분만 골라낼 수 있습니다. /**〈정규표현식〉/**
g 형식을 사용하면 문자열 전체에서 해당 부분을 찾을 수 있습니다. 이전에 배웠던 .replace()를
이용해 해당 패턴이 일치하면 빈칸으로 바꾸는 예제입니다.

웹에서 데이터를 수집하면 html 형태로 되어 있는 경우가 많습니다. 위에 나오는 〈h1〉〈/h1〉
이 html 태그입니다. 태그를 없애는 예제를 통해 정규식에서 많이 사용하는 패턴을 배워보겠
습니다.

/로 시작해서 /g로 끝나는게 정규식의 기본입니다.

```
const string = <h1>:::특별가 - 99,000원:::</h1>
```

정규식을 이용해 앞에 있는 〈h1〉을 없애보겠습니다.

```
const string = '<h1>:::특별가 - 99,000원:::</h1>';
const result1 = string.replace(/<h1>/g, '');
console.log('result1:', result1);
```

결과

```
result1: :::특별가 - 99,000원:::</h1>
```

〈h1〉을 없앴습니다. 〈h1〉을 찾아서 바꾸면 됩니다. 여기까지는 쉽습니다. 그러면 뒤에 있는 〈/h1〉을 없애볼까요? 정규식이 익숙하지 않은 경우에 많이 사용하는 방법은 .replace()를 두 번 사용하는 것입니다.

```
const result = string.replace(/<h1>/g, '').replace(/<\/h1>/g, '');
console.log('result2:', result2);
```

결과

```
result2: :::특별가 - 99,000원:::
```

이렇게만 해도 내가 원하는 결과를 얻을 수 있습니다. 위에 식을 /〈\/h1〉/g 이렇게 썼는데, 중간에 \(역슬래쉬)가 들어 있습니다. 인터넷에서 '정규식'을 검색했을 때 ₩가 포함된 식이 많이 나옵니다.

\는 연산자, 특수문자, 예약어 앞에 사용해서 연산자가 아니고 문자열이라고 알려주기 위해 사용합니다. /는 특수문자이기 때문에 앞에 \를 사용해서 이스케이프(escape) 해줍니다. 이스케이프는 일반 문자열로 인식하게 한다는 뜻입니다.

정규 표현식(regexp) .점

초급
075

- **학습 내용** : 점 연산자 사용법에 대해 알아봅니다.
- **힌트 내용** : .은 한 개의 문자를 의미합니다.

```
1 const string = '<h1>특별가 - </h1><h2>99,000원</h2>';
2 const result1 = string.replace(/<..>/g, '');
3 const result2 = string.replace(/<.../g, '');
4
5 console.log('<..> :', result1);
6 console.log('<... :', result2);
```

결과

특별가 - </h1>99,000원</h2>

정규표현식에서 많이 사용하는 .점 연산자에 대해 알아보겠습니다. .점 연산자는 한 개의 글자를 의미합니다.

사용한 정규식은 〈..〉입니다. 〈로 시작하고 .한글자 .두글자 〉로 끝나는 식입니다.

◆ 2

시작

<h1>특별가 - </h1><h2>99,000원</h2>

선택됨

<h1>특별가 - </h1><h2>99,000원</h2>

결과

특별가 - </h1>99,000원</h2>

〈..〉의 연산 결과 위와 같이 〈h1〉과 〈h2〉가 선택되어 교체되었습니다.

3 ◆ 〈… 이렇게 〈 뒤에 …세글자를 선택하였습니다.

시작

```
<h1>특별가 - </h1><h2>99,000원</h2>
```

선택됨

```
<h1>특별가 - </h1><h2>99,000원</h2>
```

결과

```
특별가 - >99,000원>
```

〈…의 연산 결과 위와 같이 〈h1〉, 〈/h1, 〈h2〉, 〈/h2가 선택되어 교체되었습니다.

정규식을 이용해 작업을 할 때 1글자, 2글자 차이나는 패턴을 찾아서 처리하는 연산이 굉장히 많이 나옵니다. 다음장에는 조금 더 깔끔하게 html 태그를 패턴 매칭해서 처리할 수 있는 방법에 대해 알아보겠습니다.

정규 표현식(regexp) {0, 1} 중괄호

- **학습 내용 :** {} 중괄호 연산자 사용법에 대해 알아봅니다.
- **힌트 내용 :** . {0, 1} 0개 또는 1개, . {0, 4} 0~4개

```
1  const string = '<h1>특별가 - </h1><h2>99,000원</h2>';
2  const stringDiv = '<div>특별가 - </div><h2>99,000원</h2>';
3  const replaceH1 = string.replace(/<.{0,1}h1>/g, '');
4  const replaceTags = stringDiv.replace(/<.{0,4}>/g, '');
5
6  console.log(replaceH1);
7  console.log(replaceTags);
```

결과

특별가 - <h2>99,000원</h2>
특별가 - 99,000원

정규표현식 .{0,1} 연산자에 대해 알아보겠습니다.

const string = '<h1>특별가 - </h1><h2>99,000원</h2>';에서 <h1></h1>을 정규식을 이 ◆ 1
용해 빼고 싶을 때는 어떻게 할까요?

실제로 .replace('<h1>', '').replace('</h1>', '') 이런 패턴도 많이 사용합니다. 왜냐하면 떠올
리기가 쉽기 때문입니다. 그런데 추출해야 하는 데이터가 조금 더 복잡해지면 .replace를 계속
쓸 수만은 없습니다. 그래서 {} 연산자를 사용합니다.

이번에는 <h1></h1> 태그가 아니고 <div></div> 태그입니다. div는 3글자이고 /div는 4글자 ◆ 2
입니다.

3 ◆ .{0,1}연산자는 . 이 한글자를 뜻하기 때문에 어떤 한 글자가 0개일 수도 있고 1개일 수도 있다는 뜻입니다. 그래서 /〈.{0,1}h1〉/g 이 식을 이용하면 h1 앞에 어떤 한 글자가 0개 또는 1개인 문자열이 이 조건에 걸립니다. 그래서 〈h1〉도 해당이 되고 〈/h1〉도 해당이 되어서 '〈h1〉특별가〈/h1〉'은 '특별가'가 됩니다.

4 ◆ 이렇게 글자 수가 여러 개일 때는 /〈.{0,4}〉/g 이렇게 사용합니다. 이 정규 표현식을 설명해 보면 〈로 시작하고 .어떤 글자가 0~4개가 있고 〉로 끝나는 패턴을 의미합니다. 그래서 결과는 모든 태그가 매칭되어 '특별가 – 99,000원' 이렇게 나옵니다.

정규 표현식(regexp) []

• **학습 내용 :** [] 대괄호 연산자를 사용하는 방법을 알아봅니다.
• **힌트 내용 :** /[()₩-,]/g

```
1 const string = '(<h1>:::특별가 - 99,000원:::</h1>)';
2
3 const replacedBracket = string.replace(/[()]/g, '');
4 const replacedBracketOrSlashHyphenComma = string.replace(/[()/\-,]/g, '');
5
6 console.log('바꾸기 전 ---->', string);
7 console.log('()없애기 ---->', replacedBracket);
8 console.log('/-없애기 ---->', replacedBracketOrSlashHyphenComma);
```

결과

```
바꾸기 전 ----> (<h1>:::특별가 - 99,000원:::</h1>)
() 없애기 ----> <h1>:::특별가 - 99,000원:::</h1>
/- 없애기 ----> <h1>:::특별가  99000원:::<h1>
```

[] 대괄호 안쪽에 넣은 문자들을 모두 찾아서 바꾸는 예제입니다. 여러 가지 기호들이나 문자를 모두 매칭하고 싶다면 [] 대괄호 안에 모두 넣어 줍니다.

()를 없애는 예제입니다. [()] 이 식을 사용했습니다.   ◆ 3
이 식은 '(' 여는 괄호와 ')' 닫는 괄호를 매칭합니다. 그래서 (〈h1〉:::특별가 − 99,000원:::〈/h1〉) 여기에서 〈h1〉:::특별가 − 99,000원:::〈/h1〉 양쪽 바깥에 있는 여는 괄호와 닫는 괄호가 매칭되어 없어졌습니다.

−(하이픈)과 /(슬래쉬)를 없애는 예제입니다.   ◆ 4
[()/₩-,] 이 식을 사용했습니다. 순서대로 '(' 여는 괄호, ')' 닫는 괄호, '/' 슬래쉬, '−'을 매칭합니다. 여기에서 − 기호를 매칭할 때 ₩−를 사용한 이유는 −가 정규 표현식에서 연산자이기 때문에 문자처럼 취급을 해주기 위해 ₩ 기호를 붙였습니다.

정규 표현식 .match()

- **학습 내용** : 문자열에서 특정 패턴을 추출하는 방법을 알아봅니다.
- **힌트 내용** : text.match(정규표현식)

```
1 const text = 'hello my name is kyeongrok';
2 const matched = text.match(/[a-l]{1,3}/g);
3
4 console.log(matched);
```

결과

```
[ 'hel', 'l', 'a', 'e', 'i', 'k', 'e', 'g', 'k' ]
```

앞에서는 특정 패턴을 찾는 정규식을 작성하는 방법을 알아보았습니다. 이번 예제에서는 특정 패턴으로 실제 데이터를 뽑는 방법을 알아보겠습니다.

.match()를 이용하면 원하는 패턴으로 문자열에서 필요한 부분을 추출할 수 있습니다.

2 ◆ /[a-l]{1,3}/g의 식을 만족하는 모든 문자열을 추출합니다.
이 식은 알파벳 a~l까지 1개 이상 3개 이하의 문자열을 추출하는 정규 표현식입니다.

abcdefghijkl 중에 한 개의 문자로 시작하는 문자열이 1개 이상 3개 이하인 패턴을 추출했기 때문에 h로 시작하는 3글자인 'hel'이 추출되었고 'l', 'a', 'e' 등이 추출되었습니다. 하지만 'my', 'nam', 'yeo' 등은 abcdefghijkl 중에 하나로 시작하는 문자열이 아니기 때문에 추출되지 않았습니다.

정기적으로 실행하기
setInterval(fn, milsec)

- **학습 내용** : 정기적으로 특정 함수를 실행시키는 함수를 알아봅니다.
- **힌트 내용** : setInterval();

```
1 setInterval(() => console.log('hello'), 1000); // 1초에 1번씩 'hello' 출력하기
2
3 const printBye = () => console.log('bye'); // 2초에 1번씩 bye 출력하기
4 setInterval(printBye, 2000);
```

결과

```
hello
bye
hello
hello
bye
hello
hello
bye
...생략...
```

SetInterval(함수, 시간)을 정기적으로 특정 액션을 해야 할 때 사용하는 함수입니다. 예를 들어, 1초에 한 번씩 데이터를 수집하거나, 정기적으로 어떤 값을 모니터링, 업데이트하는 등의 기능을 만들 때 사용합니다.

사용하는 방법은 setInterval(실행할 함수, 실행주기)입니다. 실행주기는 밀리세컨드로 1초 주기로 하고 싶다면 1000을 넣습니다.

화살표 함수를 통해 hello를 출력하는 함수를 첫 번째 파라미터로 넣고, 두 번째 파라미터는 1000ms로 1초마다 해당 함수를 실행하도록 하였습니다. ◆ 1

printBye라는 함수는 역시 화살표 함수를 통해 bye를 출력하는 함수로 만들었습니다. ◆ 3

만든 printBye 함수는 setInterval 함수에 의해 2000ms, 2초마다 실행됩니다. 따라서 처음 1초 후에는 hello가 출력되고, 2초 후에 실행되는 bye가 순차적으로 실행되어 위와 같은 결과를 볼 수 있습니다. ◆ 4

몇 초 후에 실행하기
setTimeout(fn, milsec)

- **학습 내용** : 일정시간 후에 실행하고 종료하는 함수를 알아봅니다.
- **힌트 내용** : setTimeout();

```
1  // 3초 후에 hello를 한 번 출력하고 종료하기
2  setTimeout(() => console.log('hello'), 3000);
```

결과

Hello

---

setTimeout 함수는 setInterval 함수처럼 정기적, 지속적으로 실행되는 함수가 아니라, 일회성으로 특정 함수를 정해진 시간 이후 실행한 후 종료하는 함수입니다. 예를 들어, 특정 동작을 지연시켜서 실행하고 싶은 상황이나, 특정시간 후 페이지를 이동하게 하는 등 많은 상황에서 사용됩니다.

setTimeout은 함수와 시간, 두 파라미터로 구성됩니다. 지정된 시간이 지난 이후 지정된 함수가 실행된 후 종료합니다.

2◆ 화살표 함수를 통해, hello를 출력하는 함수를 첫 번째 파라미터로 넣었습니다. 지정된 시간은 3000ms이므로, 3초가 지난 이후 hello를 출력하고, setTimeout()의 동작이 종료됩니다.

정기적으로 실행 취소하기
clearInterval(fn)

• **학습 내용** : 정기적으로 실행하도록 해 놓은 함수를 없애는 방법을 알아봅니다.
• **힌트 내용** : setTimeout();

```
1  // 1초에 1번씩 'hello' 출력하기
2  const playInterval = setInterval(() => console.log('hello'), 1000);
3
4  setTimeout(() => { clearInterval(playInterval); }, 5000);
```

결과

```
Hello
hello
hello
hello
```

setInterval 함수는 지정한 시간마다 지정된 함수를 실행하는 함수라면, clearInterval 함수는 setInterval 함수의 동작을 끝내는 함수입니다. clearInterval 함수의 파라미터로 setInterval 함수를 지정하여 넣으면, clearInterval 함수가 실행될 때 setInterval 함수의 동작이 종료됩니다. 예를 들어, 어떤 함수를 주기적으로 실행하다가 특정 시간 이후 종료하고자 할 때 위와 같이 사용할 수 있습니다.

setInterval로 1초마다 hello를 출력하는 함수를 playInterval로 지정하였습니다. ◆ 1

clearInterval(playInterval)이 실행되면 그 즉시 playInterval 함수는 종료됩니다. 하지만, 실행 직후 종료하면 의미가 없을 것입니다. 그래서 본 예제에서는 앞에서 배운 setTimeout 함수를 통해 5000ms, 5초 이후 clearInterval 함수를 실행시켜 playInterval 함수를 종료하도록 하였습니다. ◆ 3

위와 같이 실행될 경우, setInterval 함수에 의해 hello가 1초 간격으로 출력되다가 5초 시점에 clearInterval 함수에 의해 해당 함수동작이 종료되는 것을 볼 수 있습니다.

리스트(list)

```javascript
1  const studentList = [
2    { name: 'kyeongrok', age: 31, score: 85 },
3    { name: 'jihyun', age: 31, score: 95 },
4    { name: 'minsup', age: 35, score: 76 },
5  ];
6
7  console.log(studentList[0]);
8
9  const student1 = { name: 'yuna', age: 26, score: 85 };
10 studentList.push(student1); // 학생1을 학생 리스트에 넣기
11
12 console.log(studentList);
13
14 studentList.pop(); // 맨 마지막에 넣은 학생, 리스트에서 제거하기
15 console.log(studentList);
```

결과

```
{ name: 'kyeongrok', age: 31, score: 85 }
[ { name: 'kyeongrok', age: 31, score: 85 },
  { name: 'jihyun', age: 31, score: 95 },
  { name: 'minsup', age: 35, score: 76 },
  { name: 'yuna', age: 26, score: 85 } ]
[ { name: 'kyeongrok', age: 31, score: 85 },
  { name: 'jihyun', age: 31, score: 95 },
  { name: 'minsup', age: 35, score: 76 } ]
```

앞에서 배운 자바스크립트의 배열(array)은 리스트(list)의 성질을 가지고 있습니다.

리스트(list)는 한글로 번역하면 '목록'이라는 뜻입니다. 목록은 게시판이나 장바구니처럼 한 줄이 추가될 수도 있고 빠질 수도 있는 자료구조입니다. 자바스크립트의 배열(array)은 리스트처럼 항목이 추가될 수도 있고 빠질 수도 있습니다.

배열은 arr = [1, 2, 3]처럼 숫자나 값이 들어 있을 때 '배열'이라는 말을 주로 사용하고, 위 예제처럼 json 오브젝트가 들어 있어서 목록처럼 다룰 때 '리스트'라고도 이야기합니다.
그래서 앞으로는 배열을 이야기 할 때 배열(array)과 리스트(list)를 같이 사용하겠습니다. 둘 다 []를 표현하는 말입니다.

위에서 배열을 선언할 때 대괄호 [] 기호를 사용해서 const scores = [85, 38, 76]; 이런 식으로 선언하였습니다.

리스트에 있는 첫 번째 항목을 선택할 때는 [0]을 사용합니다. 리스트에서 숫자를 셀 때는 0번부터 세기 때문에 첫 번째 항목을 선택할 때 0번으로 선택합니다. ◆ 7

.push()를 이용해 studentList에 'yuna'라는 학생을 한 명 추가했습니다. ◆ 10

.pop()을 이용해 studentList에 마지막으로 넣은 'yuna'라는 학생을 리스트에서 제거했습니다. ◆ 14

배열 뒤집기 .reverse()

- **학습 내용**: 배열을 역순으로 만드는 법을 알아봅니다.
- **힌트 내용**: array.reverse()

```
1 const numbers = [1, 2, 3, 4];
2 numbers.reverse();
3
4 console.log('numbers:', numbers);
5
6 const stringArray = 'hello'.split('');
7 stringArray.reverse();
8 console.log('stringArray:', stringArray);
```

결과

```
numbers: [ 4, 3, 2, 1 ]
stringArray: [ 'o', 'l', 'l', 'e', 'h' ]
```

배열을 역순으로 만들고 싶을 때는 .reverse()를 사용합니다. 사용 방법은 배열.reverse()입니다.

2 ◆ 1번 줄에 1, 2, 3, 4 순서대로 들어 있던 값들을 .reverse() 연산하면 4, 3, 2, 1 역순으로 바뀝니다.

6 ◆ 'hello'라는 문자열을 .split('')을 이용해 각 문자별로 나누어서 배열에 집어넣는 연산입니다.

7 ◆ .reverse() 연산을 이용해 역순으로 배열합니다.

8 ◆ 역순으로 배열된 stringArray를 출력합니다.

정렬하기 오름차순 .sort()

- **학습 내용 :** 배열을 오름차순, 내림차순으로 정렬하는 법을 알아봅니다.
- **힌트 내용 :** array.sort(), array.sort().reverse()

```
1  const numbers = [3, 6, 2, 8, 1];
2  const strings = [
3    'timeoutsRemaining',
4    'flagrantFouls',
5    'defensive3Seconds',
6    'jumpshots',
7    'dunks',
8    'layups',
9  ];
10
11 const sortedNumbers = numbers.sort();
12 const sortedStrings = strings.sort();
13
14 console.log('sortedNumbers:', sortedNumbers);
15 console.log('sortedNumbersDesc:', sortedNumbers.reverse());
16 console.log('sortedStrings:', sortedStrings);
17 console.log('reverseSortDesc:', sortedStrings.reverse());
```

.sort()를 이용하면 숫자, 문자 모두 정렬할 수 있습니다. 기본값은 뒤로 갈수록 값이 커지는 오름차순입니다. 내림차순으로 정렬하고 싶다면 앞에서 배운 .reverse()를 사용합니다.

.sort()를 이용해 오름차순으로 정렬합니다.   ◆ 11~12

.reverse()를 이용해 오름차순으로 정렬한 배열을 역순으로 정렬하여 내림차순으로 출력합니다.   ◆ 15, 17

```
sortedNumbers: [ 1, 2, 3, 6, 8 ]
sortedNumbersDesc: [ 8, 6, 3, 2, 1 ]
sortedStrings: [ 'defensive3Seconds',
  'dunks',
  'flagrantFouls',
  'jumpshots',
  'layups',
  'timeoutsRemaining' ]
reverseSortDesc: [ 'timeoutsRemaining',
  'layups',
  'jumpshots',
  'flagrantFouls',
  'dunks',
  'defensive3Seconds' ]
```

정렬하기 여러 조건 .sort()

- **학습 내용** : 두 가지 조건으로 정렬하는 방법을 알아봅니다.
- **힌트 내용** : 1, -1은 오름차순 -1, 1은 내림차순

```
1  const studentList = [
2    { name: 'kyeongrok', age: 31, math: 85, english: 87 },
3    { name: 'jihyun', age: 31, math: 95, english: 97 },
4    { name: 'minsup', age: 35, math: 76, english: 84 },
5    { name: 'dasom', age: 35, math: 84, english: 73 },
6    { name: 'yuna', age: 26, math: 54, english: 67 },
7    { name: 'mattheue', age: 29, math: 34, english: 100 },
8  ];
9
10 studentList.sort((beforeStudent, nextStudent) => {
11   if (beforeStudent.age > nextStudent.age) return 1;
12   else if (beforeStudent.age < nextStudent.age) return -1;
13   else if (beforeStudent.math > nextStudent.math) return -1;
14   else if (beforeStudent.math < nextStudent.math) return 1;
15   return 0;
16 });
17
18 console.log(studentList);
```

결과

```
[ { name: 'yuna', age: 26, math: 54, english: 67 },
{ name: 'mattheue', age: 29, math: 34, english: 100 },
{ name: 'jihyun', age: 31, math: 95, english: 97 },
{ name: 'kyeongrok', age: 31, math: 85, english: 87 },
{ name: 'dasom', age: 35, math: 84, english: 73 },
{ name: 'minsup', age: 35, math: 76, english: 84 } ]
```

정렬을 할 때 여러 가지 조건으로 정렬하고 싶은 경우가 있습니다. 예를 들면 첫 번째 조건은 나이 오름차순이고 두 번째 조건은 수학점수 내림차순 등 이렇게 2개 이상의 조건으로 검색을 하고 싶은 경우에는 이번 예제와 같이 정렬하는 조건을 여러 개 사용하게 만들 수 있습니다.

1~8 ◆ 정렬할 데이터입니다. 이 데이터는 배열 []이고 6명분의 정보가 오브젝트 형태로 들어 있습니다. 한 개의 오브젝트는 이름, 나이, 수학점수, 영어점수로 구성되어 있습니다.

10~16 ◆ 데이터를 두 가지 조건으로 정렬하는 부분입니다.

.sort() 함수는 sort 함수로 들어오는 함수에 2가지 인자를 전달합니다. 둘 다 위에 1~8번에서 선언한 데이터들 중 각각 한 개씩 총 2개를 전달합니다.

.sort()로 전달된 함수에서는 첫 번째 들어온 학생의 데이터와 두 번째로 들어온 학생의 데이터를 비교해 어떤 것이 큰지 1 또는 −1로 알려줍니다.

age를 비교하는 11~12번 줄은 return값이 1, −1 순서인데 그 아래 math를 비교하는 13~14번 줄은 −1, 1 순서입니다.

그래서 결과로 나이가 가장 어린 yuna가 맨 위에 올라가있고 jihyun, kyeongrok은 나이가 31로 같은데 수학점수는 내림차순이므로 수학점수가 더 높은 jihyun이 kyeongrok보다 위에 있습니다.

18 ◆ 결과를 출력합니다.

JSON 오브젝트 정렬

- **학습 내용 :** JSON object의 특정 필드 기준으로 정렬하는 법을 배웁니다.
- **힌트 내용 :** studentList.sort((now, next) => now.math − next.math);

```
1  const studentList = [
2    { name: 'kyeongrok', age: 31, math: 85, english: 87 },
3    { name: 'jihyun', age: 31, math: 95, english: 97 },
4    { name: 'minsup', age: 35, math: 76, english: 84 },
5    { name: 'dasom', age: 24, math: 84, english: 73 },
6    { name: 'yuna', age: 26, math: 54, english: 67 },
7    { name: 'mattheue', age: 29, math: 34, english: 100 },
8  ];
9
10 studentList.sort((now, next) => now.math - next.math);
11 console.log('studentList:', studentList);
12
13 const compare = (now, next) => {
14   console.log('-------------');
15   console.log('now:', now);
16   console.log('next:', next);
17 }
18
19 studentList.sort(compare);
```

결과

```
studentList: [ { name: 'mattheue', age: 29, math: 34, english: 100 },
  { name: 'yuna', age: 26, math: 54, english: 67 },
  { name: 'minsup', age: 35, math: 76, english: 84 },
  { name: 'dasom', age: 24, math: 84, english: 73 },
  { name: 'kyeongrok', age: 31, math: 85, english: 87 },
  { name: 'jihyun', age: 31, math: 95, english: 97 } ]
-------------
```

```
now: { name: 'mattheue', age: 29, math: 34, english: 100 }
next: { name: 'yuna', age: 26, math: 54, english: 67 }
-------------
now: { name: 'yuna', age: 26, math: 54, english: 67 }
next: { name: 'minsup', age: 35, math: 76, english: 84 }
-------------
now: { name: 'minsup', age: 35, math: 76, english: 84 }
next: { name: 'dasom', age: 24, math: 84, english: 73 }
-------------
now: { name: 'dasom', age: 24, math: 84, english: 73 }
next: { name: 'kyeongrok', age: 31, math: 85, english: 87 }
-------------
now: { name: 'kyeongrok', age: 31, math: 85, english: 87 }

next: { name: 'jihyun', age: 31, math: 95, english: 97 }
```

여러 개의 JSON 오브젝트가 들어 있는 studentList를 수학점수(math)를 기준으로 정렬하고 싶은 경우 .sort()에 (now, next) => now.math - next.math 형태의 함수를 넘겨 정렬할 수 있습니다.

=> 이 함수는 화살표 함수라고 합니다. 함수, 화살표 함수는 뒤에 나오는 내용이므로 일단은 이렇게 사용하는 방법이 있다는 것만 알아둡니다.

결과를 보면 34, 54, 76, 84, 85, 95로 오름차순 정렬된 것을 볼 수 있습니다.

13~19 ◆ .sort()라는 함수는 파라미터로 넘어온 함수에 값을 두 개를 넘겨줍니다. 어떤 파라미터 이름으로 받을지는 개발자가 임으로 정할 수 있습니다. (a, b) => {} 이렇게 a, b로 받는 예제가 인터넷에는 많습니다.

이해를 돕기 위해 이번 예제에서는 now, next라는 이름을 사용하였습니다. 19번 줄에는 .sort(compare) 형태로 사용하였습니다. .sort()에 compare라는 함수를 넘겨주었고 데이터가 어떻게 흘러가는지를 출력해 놓았습니다.

```
------------
now: { name: 'mattheue', age: 29, math: 34, english: 100 }
next: { name: 'yuna', age: 26, math: 54, english: 67 }
------------
now: { name: 'yuna', age: 26, math: 54, english: 67 }
next: { name: 'minsup', age: 35, math: 76, english: 84 }
------------
now: { name: 'minsup', age: 35, math: 76, english: 84 }
next: { name: 'dasom', age: 24, math: 84, english: 73 }
```

위와 같은 형식으로 0번째부터 인덱스가 1개씩 증가하면서 현재 인덱스의 값과 다음 index의 값을 넘겨줍니다.

자바스크립트에서는 .sort뿐만 아니라 뒤에 나오는 많은 함수들을 이런 형태로 많이 사용하기 때문에 이 책에서 처음 나오는 내용이지만 언급하고 지나갑니다.

배열에서 필요한 부분만 뽑기 .slice()

- **학습 내용** : 배열에서 필요한 부분을 추출하는 방법을 알아봅니다.
- **힌트 내용** : .slice(시작, 이것보다 작은)

```
 1 const strings = [
 2    'timeoutsRemaining',
 3    'flagrantFouls',
 4    'defensive3Seconds',
 5    'jumpshots',
 6    'dunks',
 7    'layups',
 8 ];
 9
10 const sliced = strings.slice(1, 3);
11 console.log('sliced:', sliced);
```

결과

```
sliced: [ 'flagrantFouls', 'defensive3Seconds' ]
```

.slice()를 이용해 배열에서 필요한 부분만큼만 뽑아낼 수 있습니다. 사용하는 방법은 다음과 같습니다. 배열.slice(시작, 미만)

배열 .slice(시작, 미만)

10 ◆ .slice(1, 3) 이렇게 사용하였습니다. .slice(1, 3)에서 1은 1번부터라는 뜻이고 3은 3보다 작은이라는 뜻입니다. 그래서 1번 인덱스에 있는 'flagrantFouls'과 3번 인덱스보다 작은 2번 인덱스에 있는 'defensive3Seconds'까지만 출력되었습니다.

- **학습 내용 :** 이 방법을 이용해 수학점수가 높은 상위 3명을 뽑아낼 수 있습니다.
- **힌트 내용 :** .sort(), .reverse(), .slice() 이용하기

```
1  const studentList = [
2    { name: 'kyeongrok', age: 31, math: 85, english: 87 },
3    { name: 'jihyun', age: 31, math: 95, english: 97 },
4    { name: 'minsup', age: 35, math: 76, english: 84 },
5    { name: 'dasom', age: 24, math: 84, english: 73 },
6    { name: 'yuna', age: 26, math: 54, english: 67 },
7    { name: 'mattheue', age: 29, math: 34, english: 100 },
8  ];
9
10 const sorted = studentList.sort((now, next) => now.math - next.math);
11 console.log('sorted:', sorted);
12 const reversed = sorted.reverse();
13 console.log('reversed:', reversed);
14 const sliced = reversed.slice(0, 3);
15 console.log('sliced:', sliced);
```

결과

```
sorted: [ { name: 'mattheue', age: 29, math: 34, english: 100 },
  { name: 'yuna', age: 26, math: 54, english: 67 },
  { name: 'minsup', age: 35, math: 76, english: 84 },
  { name: 'dasom', age: 24, math: 84, english: 73 },
  { name: 'kyeongrok', age: 31, math: 85, english: 87 },
  { name: 'jihyun', age: 31, math: 95, english: 97 } ]
reversed: [ { name: 'jihyun', age: 31, math: 95, english: 97 },
  { name: 'kyeongrok', age: 31, math: 85, english: 87 },
  { name: 'dasom', age: 24, math: 84, english: 73 },
  { name: 'minsup', age: 35, math: 76, english: 84 },
  { name: 'yuna', age: 26, math: 54, english: 67 },
```

```
                  { name: 'mattheue', age: 29, math: 34, english: 100 } ]
        sliced: [ { name: 'jihyun', age: 31, math: 95, english: 97 },
          { name: 'kyeongrok', age: 31, math: 85, english: 87 },
          { name: 'dasom', age: 24, math: 84, english: 73 } ]
```

.sort(), .reverse(), .slice()를 모두 이용해 필요한 데이터만 추출해 낼 수 있습니다.

studentList에는 총 6명의 학생이 들어 있습니다. 이 중에서 수학점수가 가장 높은 학생 3명을 뽑으려면 어떻게 해야 할까요?

10 ◆ .sort()에 함수를 넘겨줍니다. 0번부터 시작해서 now와 next를 비교해 음수, 0, 양수인 경우를 비교해 리스트를 오름차순으로 정렬해줍니다.

sorted: 뒤에 나오는게 정렬한 결과입니다. 수학 점수가 34, 54, 76, 84, 85 점점 올라가는 오름차순으로 정렬이 되었습니다.

내림차순으로 정렬하려면 현재 now.math – next.math처럼 now – next 대신 next.math – now.math 이렇게 next – now를 해주면 내림차순으로 정렬됩니다. 처음에는 어려울 수 있으므로 아래 .reverse()를 함께 사용합니다.

12 ◆ .reverse()를 이용하면 배열(list)에 있는 내용을 반대로 돌릴 수 있습니다. .reverse()를 쓴다고 내림차순이 바로 되는건 아닙니다. 배열을 역순으로 바꿔줍니다. 위에서 오름차순 정렬을 했기 때문에 큰 점수부터 나오게 하기 위해 역순으로 바꿔줍니다.

14 ◆ .slice(이상, 미만)을 이용해 배열에서 필요한 부분만 뽑을 수 있습니다. 위에서는 .slice(0, 3)을 써서 0보다는 크고 3보다는 작은, 즉 0, 1, 2번까지 3명을 뽑았습니다.

배열 합치기 .concat()

초급 089

- **학습 내용 :** 두 개의 배열을 하나로 합치는 방법을 배워보겠습니다.
- **힌트 내용 :** .concat(배열1, 배열2)

```
1 const part1 = ['kyeongrok', 'minsup'];
2 const part2 = ['jihyun', 'yuna'];
3 const part3 = ['dasom', 'mattheue'];
4
5 const team = part1.concat(part2);
6 const team2 = part1.concat(part2, part3);
7
8 console.log('team:', team);
9 console.log('team2:', team2);
```

결과

```
team: [ 'kyeongrok', 'minsup', 'jihyun', 'yuna' ]
team2: [ 'kyeongrok', 'minsup', 'jihyun', 'yuna', 'dasom', 'mattheue' ]
```

.concat()은 배열 여러 개를 합칠 때 사용합니다. 배열1과 배열2를 합치면 배열1.concat(배열2)과 같이 씁니다. 배열1과 배열2, 배열3을 합치면 배열1.concat(배열2, 배열3)과 같이 씁니다. .concat()를 이용해 파트1과 파트2를 하나의 팀으로 합쳐보겠습니다.

part1에 part2를 합친 결과를 team에 넣습니다. ◆ 5

part1에 합치고 싶은 배열을 콤마(,)로 구분해서 계속 연결하는 방식으로 사용할 수 있습니다. ◆ 6

결과를 출력합니다. ◆ 8~9

배열 shift(), unshift()

- **학습 내용 :** 배열에서 첫 번째 값을 뽑고 넣는 방법을 배워보겠습니다.
- **힌트 내용 :** shift() 메소드를 사용하면 배열의 맨 앞에 있는 값을 뽑을 수 있습니다. 인덱스로는 0번이고, 뽑은 값은 배열에서 사라집니다.

```
 1  const destination = ['런던', '파리', '로마'];
 2
 3  console.log(destination);
 4
 5  // shift()
 6  console.log(destination.shift());
 7  console.log(destination);
 8
 9  // unshift()
10  destination.unshift('뉴욕');
11  console.log(destination);
```

결과

```
[ '런던', '파리', '로마' ]
런던
[ '파리', '로마' ]
[ '뉴욕', '파리', '로마' ]
```

shift() 메소드를 사용하면 배열의 첫 번째 값을 제거할 수 있습니다.

6 ◆ shift() 함수를 실행하게 되면 배열의 가장 첫 번째 값이 제거되며 해당 값은 변수 '런던'으로 반환됩니다. 그리고 다시 배열을 console.log로 확인해보면 '런던'이 제거되었습니다.

10 ◆ unshift() 메소드로 '뉴욕'을 첫 번째 배열에 추가합니다. 결과값은 '뉴욕'이 추가되어 ['뉴욕', '파리', '로마']로 나오는 것을 확인할 수 있습니다.

배열 .pop()

초급
091

```
1  const destination = ['런던', '파리', '로마'];
2
3  console.log(destination);
4
5  console.log(destination.pop());
6  console.log(destination);
```

결과

```
[ '런던', '파리', '로마' ]
로마
[ '런던', '파리' ]
```

앞에서 shift(), unshift() 함수를 통해 첫 번째 배열의 값을 뽑고 추가하는 방법을 배웠습니다. 이번에는 이와는 반대로 마지막 배열의 값을 뽑는 pop() 메소드에 대해 알아보겠습니다.

.pop()은 스택(stack)에서 사용하는 연산입니다. 스택은 쉽게 말해 티슈라고 생각하면 됩니다. 가장 위에 있는 티슈부터 뽑아서 사용하는 구조입니다.

퍼스트 인 라스트 아웃(first in last out) 즉, 후입선출 구조입니다. 스택은 컴퓨터가 식을 연산할 때 등 많은 부분에서 사용되고 있습니다. 우리 눈에는 보이지 않지만 매개변수도 메모리 안에서 스택 구조를 씁니다.

.pop()을 사용하면 destination에서 마지막에 있는 값을 뽑은 후 제거합니다. 마치 티슈에서 휴지 한 장을 뽑으면 해당 휴지를 사용할 수 있는 것과 같습니다. ◆ 5

.pop을 사용한 이후에 destination을 출력해보면 마지막 배열값인 '로마'가 제거되고 그 값을 반환하는 것을 확인할 수 있습니다. 티슈에서 휴지를 한 장 뽑아 쓴 다음에는 분명히 티슈곽에 한 장이 줄어 있을 것입니다. ◆ 6

배열 조회하기

- **학습 내용**: 배열에서 값을 조회하는 방법을 배웁니다.
- **힌트 내용**: 반복문과 조건문을 사용하면 값을 조회할 수 있습니다.

```javascript
1  // 배열 선언
2  const destinationName = [
3    '런던',
4    '로마',
5    '파리',
6    '암스테르담',
7  ];
8
9  const serchDestination = '파리';
10
11 for (let i = 0; i < destinationName.length; i++) {
12   if (serchDestination === destinationName[i]) {
13     console.log(serchDestination, '입니다');
14     break;
15   }
16 }
```

배열에서 원하는 정보를 조회하기 위해서는 반복문과 조건문을 이용하여 특정 정보를 탐색할 수 있습니다.

위와 같이 배열 안에 있는 정보들을 반복문을 통해 하나씩 순차적으로 확인합니다.
If 조건문에서 해당하는 조건을 찾습니다. 해당되는 값이 있으면 console 로그창에 다음과 같이 출력됩니다.

결과

파리입니다

위와 같이 사용자가 찾을 배열 안에 반복문을 사용하여 같은 이름, 파리가 있는지 확인합니다. 이름을 찾았으면 console 창에 해당 값을 출력하고 break문을 사용하여 반복문을 종료합니다.

메모하세요

3

PART 중급

Node.js 함수형
프로그래밍과 실전 예제

함수형 프로그래밍, 명령형 프로그래밍

- **학습 내용 :** 함수형 프로그래밍과 명령형 프로그래밍의 차이점에 대해 알아봅니다
- **힌트 내용 :** Node.js를 통해 함수형 프로그래밍에 입문해 보겠습니다.

'함수형 프로그래밍'이란 프로그램을 만드는 방법 중 하나입니다.

Node.js는 '명령형 프로그래밍'의 성격도 가지고 있지만 함수형 프로그래밍을 지향하고 있으며 권장하고 있습니다. 우리가 익숙하게 사용해왔던 방법들은 명령형 프로그래밍이라고 할 수 있습니다. 하지만 병렬처리나 비동기 처리를 할 때는 명령형 프로그래밍보다는 함수형 프로그래밍이 적합합니다.

함수형 프로그래밍은 외부 효과(side effect)가 없는 함수만의 조합을 이용해 프로그래밍을 하는 방법입니다.

이를테면 더하기 연산을 하고 또 다른 변수에 1을 더해주는 연산을 하는 등의 코드를 실제로 많이 만듭니다. 하지만 함수는 기본적으로 더하기면 더하기, 변수의 값 증가면 값 증가 이렇게 한 가지 기능(더하기, 값 증가)만 하는 것이 좋습니다.

물론 실제로 그렇게 만들기는 쉽지 않아서 절충형을 사용하는 경우가 많긴 합니다.

함수형 프로그래밍은 외부 세계의 값을 읽어오지 않고, 영향을 미치지도 않는 함수만을 만드는 것을 목표로 하는 프로그래밍 패러다임입니다.

함수는 1급 시민, 다른 말로 값이기 때문에 함수를 파라미터로 넘길 수 있습니다.

그래서 함수형 프로그래밍은 변수와 for의 사용을 가급적이면 줄이는 방향으로 프로그램을 개발합니다. for문을 사용하지 않으면 대신 재귀를 사용합니다.

재귀는 호출했던 함수를 지난 연산의 결과와 함께 다시 호출하는 연산 방법입니다. 재귀는 단순 반복문에 비해 효율이 떨어진다고 알려져 있고 구현이 조금 더 복잡하기 때문에 잘 사용하지 않았습니다.

하지만 요즘은 재귀에 대한 프로그램의 연구가 많이 이루어져 속도가 많이 최적화 되었고 멀티코어 프로세스에서 병렬처리를 할 수 있습니다. 재귀에 대한 내용은 뒤에 다룹니다.

함수를 return하기

• **학습 내용** : 함수를 리턴하는 함수를 선언하고 활용하는 방법을 배워봅니다.
• **힌트 내용** : returnFunction = () => (a, b) => a + b;

```
1 const returnFunction = () => (a, b) => a + b;
2
3 const plus = returnFunction();
4
5 console.log(plus(10, 20));
```

결과

```
30
```

앞에서 설명하였듯 함수형 프로그래밍은 '일급 함수'라는 용어로 표현할 수 있습니다. 일급 (first-class)이라는 것은 쉽게 설명하면 모든 것을 값, 객체로 취급하자는 것입니다. 즉 일급 함수라는 것은 '값'으로 다룰 수 있는 함수를 뜻합니다.

(a, b) => a + b; 함수를 리턴합니다. 화살표 함수를 두 번 사용하였기 때문에 returnFunction 함수는 파라미터를 갖지 않는 함수이며 내부적으로 두 파라미터를 받아 그 합을 리턴하는 함수 그 자체를 리턴하는 함수가 됩니다. ◆ 1
화살표 함수를 두 번 이상 사용하는 방법을 커링(curring)이라고 하며 이 내용은 뒤에서 배웁니다.

함수 returnFunction()은 내부적으로 두 개의 파라미터를 가지는 함수이며 해당 함수를 plus라 ◆ 3
는 변수에 넣습니다.

변수 plus는 함수 리턴을 통해 두 파라미터를 갖는 함수이므로, 두 파라미터를 더한 30을 리턴 ◆ 5
합니다. 그리고 해당 값을 출력합니다.

재귀함수 countdown

- **학습 내용 :** 재귀함수를 활용하여 1씩 줄어드는 카운트다운 프로그램을 작성해 봅니다.
- **힌트 내용 :** return countdown(value − 1);

```
1 const countdown = (value) => {
2   console.log('value:', value);
3   if (value === 0) return value;
4   return countdown(value - 1);
5 };
6
7 console.log('result:', countdown(20));
```

결과

```
value: 20
value: 19
value: 18
value: 17
value: 16
value: 15
value: 14
... 중략 ...
value: 8
value: 7
value: 6
value: 5
value: 4
value: 3
value: 2
value: 1
value: 0
result: 0
```

재귀함수란 특정 조건이 만족할 때까지 실행한 결과를 다시 한 번 자신한테 넘겨주면서 자신을 다시 호출하는 함수입니다. 끝내는 조건을 잘 지정해주지 않으면 멈추지 않고 계속 실행이 되기 때문에 여러 번 연습을 한 후에 사용하는 것이 좋습니다.

반복적인 계산이 필요할 때 for 등의 루프를 사용하는 방법과 재귀함수를 이용하여 푸는 두 가지 방법이 있습니다.

재귀함수는 하나의 함수에서 다시 자신을 호출해 작업을 수행하는 방식으로 문제를 푸는 방법입니다. 일반적으로 한 함수에서 목표한 값을 return하기 전까지 자기 자신을 호출하면서 목표 값에 접근하게 하는 방식으로 코드를 구성합니다.

함수형 프로그래밍 패러다임에서는 반복을 위해 재귀함수를 이용합니다. 재귀함수를 이용하면 함수 내부에서 사용하는 값들은 불변성과 순수성을 가집니다. 병렬처리나 비동기 처리를 할 때에는 사용하는 값들이 불변성과 순수성을 가져야 합니다.

하지만, 재귀함수는 사용하기가 조금 까다롭기 때문에 연습을 많이 하고 사용해야 합니다. 이를테면 종료 시점을 잘못 잡아서 무한히 실행되는 경우가 나오지 않아야 합니다.

따라서 재귀함수를 최적화하기 위한 꼬리재귀(Tail Recursion) 최적화를 이용하여 콜 스택을 줄이는 작업이 필요합니다. ECMAScript6에서는 공식적으로 Tail Recursion 최적화를 지원하기 때문에 재귀함수를 사용하는 것을 권장합니다.

하나의 파라미터를 갖는 countdown 함수를 화살표 함수로 선언합니다. ◆ 1

재귀함수가 어떻게 작동하는지 알아보기 위해 내용을 출력해 놓았습니다. 실제 사용할 때는 출력하는 부분을 빼도 됩니다. ◆ 2

value 값이 0이면 value를 리턴하고, 아닐 경우 countdown(value − 1)을 리턴합니다. 따라서, 양의 정수를 입력하였을 경우 해당 값이 0이 될 때까지 함수 호출이 내부적으로 계속 이루어지면서 줄어드는 값을 출력하게 됩니다. ◆ 3~4

countdown 함수에 파라미터 20을 넣어 실행한 결과, 값 0을 출력하게 됩니다. ◆ 7

중급

096

재귀함수 1~n까지 더하기

- **학습 내용 :** 재귀함수를 활용하여 1~n까지 더하는 프로그램을 작성해 봅니다.
- **힌트 내용 :** return sumNumber(start + 1, end, accumulator + start);

```
1 const sumNumber = (start, end, accumulator) => {
2   if (start > end) return accumulator;
3   return sumNumber(start + 1, end, accumulator + start);
4 };
5
6 console.log('result:', sumNumber(1, 10, 0));
```

결과

```
result: 55
```

위 예제는 1에서 n까지 더한 결과를 출력하는 함수입니다. 끝내야 할 시점은 sumNumber 함수의 파라미터인 start와 end로 결정됩니다.

```
const sumNumber = (start, end, accumulator) => {}
```

1~4 ◆ 시작 값, 끝나는 값, 연산 결과가 저장되는 값 이렇게 3개의 파라미터를 갖는 sumNumber 함수를 선언합니다.

2~3 ◆ 첫 번째 파라미터 start가 두 번째 파라미터 end보다 클 경우 accumulator를 리턴하고, 그렇지 않을 경우 sumNumber(start + 1, end, accumulator + start)를 리턴합니다.

accumulator는 최초 0으로 초기화된 값으로 순차적으로 더한 값을 누적하는 역할입니다. start 값이 end가 될 때까지 계속 accumulator 값에 더해지게 되며, start가 end를 넘는 경우, 해당 start 값이 accumulator 값에 더해지지 않고 해당 시점의 accumulator 값을 리턴하게 됩니다.

6 ◆ sumNumber 함수에 차례로 1, 10, 0 세 파라미터를 넣어 재귀함수를 실행하고, 그 결과인 55를 출력합니다.

186

재귀함수 factorial(팩토리얼)

- **학습 내용 :** 재귀함수를 활용하여 주어진 양의 정수의 factorial 값을 구하는 프로그램을 작성해 봅니다.
- **힌트 내용 :** return n * factorial(n − 1)

```
1  const factorial = (n) => {
2    if (n === 0) return 1;
3    return n * factorial(n - 1);
4  };
5
6  console.log(factorial(4));
```

결과

24

---

factorial(팩토리얼)은 1부터 어떤 양의 정수 n까지의 정수를 모두 곱한 것을 말합니다. 3팩토리얼은 1 * 2 * 3입니다. 수학에서는 n!로 표시합니다. 또한, 0의 factorial 값은 1로 항상 약속되어 있습니다. 순열, 조합의 경우의 수를 구할 때 사용됩니다.

1개의 파라미터를 갖는 factorial 함수를 선언합니다. ◆ 1

n이 0일 경우 1을 리턴하며, 아닐 경우 해당 값에 factorial(n-1)을 곱한 값을 리턴합니다. 반복 ◆ 2~3
문과는 달리, 누적 곱을 담을 변수를 선언하지 않아도 됩니다. 내부적으로 전달된 n이 0이 될
때까지 콜 스택이 늘어나게 되어, 최종적으로 return하는 결과값은 n * (n-1) * (n-2) * … * 2
* 1이 됩니다.

factorial 함수에 4를 파라미터로 전달하여 4 * 3 * 2 * 1의 결과인 24를 출력합니다. ◆ 6

재귀함수, 피보나치 수열

- **학습 내용** : 재귀함수를 활용하여 피보나치 수열 프로그램을 작성해 봅니다.
- **힌트 내용** : return fibonacci(num − 1) + Fibonacci(num − 2);

```javascript
1 const fibonacci = (num) => {
2   if (num <= 1) return 1;
3   return fibonacci(num - 1) + fibonacci(num - 2);
4 };
5
6 for (let i = 1; i < 10; i += 1) {
7   console.log(fibonacci(i));
8 }
```

결과

```
1
2
3
5
8
13
21
34
55
```

0과 1로 시작하며, 그 다음 숫자부터는 앞의 두 수의 합이 되는 수열을 피보나치 수열이라고
합니다. 1000 이하의 수를 나열한다면 다음과 같습니다.

0, 1, 1, 2, 3, 5, 8, 13, 21, 34, 55, 89, 144, 233, 377, 610, 987

```
const fibonacci = (num) => {}
```

1개의 파라미터를 갖는 fibonacci(피보나치) 함수를 선언합니다. ◆ 1~4

주어진 파라미터가 1 이하일 경우 1을 리턴하고 아닐 경우 fibonacci(num − 1) + fibonacci(num ◆ 2~3
− 2) 값을 리턴합니다.

피보나치 수열의 초항은 0, 1로 항상 정해져 있기 때문에 1 이하인 경우 1을 리턴하며, 그 외의
경우 자신 앞의 두 항의 합을 리턴하도록 하였습니다.

1부터 10까지의 숫자에 대한 피보나치 수를 출력하는 반복문입니다. ◆ 6~8

처음 fibonacci(1)의 경우 바로 1을 리턴하지만, fibonacci(10)을 출력하기 위해서는 fibonacci(8),
fibonacci(9)가 필요하고, fibonacci(8)과 fibonacci(9)를 구하기 위해서 각각 fibonacci(6),
fibonacci(7)과 fibonacci(7), fibonacci(8)을 구하는 식으로 콜 스택이 급증하게 됩니다. 10 이하
의 낮은 숫자에 대해서는 결과값이 금방 출력되지만 50, 100 이상의 파라미터를 넣을 경우 급
격하게 느려집니다.

재귀를 사용할 때는 주의해서 사용합니다.

재귀함수로 합계 구하기

- **학습 내용** : 재귀함수를 활용하여 합계를 구하는 프로그램을 작성해 봅니다.
- **힌트 내용** : return sum(list, total + list[length], length + 1);

```javascript
1 const scores = [85, 95, 76];
2
3 const sum = (list, total, length) => {
4   if (length === list.length) return total;
5   return sum(list, total + list[length], length + 1);
6 };
7
8 console.log('sum:', sum(scores, 0, 0));
```

결과

```
sum: 256
```

재귀함수로 배열 요소들의 합을 구하는 예제입니다.

1 ◆ 변수 scores는 세 개의 값이 들어 있는 배열로, 위 코드는 배열에 있는 숫자들의 합을 구하는 코드입니다.

3 ◆ 파라미터로 list, total + list[length], length + 1을 넘깁니다. total + list[length]는 total 변수에 배열 각 요소를 더한다는 뜻이고, length + 1은 다음 배열 요소를 더하기 위해 넘겨주는 값입니다. 만약 이 파라미터가 없다면 재귀함수는 무한 루프를 돌게 될 것입니다.

4~5 ◆ length가 배열의 크기와 같으면 total을 반환합니다. 조건이 충족될 때까지 return문으로 다시 자기 자신을 호출합니다.

8 ◆ 호출할 때는 sum(scores, 0, 0) 합을 구할 숫자가 들어 있는 배열과 total, length는 0으로 넣고 함수를 호출합니다.

재귀함수로 평균 구하기

- **학습 내용** : 재귀함수를 활용하여 평균을 구하는 프로그램을 작성해 봅니다.
- **힌트 내용** : return sum(list, total + list[length], length + 1); , return total / length;

```
1 const scores = [85, 95, 76];
2
3 const average = (list, total, length) => {
4   if (length === list.length) return total / length;
5   return average(list, total + list[length], length + 1);
6 };
7
8 console.log('average:', average(scores, 0, 0));
```

결과

average:85.3333

앞 예제에 이어서, 재귀함수를 이용해 평균값을 구하는 예제입니다. 평균값을 구하려면 배열 요소들의 합을 배열의 길이만큼 나눠주면 쉽게 구할 수 있습니다. 따라서 앞 예제의 소스코드에서 total을 length(배열의 길이)로 나눠주는 소스코드만 추가하면 완성됩니다.

소스코드는 앞 예제와 같습니다. 다만 평균이라는 것을 나타내기 위해 average로 상수명을 바꿨을 뿐입니다. ◆ 3~6

평균값을 구하는 것이기 때문에 total / length처럼 합계를 배열의 길이만큼 나눠줍니다. 그러면 평균값을 반환할 것입니다. ◆ 4

클로저 closer

```
1  function grandParent(g1, g2) {
2    const g3 = 3;
3    return function parent(p1, p2) {
4      const p3 = 33;
5      return function child(c1, c2) {
6        const c3 = 333;
7        return g1 + g2 + g3 + p1 + p2 + p3 + c1 + c2 + c3;
8      };
9    };
10 }
11
12 const parentFunction = grandParent(1, 2);
13 const childFunction = parentFunction(11, 22);
14 console.log(childFunction(111, 222));
15 // 1 + 2 + 3 + 11 + 22 + 33 + 111 + 222 + 333 == 738
```

결과

738

클로저는 내부함수가 참조하는 외부함수의 지역변수가 외부함수가 리턴된 이후에도 유효성이 유지될 때, 이 내부함수를 클로저라고 합니다.

클로저는 자신의 코드 블록 내에 정의된 변수, 외부 함수의 내부에 정의된 변수에 대한 접근 그리고 전역 변수에 대한 접근, 총 3가지의 스코프 체인을 가진다고 할 수 있습니다.

클로저는 외부함수 변수의 값이 아닌 참조를 저장하는 식으로 동작합니다. 만약 클로저가 호출되기 전에 외부함수의 변수 값이 변경된다면, 클로저는 참조를 저장하므로 변경된 값을 내놓게 됩니다. 클로저는 Node.js의 비동기 아키텍처의 핵심기능으로 매우 빈번히 사용되므로 위예제를 통해 확실하게 이해해야 합니다.

grandParent 함수 안에 2개의 함수가 더 정의되어 있으며 각 함수를 실행할 때 순차적으로 리턴됩니다. ◆ 1~10

grandParent 함수는 g3라는 내부 변수를 가지고 있으며, parent 함수를 리턴합니다. parent 함수는 내부에 p3라는 변수를 가지고 있으며, child 함수를 리턴합니다. child 함수는 c3라는 변수를 가지며, 자신의 외부 함수인 grandParent의 파라미터와 그 변수, 또 다른 외부함수인 parent의 파라미터와 그 변수 그리고 자신의 파라미터와 변수의 총합을 리턴합니다.

이때 child는 클로저이며, 외부함수의 파라미터와 변수에 접근이 가능하므로, 전부 접근이 가능하기에 호출될 때 정상적으로 그 값을 산출할 수 있습니다.

parentFunction에 grandParent 함수를 초기화하여 해당 함수 종료 시 내부에 정의된 parent 함수를 리턴하도록 하였습니다. 또한, parentFunction(리턴된 parent 함수)의 결과 리턴된 child 함수는 childFunction에 초기화하였습니다. ◆ 12~13

childFunction 함수에 리턴될 child 함수는 본래 두 개의 파라미터를 가지며, parent 함수 역시 두 파라미터를 갖기에 호출 시 두 개의 파라미터를 넣어야 합니다. 클로저에 의한 합 계산 결과, 모든 파라미터와 변수의 합인 738이 출력됩니다. ◆ 14

합성함수

```
 1 const multiple5 = x => x * 5;
 2 const add10 = x => x + 10;
 3
 4 const plus = (a, b) => a + b;
 5 const minus = (a, b) => a - b;
 6
 7 // (20 + 10) * 5
 8 console.log(multiple5(add10(20)));
 9
10 // (10 + 20) - 40
11 console.log(minus(plus(10, 20), 40));
```

결과

```
150
-10
```

합성함수는 말 그대로 함수 여러 개를 합쳐서 쓰는 방법입니다. hello(world()) 이렇게 hello()라는 함수와 world()라는 함수를 합쳐 쓰는 방법입니다. world()의 실행 결과를 hello()로 넘겨주는 식입니다. 수학에도 나오는 개념입니다. 정의역이 x, 공역이 y인 f, g라는 함수가 있을 때 f · g는 y = f(g(x))로 표현됩니다. g 함수의 실행 결과값을 f 함수의 파라미터로 전달하게 됩니다.

함수형 프로그래밍에서 함수는 하나의 재사용 가능한 단위라고 할 수 있습니다. 만약 '밥먹기'와 '이닦기'라는 두 함수가 있을 때 밥먹고 이를 닦는 행위를 하기 위해 새로운 함수 '밥먹은 후 이닦기'를 정의하는 것은 낭비이고, 순수성을 지향하는 함수형 프로그래밍 패러다임에 맞지 않습니다. 합성함수는 이러한 연속적인 동작을 단순한 결합을 통해 가능하게 합니다.

mulple5는 한 파라미터가 주어졌을 때 5를 곱한 값을 리턴하는 함수입니다. add10은 한 파라미 ◆ 1~2
터가 주어졌을 때 10을 더한 값을 리턴하는 함수입니다.

plus는 두 파라미터가 주어졌을 때 두 수의 합을 리턴하는 함수입니다. minus는 두 파라미터가 ◆ 4~5
주어졌을 때 첫 파라미터에서 두 번째 파라미터의 값을 뺀 결과를 리턴하는 함수입니다.

multiple5(add10(20)) 함수는 20을 파라미터로 갖는 add10 함수를 실행하며, 실행한 결과 ◆ 8
를 multiple5 함수의 파라미터로 받습니다. add10(20)은 30이며, multiple5(30)은 150이므로,
150을 출력합니다.

minus(plus(10, 20), 40) 함수는 10, 20을 파라미터로 갖는 plus 함수를 실행하며, 실행한 결과 ◆ 11
를 minus 함수의 파라미터로 받습니다. plus(10, 20)은 30이며, minus(30, 40)은 −10이므로,
−10을 출력합니다.

커링 curring

- **학습 내용** : 함수형 프로그래밍 기법 중 하나인 커링에 대해 배워봅니다.
- **힌트 내용** : add10 = add(10)

```
1  const add = x => y => x + y;
2  const add10 = add(10);
3
4  console.log(add10(20));
5  console.log(add(10)(20));
```

결과

30
30

여러 개의 파라미터를 갖는 함수가 있을 때 그 중 일부의 파라미터만 필요로 하는 함수를 만드는 기법을 커링이라고 합니다. 이 구조를 만들어낸 커링이라는 사람의 이름을 따서 지었습니다. node.js는 비동기 실행이 많습니다. 그래서 return값이 없는 대신 callback(콜백)을 인자로 넘겨서 사용합니다. 이때 curring(커링) 기법을 이용해 중복을 최소화 하면서 개발할 수 있습니다.

1◆ 이렇게 화살표(=>)가 여러 개 들어 있는 함수는 화살표 개수만큼 파라미터로 값을 넘겨주어야 합니다. add(10)(20)라고 써주면 결과가 30이 나옵니다.

2◆ 커링은 화살표 개수보다 적은 인자값이 들어오면 함수를 반환합니다.

이 함수는 인자값이 두 개가 들어와야 연산이 되는 함수입니다. 그래서 add(10)(20)라고 써주어야 하지만 이 중 하나만 넣어주어 다시 함수를 리턴하게 할 수 있습니다.
add(10) 이렇게만 사용하면 const add10 = y => 10 + y; 이런 함수가 리턴됩니다.
자바스크립트는 함수도 값처럼 넘길 수 있기 때문에 여기에는 10뿐만 아니라 다른 함수를 넘길 수도 있습니다.

- **학습 내용** : 커피머신에서 아메리카노와 라떼를 만드는 예제입니다.
- **힌트 내용** : 파라미터 2개 중 하나를 넣은 함수를 리턴받을 수 있습니다.

```
 1 const coffeeMachine = liquid => espresso => `${espresso}+${liquid}`;
 2
 3 const americanoMachine = coffeeMachine('water');
 4 const latteMachine = coffeeMachine('milk');
 5
 6 const americano = americanoMachine('coffee bean');
 7 const latte = latteMachine('coffee bean');
 8
 9 console.log(americano);
10 console.log(latte);
```

앞에서 설명한 커링을 이용해 예제입니다. 커링은 파라미터를 여러 개 받는 함수를 분리해서 파라미터로 값이 모두 들어오면 값을 반환하고, 부족하게 들어오면 함수를 반환하는 기법입니다.

plus(val1)(val2) 이렇게 값을 두 개 받도록 해 놓았다면 plus(10)처럼 값을 하나만 넘기면 함수가 반환되고, plus(10)(20) 두 개를 넘기면 값이 반환됩니다.

커링함수는 함수를 재사용할 때 유용합니다. 어떻게 쓰이는지 소스코드를 보면서 설명하겠습니다.

기본적인 커링 형태의 함수로 coffeeMachine(커피머신)을 만듭니다. 커피머신에 물을 넣으면 아메리카노머신이 되고 커피머신에 우유를 넣어놓으면 라떼머신이 됩니다.

liquid와 espresso라는 두 개의 파라미터를 받아 합치는 기능을 하는 화살표 함수입니다. (liquid, espresso)이 아닌, liquid => espresso =>와 같은 형태로 된 것에 주목합니다.

3~4 ◆ americanoMachine(아메리카노머신)은 coffeeMachine(커피머신) 커링함수에 'water'(물)을 넣어서 만듭니다. 두 개의 인자 liquid, espresso 중에 liquid에 해당하는 'water'(물)만 넘겼기 때문에 값을 리턴하지 않고 함수를 리턴합니다.

리턴한 함수는 '${espresso} + ${water}'로써 에스프레소와 물을 합쳐주는 연산을 합니다.

마찬가지로 latteMachine(라떼머신)도 커링함수 coffeeMachine('milk')로 커피머신에 물을 넣어놓은 라떼머신이 만들어집니다. '${espresso} + ${milk}'를 반환합니다.

6~7 ◆ americano(아메리카노)는 함수가 아니고 값입니다. 앞에서 선언한 americanoMachine에 'coffee bean'(커피콩)을 넘겨서 미리 넣어놓은 'water'(물)과 합쳐 아메리카노를 만듭니다.

lattee(라떼) 또한 앞의 latteMachine이 함수로 초기화되었기 때문에 'coffee bean' 파라미터를 넘기면 커링함수를 다시 불러들여 '${coffee bean} + ${milk}'의 반환값으로 초기화됩니다.

9~10 ◆ 콘솔로그로 출력하면 위의 반환값들이 출력되는 것을 볼 수 있습니다.

커링 curring 예제 ②

- **학습 내용** : 파일을 읽어와 내용을 출력하는 예제입니다.
- **힌트 내용** : 커링함수를 이용하여 파라미터 2개 중 하나를 넣은 함수를 리턴받을 수 있습니다.

```
1 const fs = require('fs');
2
3 const openFileAndPrint = path => fileName => fs.readFile(path +
4 fileName, (err, data) => {
5   if (err) throw err;
6   console.log(data.toString());
7 });
8
9 const thisDirOpenFileAndPrint = openFileAndPrint('./');
10 const otherDirOpenFileAndPrint = openFileAndPrint('../');
11
12 thisDirOpenFileAndPrint('104_curring_example.js');
13 otherDirOpenFileAndPrint('package.json');
```

결과

```
{
  "name":    "nodejs_example_200",
  "version": "1.0.0",
  "description": "",
  "main": "index.js",
  "dependencies": {
... 중략 ...
console.log(latte);
```

커링함수를 이용해 파일을 읽어와 출력하는 예제입니다.

1 ◆ 파일을 읽어오기 위해 'fs' 모듈을 불러옵니다.

```
const openFileAndPrint = path => fileName => fs.readFile(path + fileName,
(err, data) => {}
```

3~7 ◆ openFileAndPrint는 path와 fileName을 파라미터로 넘기는 커링함수입니다. 두 파라미터를 받아 파일을 읽고 그 data(내용)가 에러이면, 즉 파일이 존재하지 않거나 빈 내용이면 throw err; 로 에러를 처리합니다. 그리고 data.toString()을 통해 파일에서 읽어들인 data를 콘솔로 출력합니다.

9~10 ◆ thisDirOpenFileAndPrint는 위에서 정의한 커링함수 openFileAndPrint로 현재 위치를 나타내는 './'를 파라미터로 받아 fs.readFile(./ + fileName , (err,data) => {} 함수가 만들어 집니다.

12~13 ◆ 마찬가지로 otherDirOpenFileAndPrint도 위에서 정의한 커링함수 openFileAndPrint에 상위 디렉토리를 나타내는 '../'를 받아 fs.readFile(../ + fileName , (err,data) => {} 함수가 만들어 집니다.

위에서 만든 thisDirOpenFileAndPrint와 otherDirOpenFileAndPrint 각각에 '104_curring_example.js'와 'package.json' 파일명을 넘겨주면 fs.readFile(./ + '110_sum.js', (err,data) => { 내용생략 }와 fs.readFile(../ + 'package.json', (err,data) => { 내용생략 }로 바뀌어 fs.readFile 함수를 실행해 데이터를 읽어 옵니다.

프리디케이트 predicate

- **학습 내용** : true, false의 부울 결과를 돌려주는 함수인 프리디케이트를 배워봅니다.
- **힌트 내용** : boolean을 반환합니다.

```
1 const isApple = (fruit) => {
2   if (fruit === 'apple') return true;
3   return false;
4 }
5
6 console.log(isApple('apple'));
```

결과

```
true
```

프리디케이트(predicate)의 사전 정의를 찾아보면 예측하다라는 뜻이 있습니다. 자바스크립트에서는 true인지 false인지 예측을 해준다는 의미로 사용되었습니다.

위 예제는 보통의 함수와 사용하는 방법이 같습니다. 함수이지만 true 또는 false를 리턴하는 함수를 프리디케이트라고 부릅니다.

프리디케이트는 다음에 배울 .sort(), .filter() 등의 함수형 프로그래밍 함수에 사용됩니다.

isApple은 프리디케이트로 파라미터를 받아 해당 파라미터가 'apple'인지 비교한 후 만약 같으면 참, 다르면 false를 리턴하는 함수입니다. ◆ 1~4

isApple 함수에 'apple'을 파라미터로 넣었으므로, 그 결과 참(true)으로 출력됩니다. ◆ 6

프리디케이트로 정렬
.sort(predicate)

- **학습 내용** : 프리디케이트를 sort() 함수에서 사용하여 정렬하는 방법을 배워봅니다.
- **힌트 내용** : boolean을 반환합니다.

```
1 const numbers = [1, 2, 19, 38, 4, 98, 25];
2
3 const isFirstBiggerThenSecond = (first, second) => {
4   if (first > second) return true;
5   return false;
6 }
7
8 const sortedNumbers = numbers.sort(isFirstBiggerThenSecond);
9 console.log(sortedNumbers);
```

결과

```
[ 1, 2, 4, 19, 25, 38, 98 ]
```

.sort() 함수의 파라미터로 함수를 이용하는 방법에 대해 알아보았습니다. 참, 거짓을 리턴하는 프리디케이트 역시 sort 함수의 파라미터로 사용할 수 있습니다.

1 ◆ 정렬할 숫자들입니다.

3~6 ◆ isFirstBiggerThenSecond 함수는 두 파라미터를 비교하여 앞의 파라미터가 클 경우 true, 아닌 경우 false를 리턴하는 함수입니다.

프리디케이트 함수를 sort에서 사용할 때 true인 경우 위치가 바뀌고, false인 경우는 위치가 바뀌지 않습니다. sort 함수는 리스트의 가장 앞부터 1, 2 → 2, 19 → 19, 38 → 38, 4와 같은 방식으로 비교하다가, 38, 4는 isFirstBiggerThenSecond 함수의 결과가 true이므로 자리가 바뀝니다.

자리가 바뀌는 것을 swap(스왑)이라고 합니다.

swap이 발생할 경우, swap이 발생하여 앞으로 간 4와 바로 앞의 파라미터 19와 다시 비교를 시작하게 됩니다. 이와 같이 변경되는 이력을 추적하면 다음과 같습니다.

[1, 2, 19, 38, 4, 98, 25]

[1, 2, 19, 4, 38, 98, 25]

[1, 2, 4, 19, 38, 98, 25]

[1, 2, 4, 19, 38, 25, 98]

리스트를 sort하기 위해 isFisrtBiggerThenSecond 함수를 이용하고 그 결과를 sortedNumbers에 ◆ 8~9 초기화하여 그 결과를 출력하였습니다.

filter() 함수 사용하기

- **학습 내용** : filter() 함수를 사용하는 법에 대해 알아봅니다.
- **힌트 내용** : ages.filter(age => age > 16);

```javascript
1  const ages = [11, 12, 13, 16, 21, 31];
2
3  const upper16 = ages.filter(age => age > 16);
4  const under13 = ages.filter(age => age < 13)
5  const between12And21 = ages.filter(age => age > 12 && age < 21);
6
7  console.log('upper16:', upper16);
8  console.log('under13:', under13);
9  console.log('between12And21:', between12And21);
```

결과

```
upper16: [ 21, 31 ]
under13: [ 11, 12 ]
between12and21: [ 13, 16 ]
```

배열에서 특정 조건을 가진 데이터 또는 object(오브젝트)를 추출하고 싶다면 .filter()를 사용하는 것이 좋습니다. 사용 방법은 데이터를 추출하고 싶은 배열에 다음과 같이 .filter()를 써주고 한 개의 요소(item)에 (위 예제에서는 ages가 배열이고 11, 12, 13 등이 요소(item)입니다) 내가 원하는 조건을 지정해주면 됩니다.

사용 방법은 다음과 같습니다.

```
.filter(item => 조건)
```

이 함수가 작동하는 방식은 배열에서 하나씩 검색을 해서 해당 item 조건이 맞는지 true, false 로 판단한 후, 여기에서 true인 것만 .push를 하는 방식이라고 생각하면 됩니다.

ages.filter(age =〉 age 〉 12 && age 〈 21);처럼 화살표 뒤에 &&으로 두 가지 조건을 줄 수도 있 습니다. ◆ 5

filter() 함수 예제

- **학습 내용 :** json object의 값들로 필터링하기
- **힌트 내용 :** students.filter(student => student.math > 80);

```
1  const students = [
2    { name: 'kyeongrok', age: 31, math: 85, english: 87 },
3    { name: 'jihyun', age: 31, math: 95, english: 97 },
4    { name: 'minsup', age: 35, math: 76, english: 84 },
5    { name: 'dasom', age: 24, math: 84, english: 73 },
6    { name: 'yuna', age: 26, math: 54, english: 67 },
7    { name: 'mattheue', age: 29, math: 34, english: 100 },
8  ];
9
10 const mathUpper80 = students.filter(student => student.math > 80);
11 const mathUpper80AndEnglishUpper70 = students
12   .filter(student => student.math > 90 && student.english > 70);
13
14 console.log('mathUpper80:', mathUpper80);
15 console.log('mathUpper80AndEnglishUpper70:', mathUpper80AndEnglishUpper70);
```

결과

```
mathUpper80: [ { name: 'kyeongrok', age: 31, math: 85, english: 87 },
  { name: 'jihyun', age: 31, math: 95, english: 97 },
  { name: 'dasom', age: 24, math: 84, english: 73 } ]
mathUpper80AndEnglishUpper70: [ { name: 'jihyun', age: 31, math: 95, english:
97 } ]
```

filter() 함수를 이용해 수학 점수가 80점보다 큰 학생, 수학 점수가 90점보다 크고 영어점수는 70점보다 큰 학생을 필터링하는 예제입니다.

학생 데이터니다.　　　　　　　　　　　　　　　　　　　　　　　　　　　◆ 1~8

수학 점수가 80점 이상인 학생들을 필터링합니다.　　　　　　　　　　　◆ 10

조건이 두 개인 경우에도 가능합니다. 수학 점수가 90점보다 크고 영어 점수가 70점보다 큰 학　◆ 11~12
생들을 필터링 합니다.

출력합니다.　　　　　　　　　　　　　　　　　　　　　　　　　　　　　◆ 14~15

map() 함수 사용하기

● **학습 내용** : map() 함수를 사용하는 법에 대해 알아봅니다.
● **힌트 내용** : const multipledList = list.map(item => item * 10);

```
1  // define
2  const list = [1, 2, 3];
3
4  // process
5  const multipledList = list.map(item => item * 10);
6  multipledList.forEach(item => console.log(item));
```

결과

```
10
20
30
```

.map() 함수는 배열(array)에 있는 모든 item에 .map(함수)의 파라미터로 받은 함수를 적용시킨 배열(array)을 리턴합니다.

map() 함수는 다음과 같이 사용할 수 있습니다.

```
.map(item => item * 10);
```

map()에 파라미터로 전달된 item => item * 10는 값을 item이라는 이름으로 받아 10을 곱하는 함수입니다. map 함수는 list라는 배열의 값을 하나씩 뽑아서 item으로 전달하고, 10, 20, 30을 각각 생성하여 배열의 형태로 리턴하게 됩니다.

빅데이터와 함께 나오는 말인 맵리듀스(map reduce)에서 그 맵(map)입니다.

맵리듀스 프로그래밍 모델은 대용량 데이터를 분산 처리하기 위해 임의의 순서로 정렬된 데이터를 분산 처리(map)하고 이를 다시 합치(reduce)는 과정을 거칩니다.

간단히 얘기해서 데이터를 쪼개고 계산한 후 다시 합치는 것입니다. 만약 데이터의 크기가 매우 크거나, 계산 과정이 복잡하다면 프로그램에서 큰 단위의 데이터에 대해 순차적으로 계산하기 때문에 그 처리 과정이 느려집니다. 그래서 이를 여러 프로세스에 나누어 위와 같이 처리한다면 처리지연(latency)을 줄이고 처리량(throughput)을 늘릴 수 있습니다.

list에 있는 모든 요소에 파라미터로 받은 함수인 *10을 한 결과를 multipledList에 [] 형태로 담습니다. ◆ 5

multipledList의 각 요소를 forEach문을 활용하여 각각 출력합니다. ◆ 6

map() 함수 예제

```javascript
 1 // define
 2 const listEmployee = [
 3   { name: 'kyeongrok', age: 31, salary: 4000 },
 4   { name: 'jihyun', age: 31, salary: 5000 },
 5   { name: 'minsup', age: 35, salary: 6000 },
 6 ];
 7
 8 // process
 9 const raisedSalaryList = listEmployee.map(employee => (employee.salary *
10 1.1));
11 raisedSalaryList.forEach(salary => console.log('salary : %d', salary));
```

결과

```
salary : 4400
salary : 5500
salary : 6600.000000000001
```

A회사는 직원이 3명 있는데 직원들의 연봉을 각각 10%씩 올린 결과를 출력해 보겠습니다.

9 ◆ 연봉을 10% 올려준 값을 배열로 뽑아서 raisedSalaryList에 담아주는 .map() 연산입니다.

10 ◆ raisedSalaryList에 있는 값들을 하나씩 뽑아서 출력하는 코드입니다.

9, 10번 줄을 풀어서 쓰면 다음과 같습니다.

```
const raisedSalarylist = [];
for (employee of listEmployee) {
  raisedSalarylist.push(employee.salary * 1.1);
}
for (salary of raisedSalarylist) {
  console.log('salary : %d', salary);
}
```

- **학습 내용** : reduce() 함수를 사용하는 법에 대해 알아봅니다.
- **힌트 내용** : scores.reduce((a, b) => (a + b));

```javascript
1 const scores = [10, 20, 30, 40, 50];
2
3 const sum = scores.reduce((a, b) => (a + b));
4 const sumWithInitValue = scores.reduce((a, b) => (a + b), 10);
5
6 console.log('sum :', sum);
7 console.log('sumWithInitValue :', sumWithInitValue);
```

결과

```
sum : 150
sumWithInitValue : 160
```

reduce() 함수는 해당 배열의 가장 첫 번째 인덱스부터 마지막 인덱스까지의 값에 대한 누적 계산을 통해 하나의 결과를 내보내는 함수입니다.

사용 방법은 다음과 같습니다.

```
.reduce((a, b) => (a + b));
```

위의 구조를 보면, reduce 함수에 전달된 함수는 두 파라미터를 받아 그 합을 리턴하는 함수입니다. 배열의 값을 하나씩 넣어 파라미터로 사용하게 됩니다. 예를 들어, a, b, c, d라는 값을 갖는 배열 A가 있고, 위의 reduce 함수를 적용시킨다면 (a, b) => ((a+b), c) => ((a+b+c), d) 순으로 계산을 진행하게 되어 최종적으로 a+b+c+d 값을 리턴하게 됩니다.

3 ◆ 위에 설명한 것과 같이 두 파라미터를 받아서 그 합을 리턴하는 함수를 scores 배열의 reduce 함수에 넣었습니다.

3번 줄과 마찬가지이지만, reduce 함수에 위와 같이 callback 함수 외에 초기값(initialValue)을
같이 파라미터로 넘길 수 있습니다. 여기서 초기값은 10으로 지정했습니다. 초기값은 함수의
첫 호출에 첫 번째 인수로 사용합니다. 즉, (10, 10) =〉 (20, 20) =〉 (40, 30) =〉 (70, 40) =〉
(110, 50) 순으로 계산합니다.

◆ 4

reduce() 함수를 계산한 결과를 출력합니다.

◆ 6~7

reduce() 함수 예제

```
 1 const students = [
 2    { name: 'kyeongrok', age: 31, score: 85 },
 3    { name: 'jihyun', age: 31, score: 95 },
 4    { name: 'minsup', age: 35, score: 76 },
 5 ];
 6
 7 const scores = students.map(student => student.score);
 8
 9 const sum = scores.reduce((a, b) => a + b, 0);
10 console.log('sum:', sum);
```

결과

```
sum: 256
```

map, reduce 함수는 여러 데이터를 나누어 처리하여 결과를 합치는 역할을 합니다. map 함수는 원본 데이터에서 처리 대상 데이터를 분리하여 새로운 데이터 셋을 만들어 주며, reduce 함수는 새로운 데이터 셋을 전달된 함수를 이용하여 계산하고 결과를 추출하게 됩니다. 만약 원본 데이터를 그대로 계산에 이용한다면, 데이터에 대한 복잡한 접근, 원본 데이터 손실 가능성 등 여러 문제가 있을 수 있으므로 위와 같이 map reduce를 이용하는 것이 보다 바람직합니다.

1~5 ◆ stduents 배열은 3개의 json 객체를 담고 있습니다. 객체의 필드는 name, age, score 3개로 각각 이름, 나이, 점수를 담고 있습니다.

7 ◆ 이번 예제에서는 모든 학생의 점수 합을 구하는 것이 목적이므로, map()을 이용해 점수만 뽑을 수 있습니다.

scores 배열은 모든 학생들의 점수만 뽑아서 저장한 배열입니다. 이 배열에 있는 값들의 합을 구해야 하므로, 두 파라미터의 합을 리턴하는 함수를 reduce 함수에 전달했습니다. reduce 함수의 초기값(initialValue)은 0으로 하였습니다.

◆ 9~10

.filter, .map(), .reduce() 함수 예제

```
1  const students = [
2    { name: 'kyeongrok', age: 31, score: 85 },
3    { name: 'jihyun', age: 31, score: 95 },
4    { name: 'minsup', age: 35, score: 76 },
5  ];
6
7  // 점수가 80점 이상인 학생 필터링하기
8  const upper80StudentsSum = students
9    .filter(student => student.score > 80)
10   .map(student => student.score)
11   .reduce((a, b) => (a + b));
12
13 console.log('sum:', upper80StudentsSum);
```

결과

```
sum: 180
```

데이터를 처리하는 프로그램을 개발할 때 위에서 배운 filter map reduce 함수를 이용할 경우 프로그램을 간결하고 효과적으로 작성할 수 있습니다. 본 예제는 학생의 이름, 나이 점수에 대한 데이터가 있을 때 점수가 80점 이상인 학생을 필터링해서 그 합을 구하는 예제입니다.

1~5 ◆ students 배열은 3개의 json 객체를 담고 있습니다. 객체의 필드는 name, age, score 3개로 각각 이름, 나이, 점수를 담고 있습니다.

8~11 ◆ students 배열에 대해 .filter .map .reduce를 적용하는 모습입니다. 이처럼 작성하면, 각 연산결과를 중간중간 임시 변수에 저장할 필요가 없고 읽기도 쉬운 코드가 됩니다. .filter 함수는 student. score 〉 80 즉, 각 json 객체 중 score가 80을 초과하는 경우만 필터링하여 넘기게 됩니다.

따라서 현재 상태는 80점을 넘는 kyeongrok, jihyun 객체만 가진 배열이 됩니다. .map 함수는 이 객체 배열에서 score값만을 가져와 새로운 배열을 리턴합니다. 따라서 이 시점에는 [85, 95] 형태의 배열이 됩니다. 마지막으로 .reduce 함수는 배열 원소의 합을 리턴하므로 최종적으로 180을 리턴하여 그 값이 upper80StudentsSum에 초기화됩니다.

구한 upper80StudentsSum 값을 출력합니다.   ◆ 13

.filter, .map(), .reduce() 함수 예제 – 합계구하기

- **학습 내용** : filter, map, reduce 함수를 사용하여 개발팀에 속하는 사람의 나이 합을 구합니다.
- **힌트 내용** : .filter(function) .map(function) .reduce(function)

```
1  const employeeList = [
2    { name: 'kyeongrok', age: 31, department: 'development' },
3    { name: 'jihyun', age: 31, department: 'design' },
4    { name: 'minsup', age: 35, department: 'development' },
5  ];
6
7  const developerAgeList = employeeList
8    .filter(employee => employee.department === 'development')
9    .map(employee => employee.age);
10 console.log(developerAgeList.reduce((a, b) => a + b)); // 개발팀의 나이 합계
```

결과

66

회사 사람에 대한 데이터가 있을 때 특정 부서에 속하는 사람의 나이 합을 구하는 예제입니다.

1~5 ◆ employeeList 배열은 json 객체를 담고 있습니다. 객체의 필드는 name, age, department 3개로 각각 이름, 나이, 부서 정보를 담고 있습니다.

7~9 ◆ employeeList 배열에 대해 filter, map 함수를 적용하였습니다. 먼저, filter 함수는 employee의 department 필드의 값이 'development'와 타입과 값이 같은지 비교한 후 false면 필터링하여 제외합니다.

department가 development인 kyeongrok, minsup 객체에 대해 map 함수는 employee.age 즉, age 필드의 나이 값들로 이루어진 새로운 배열을 리턴하여 developerAgeList에 넣습니다.

앞의 예제에서는 reduce 함수까지 적용하여 최종 값을 리턴하였으나, 실제 프로젝트에서는 또 다른 활용을 위해 중간 결과값을 받아서 저장할 필요가 있는 경우도 많습니다.

개발팀의 나이를 배열 형태로 저장하는 developerAgeList에 reduce 함수를 적용하여 그 합을 그 ◆ 10 대로 출력하였습니다. 31 + 35, 66을 출력합니다.

- **학습 내용 :** filter, map, reduce 함수를 사용하여 21세 이상 30세 미만인 학생의 점수 평균을 구해 봅니다.
- **힌트 내용 :** .filter(function) .map(function) .reduce(function)

```
1  const students = [
2    { name: 'kyeongrok', age: 31, score: 85 },
3    { name: 'jihyun', age: 31, score: 95 },
4    { name: 'minsup', age: 35, score: 76 },
5    { name: 'dasom', age: 24, score: 84 },
6    { name: 'yuna', age: 26, score: 54 },
7    { name: 'mattheue', age: 29, score: 34 },
8  ];
9
10 // 21 이상 30 미만 점수 평균 구하기
11 const between21to30StudentsAverage = students
12   .filter(student => student.age >= 21 && student.age < 30)
13   .map(student => student.score)
14   .reduce((previous, current, index, array) => previous + (current /
15    array.length), 0);
16
17 console.log('average:', between21to30StudentsAverage);
```

결과

```
average: 57.333333333333336
```

21세 이상 30세 미만인 학생 점수의 평균을 구하는 예제입니다.

1~8 ◆ students 배열은 json 객체를 담고 있습니다. 객체의 필드는 name, age, score 3개로 각각 이름, 나이, 점수 정보를 담고 있습니다.

students 배열에 대해 filter, map, reduce 함수를 적용하고 있습니다. filter 함수에 student.age ◆ 11~15
〉= 21 && student.age 〈 30이라는 조건문을 넣어서, 해당 조건에 맞지 않는 객체를 필터링하였습니다. 그 다음 조건에 맞는 객체들에 대해 score만을 저장하는 새로운 배열을 만들었습니다. 따라서 이 시점에는 [84, 54, 34] 배열 중간 값을 가지고 있습니다.

이번 예제의 reduce 함수에서는 callback 함수의 파라미터를 4개 두었습니다. 첫 파라미터인 previous는 배열의 첫 번째 파라미터 혹은 초기값(initialValue)이 됩니다.

reduce 함수의 초기값이 0으로 주어졌으므로 previous값은 0부터 시작합니다. 두 번째 파라미터인 current는 배열 내 현재 처리되고 있는 값을 의미합니다. 세 번째 파라미터인 index는 현재 처리되고 있는 값의 인덱스를 의미하며, 마지막 파라미터는 현재 사용되고 있는 배열을 의미합니다.

reduce 함수의 동작은 각각의 파라미터를 받아서 array의 길이인 3으로 나눈 값들을 합하게 되므로 세부 계산 과정은 다음과 같습니다.
$0/3 \rightarrow (0/3) + 84/3 \rightarrow (0/3 + 84/3) + 54/3 \rightarrow (0/3 + 84/3 + 54/3) + 34/3$, 계산 결과 57.33333이며 해당 값을 between21to30StudentsAverage 변수에 넣습니다.

구한 값을 출력합니다. ◆ 17

프로미스 promise

```
1  const promiseFirst = new Promise(resolve => resolve(1))
2    .then(result => `${result + 10}`);
3
4  const promiseSecond = new Promise(resolve => resolve(1))
5    .then(result => `${result + 20}`);
6
7  Promise.all([promiseFirst, promiseSecond]).then(result => console.log(result));
```

결과

```
first: 1
second: 1hello
1hellonello
```

비동기 처리는 자원을 효율적으로 사용하고 속도를 높이는 방법으로 많이 사용합니다. 비동기로 실행할 때는 리턴값이 없는 콜백함수를 많이 사용합니다. 이 방식은 함수형 프로그래밍과 유사합니다.

함수형 프로그래밍은 return값이 없는 프로그래밍 방식이라고 생각하면 접근하기 좋습니다. 그래서 callback(콜백)함수를 써서 다음에 실행할 함수를 파라미터로 넘겨주는 방식을 사용합니다.

이 방식의 문제점은 여러 가지 함수를 사용하면 콜백에 콜백이 계속 이어져 코드의 가독성이 떨어져 개발하는 데 실수할 여지가 많습니다.

프로미스는 이 문제를 해결하기 위해 나왔습니다. 이렇게 Promise를 이용하면 콜백 중첩을 좀 더 보기 쉽게 작성할 수 있습니다. 코드의 가독성을 높이고, 에러처리와 디버깅 작업을 수월하게 할 수 있습니다.

```
const promiseResult = new Promise((resolve) => {
  resolve(1); // 핵심은 첫 번째는 resolve()를 쓴다는 것.
}).then((result) => {}
```

프로미스를 사용할 때 resolve()에 값을 넣는 것이 return이라고 생각하면 됩니다. resolve(1) 이 ◆ 1~2
라고 넣으면 그 다음에 실행되는 코드가 그 아래에 있는 then입니다.

result에 resolve()에서 넣어준 1이 들어옵니다. 그래서 first: 1이 출력됩니다. 그리고 return ◆ 4~5
`${result}hello`;로 뒤에 'hello'를 붙이는 연산을 했습니다. 이 결과를 다음으로 넘기기 위해
return을 사용합니다.

Promise는 또 다른 promise 오브젝트를 반환하기 때문에 마지막에 연산한 값을 .then(result => ◆ 7
console.log(result));으로 출력해 주었습니다.

Promise.all()을 이용해 후처리하기

- **학습 내용** : Promise.all()의 기능과 특징을 살펴보고 활용법을 알아봅니다.
- **힌트 내용** : Promise.all([promiseFirst, promiseSecond])

```
1 const promiseFirst = new Promise(resolve => resolve(1))
2   .then(result => `${result + 10}`);
3
4 const promiseSecond = new Promise(resolve => resolve(2))
5   .then(result => `${result + 20}`);
6
7 Promise.all([promiseFirst, promiseSecond]).then((result) => {
8   console.log('result:', result);
9   console.log('sum:', Number(result[0]) + Number(result[1]));
10 });
```

결과

```
result: [ '11', '22' ]
sum: 33
```

여러 개의 비동기 처리가 모두 끝난 후에 특정 로직을 실행하고 싶다면 Promise.all()을 이용합니다.

사용 방법은 다음과 같이 먼저 처리할 작업들은 프로미스1, 프로미스2 안쪽에 넣습니다. 프로미스1과 프로미스2의 작업이 끝난 후에 Promise.all().then()에 뒤에 처리할 작업을 넣어주면 프로미스1과 프로미스2가 모두 끝난 후에 '뒤에 처리할 작업'을 실행합니다.

```
Promise.all([프로미스1, 프로미스2])
 .then(()=>{뒤에 처리할 작업})
```

resolve()에 1을 넣고 거기에 10을 더하는 연산을 하는 Promise입니다. 중간 결과는 11입니다. ◆ 1~2

resolve()에 2를 넣고 거기에 20을 더하는 연산을 하는 Promise입니다. 중간 결과는 22입니다. ◆ 4~5

Promise.all([프로미스1, 프로미스2])은 Promise.all()에 넘긴 프로미스들의 리턴값을 배열에 넣 ◆ 7~10
어 .then()쪽으로 보내줍니다. 그래서 8번 줄의 결과는 ['11', '22']가 출력됩니다.

결과가 배열이기 때문에 9번 줄에서 배열의 0번째, 1번째를 뽑아 숫자로 변환한 뒤 값을 출력
해 줍니다.

- **학습 내용**: 모듈별로 개발할 때 모듈을 분리하는 법에 대해 배웁니다.
- **힌트 내용**: exports.이름 = 함수 이름 함수 자체를 export할 때는 ()를 넣지 않습니다.

```
1 const printHello = () => console.log('hello');
2
3 exports.printHello = printHello;
4
5 exports.printMessage = (message) => {
6   console.log(message);
7 };
```

프로그램 규모가 조금만 커져도 재사용 해야 하는 코드들이 있습니다. 이럴 때는 다른 곳에서도 사용해야 하기 때문에 모듈별로 분리를 해야 합니다.

모듈을 분리하고 다른 곳에서 불러와 쓰게 하려면 exports를 사용합니다. exports한 모듈을 불러오려면 require를 사용해야 하는데, 다음 장에서 다루겠습니다.

사용 방법은 다음과 같습니다.

```
exports.함수 이름 = 위에서_선언한_함수_이름
exports.함수 이름 = (message) =>{ console.log(message); }
```

주의할 점은 export와 헷갈리는데, 뒤에 s가 붙은 exports입니다.

자바스크립트는 함수가 변수와 같은 일급 객체입니다. 그래서 exports도 함수뿐만 아니라 변수도 exports할 수 있습니다. 하지만 주로 함수를 exports할 때 사용합니다.

예제는 119_exports.js로 저장했습니다.

exports할 함수를 선언합니다. 가장 단순한 형태인 'hello'를 출력하는 함수입니다. ◆ 1

exports.받는 쪽에서_호출할_함수 이름을 써주고 = 함수 이름을 써줍니다. 여기서 주의할 점은 ◆ 3
함수 자체를 넘기는 것이기 때문에 함수 이름에 printHello()가 아니라 괄호()를 뺀 printHello로
써줍니다.

익명함수를 바로 exports할 수 있습니다. ◆ 5~7

require

- **학습 내용** : 다른 모듈을 불러올 때 사용하는 require에 대해 알아보겠습니다.
- **힌트 내용** : const printSomething = require('모듈 경로와 파일명);

```
1 const printSomething = require('./119_exports');
2
3 printSomething.printHello();
4 printSomething.printMessage('bye');
```

결과

```
Hello
bye
```

앞장에서 모듈로 분리하는 방법인 exports에 대해 배웠습니다. 이번 장에서는 exports로 분리한 모듈을 가지고 오는 방법을 알아보겠습니다.

require()를 이용하면 다른 모듈을 불러올 수 있습니다. 내가 직접 만든 모듈뿐만 아니라 fs, http 등 내장 모듈도 불러올 수 있습니다.

사용 방법은 다음과 같습니다.

```
const 이름 = require('경로/파일명');
const fs = require('fs');
이름.exports_할_ 때_정한 이름
```

require()에 위치를 지정해주면 분리한 모듈을 불러올 수 있습니다. fs 등과 같은 node.js 내장 모듈이나 뒤에서 배울 npm install로 설치한 모듈을 불러올 때는 경로를 지정해주지 않아도 됩니다.

경로/파일명을 지정할 때 파일명 뒤에 .js를 붙여도 되고 생략해도 되는데, 예제에서는 생략했습니다.

require()를 이용해 ./같은 위치에 있는 119_exports라는 이름으로 저장한 모듈을 불러옵니다. ◆ 1
printSomething이라는 이름으로 받았습니다.

앞장에서 exports할 때 printHello라고 이름을 정해준 모듈을 불러옵니다. printHello로 선언하 ◆ 3
고 printHello로 같은 이름을 사용했습니다.

printMessage는 익명함수를 printMessage라는 이름을 붙여 주어 호출할 때 printMessage()라고 ◆ 4
호출하였습니다.

4

P A R T 활용

Node.js 라이브러리를
활용한 실전 응용

API 읽는 법

▶ fs.access(path[, mode], callback)

인터넷에서 API 문서를 보면 위와 같이 표시되어 있는 문서가 많습니다. (path[, mode] 이렇게 괄호와 대괄호가 같이 섞여 있는 경우 설명해 놓은 곳이 없어서 어떤 뜻인지 모르고 넘어가는 경우가 많습니다.

```
fs.access('c:\practice\message.txt', (string)=>console.log(string) )
```

대괄호 []가 쳐진 부분은 optional(옵셔널)입니다. 위 예제 fs.access의 경우 가운데에 있는 mode를 넣어도 되고 안 넣어도 됩니다.

```
fs.access('./', () => {})
```

위와 같이 파라미터 두 개 path와 callback만 넘겨도 되고, fs.access('./', 'w', () => {}) 이렇게 mode를 포함해 넘겨도 됩니다.

,가 [, mode] 대괄호 안에 들어 있기 때문에 문서를 볼 때 헷갈리는데, 위 fs.access(path[, mode], callback)은 다음과 같이 쓸 수 있다는 것을 한 줄로 표현한 것입니다.

```
fs.access(path, callback)
fs.access(path, mode, callback)
```

비동기(Async)와 동기(Sync)

- **학습 내용** : 동기와 비동기가 무엇인지에 대해 알아봅니다.
- **힌트 내용** : 비동기는 return값이 없는 방식입니다.

자바스크립트는 웹 브라우저에서 출발했기 때문에 비동기 실행을 기본으로 하는 기능들이 많습니다.

비동기(Async)란 쉽게 이야기해서 return 값이 없는 실행을 뜻합니다. 앞으로 배울 파일 입출력, http request, response 등은 비동기로 실행하는 경우가 많아, 자바스크립트가 쉬워서 입문했다가 이 부분에서 많이 당황하게 됩니다.

비동기 프로그램은 return 값이 없기 때문에 기존에 리턴값을 사용하는 구조로 프로그래밍을 하다 보면 프로그램 구조가 꼬이는 경우를 접하게 됩니다.

그러면 왜 다루기 힘든 비동기 방식을 많이 사용할까요? return 값을 받으려면 프로그램은 응답이 올 때까지 기다려야 합니다. 이 시간이 프로그램 실행 시간에 포함되기 때문에 실제 속도가 늦습니다.

만약 구글 검색 결과를 1페이지부터 100페이지까지 파일로 저장할 때 동기(Sync) 실행은 1페이지 호출 – 파일 저장, 2페이지 호출 – 파일 저장 … n페이지 호출 – 파일 저장, 이렇게 응답이 올 때까지 기다렸다가 순서대로 실행합니다.

그러면 100페이지가 저장되기까지 걸리는 시간은 1번 실행시간 + 2번 실행시간 … 100번 실행시간입니다. 평균 1초가 걸렸다고 했을 때 100초가 걸립니다.

비동기 방식은 1번 비서부터 100번 비서한테 동시에 각 번호별 페이지를 호출해서 저장하라는 명령을 내립니다. 그러면 100명의 비서가 동시에 한 페이지씩 맡아서 처리합니다.

평균 1초가 걸렸다고 하고 가장 느린 비서가 2초가 걸린다고 하면 총 실행 시간은 2초입니다.

비동기가 무조건 좋은 것만은 아닙니다. 쇼핑몰에서 결제하는 로직을 만들 때, 돈이 들어 있는 DB를 비동기로 처리하면 문제가 생길 수 있습니다. 그래서 동기와 비동기의 장단점을 정확하게 알고, 필요한 상황에 맞게 잘 써야 합니다.

이러한 비동기 방식의 장점은 살리고, 단점은 줄이면서 프로그램의 구조도 체계적으로 유지하기 위해 나온 기법이 functional programming(함수형 프로그래밍)입니다. 함수형 프로그래밍에 대해서는 뒤에서 설명합니다.

파일로 출력하기 fs.write()

- **학습 내용** : 프로그램 실행 결과를 파일에 저장하는 방법을 알아봅니다.
- **힌트 내용** : fs.write(파일 경로, string)

```
1 const fs = require('fs');
2
3 const contents = 'hello\nbye\n안녕';
4 fs.writeFile('./message.txt', contents);
```

파일로 실행 결과를 저장하고 싶을 때는 fs.writeFile()을 사용합니다.

사용 방법은 fs.write('파일명', '내용')입니다.
첫 번째 인자로 파일 경로를 넣고, 두 번째 인자로 파일에 쓸 내용을 넣습니다.

3 ◆ fs.writeFile()을 실행하면 소스코드를 실행한 위치에 message.txt라는 파일이 생성되고 파일의 내용은 다음과 같이 입력됩니다.

결과

```
hello
bye
안녕
```

message.txt라는 파일에 'hello'라고 저장하고 싶다면 fs.writeFile()을 이용하면 됩니다.

동기로 파일 열기
fs.readFileSync()

```
1  const fs = require('fs');
2
3  const data = fs.readFileSync('./message.txt');
4  const string = data.toString();
5  console.log('sync work01');
6  console.log(string);
```

결과

```
sync work01
hello
bye
안녕
```

앞에서 파일을 만들어 보았습니다. 이번에는 이전에 만든 ./message.txt를 불러오겠습니다.

readFileSync 함수는 동기적 읽기 함수로, 함수가 실행되면 해당 파일을 읽으면서 다른 작업을 동시에 할 수 없게 됩니다. 동기로 파일을 읽는 방법이 동시성을 해치기 때문에 프로그램 실행을 느리게 할 수 있지만, 설정 파일을 읽고 적용해야 하거나 사용자 로그 파일을 보고 출입을 허가해야 하는 등 실행 순서를 반드시 보장해야 할 때 등 활용할 수 있는 상황이 많습니다.

fs 모듈을 사용하기 위한 선언입니다.   ◆ 1

현재 디렉토리(./)에 있는 message.txt 파일을 동기적으로 읽는 readFileSync 함수를 사용하였습   ◆ 3~4
니다. 읽은 데이터를 data 상수로 저장하였습니다. 해당 data를 toString() 함수를 사용하여 문자
열 타입으로 변환하고 string 변수에 초기화하였습니다.

sync work01을 출력하고, string에 저장된 문자열을 출력합니다.   ◆ 5~6

비동기로 파일 열기 fs.readfile( )

```
1 const fs = require('fs');
2
3 fs.readFile('./message.txt', (err, data) => {
4   if (err) throw err;
5   console.log('async work01');
6   console.log(data.toString());
7 });
```

결과

```
async work01
hello
bye
안녕
```

앞에서 만든 message.txt를 비동기 방식으로 열어보겠습니다. 비동기 방식은 동기 방식에 비해 속도가 빠르기 때문에 실제 프로젝트에서도 많이 사용하는 방식입니다.

여러 개의 파일에 있는 여러 줄의 내용을 동시에 처리해야 하는 경우 비동기의 장점을 확인할 수 있습니다.

3 ◆ 비동기 방식은 return이 없기 때문에 다음에 실행할 로직을 callback 함수를 이용해 넘겨주고, 바로 이어서 실행하는 구조입니다. (err, data) =>{} 함수를 넘겼습니다.

4 ◆ 해당 경로에 파일이 없는 등의 이유로 err에 값이 들어오면 에러를 발생시키는 코드입니다.

5~6 ◆ console.log()에 텍스트를 출력하는 코드입니다.

프로그램 형태에 따라 순서가 중요한 경우라면 동기 방식을 쓰고, 순서가 중요하지 않은 경우라면 비동기 방식을 쓰는 것이 효율적입니다.

파일 내용 수정하기

- **학습 내용** : 파일을 열고 수정하는 법을 배웁니다.
- **힌트 내용** : fs.readFile후에 fs.writeFile 합니다.

```
1 const fs = require('fs');
2
3 fs.readFile('./message.txt', (err, data) => {
4   if (err) throw err;
5   let contents = data.toString();
6   contents = 'replaced';
7   fs.writeFile('./message.txt', contents);
8 });
```

결과

```
replaced
```

파일을 열고 내용을 수정해 보겠습니다. 앞에서 fs.write()를 이용해 message.txt를 만들었습니다. 파일의 내용은 hello, bye, 안녕 세 줄이 들어 있습니다.

기존에 파일 내용으로 들어 있던 3줄 대신 소스 코드에서는 'replaced'라는 문자열을 넣는 예제입니다.

비동기 방식으로 파일을 엽니다. sync가 붙어 있지 않은 기본 .readFile()이기 때문에 비동기입니다. 두 번째 인자로 받은 익명 함수 (err, data) => {}를 실행합니다.   ◆ 3

에러가 난다면 에러 출력을 하고 종료합니다.   ◆ 4

contents라는 변수에 읽어온 데이터를 넣습니다. hello, bye, 안녕이 들어 있습니다. 그 내용을 6번 줄에서 'replaced'로 변경합니다. 그리고 다시 write를 합니다.   ◆ 5~7

프로그램 실행이 끝난 후 message.txt 파일을 열면 수정된 결과인 'replaced'가 들어 있습니다.

파일에 내용 추가하기
fs.appendFile()

- **학습 내용** : 파일에 내용을 추가하는 방법을 배웁니다.
- **힌트 내용** : fs.appendFile()을 이용합니다.

```
1 const fs = require('fs');
2
3 const list = [1, 2, 3, 4, 5];
4
5 list.forEach(item => fs.appendFile('./chapters.txt', `chapter ${item}\n`));
```

결과

```
chapters.txt
chapter 1
chapter 3
chapter 4
chapter 2
chapter 5
```

앞에서 배운 fs.write()를 이용하면 파일에 문자열을 저장할 수 있습니다. 하지만 fs.write()는 파일을 새로 만들기 때문에 기존에 있는 내용에 다른 내용을 추가하려면 파일을 열어서 기존의 파일을 읽은 후에 내용을 추가하고 저장해야 하기 때문에 불편합니다.

fs.appendFile()을 이용하면 이 과정을 쉽게 할 수 있습니다. 사용 방법은 다음과 같습니다.

```
fs.appendFile(파일 경로 이름, 추가할 내용)
```

위에서 지정한 './chapters.txt' 파일이 없다면 파일을 생성해 줍니다. 파일이 있으면 그 파일에 내용을 계속 추가합니다.

위 코드를 한 번만 실행하면 파일이 생기면서 chapter 1 ~ chapter 5까지 내용이 들어 있을 것입니다. 하지만 두 번 연속으로 실행하면 같은 내용이 두 번 들어갈 것입니다.

require()를 이용해 fs 모듈을 import(임포트)합니다. ◆ 1

1~5까지 숫자가 들어 있는 배열을 선언합니다. ◆ 3

한 줄이지만 다음의 역할을 합니다. ◆ 5

위에서 선언한 배열에 들어 있는 1~5까지 값들을 하나씩 뽑아서 item이라는 변수에 하나씩 넣습니다. item에 들어 있는 숫자 앞에 'chapter '를 붙이고 뒤에는 ₩n을 이용해 한 줄을 띄워주는 기호를 넣은 문자열을 만듭니다. 만든 문자열을 fs.appendFile()을 이용해 chapters.txt에 한줄씩 추가합니다. 한 줄씩 추가될 때 순서는 비동기이기 때문에 랜덤하게 됩니다.

디렉토리 만들기 fs.mkdirSync()

- **학습 내용 :** 디렉토리를 만드는 방법을 알아봅니다.
- **힌트 내용 :** mkdirSync(dirName)

```
1 const fs = require('fs');
2
3 const dirName = `${__dirname}/img`;
4
5 if (!fs.existsSync(dirName)) {
6   fs.mkdirSync(dirName);
7 }
```

결과

(출력 값은 없고 실행한 디렉토리 내 'img' 디렉토리가 생성됨)

디렉토리의 경로에는 절대경로와 상대경로가 있습니다. 절대경로는 고유한 경로로 루트 디렉토리 즉, 윈도우 환경에서는 C:₩, 리눅스 환경에서는 /인 루트 디렉토리부터 현재 디렉토리까지의 모든 경로(path)를 나타냅니다. 상대경로는 이와 달리 현재 자신이 있는 위치 디렉토리를 기준으로, 상위 디렉토리인지 하위 디렉토리인지 나타내는 방법입니다. 현재 디렉토리를 기준으로 상위 디렉토리는 ..로 표시할 수 있고, 하위 디렉토리는 디렉토리 이름과 /를 사용하여 나타낼 수 있습니다.

1 ◆ fs 모듈을 사용하기 위한 선언입니다.

3 ◆ 디렉토리 이름과 경로를 지정하기 위한 설정입니다. ${__dirname}은 실행 환경 디렉토리의 절대경로를 받아오게 됩니다. 여기에서 __는 _(언더바) 2개가 붙어 있는 모양입니다. 본 소스파일이 들어 있는 디렉토리까지의 절대경로에 /img로 하위 디렉토리 이름을 설정하였습니다.

5~7 ◆ fs.existsSync(dirName) 함수는 dirName에서 지정한 디렉토리가 있는지 확인하는 함수입니다. 존재하지 않을 경우에만 fs.mkdirSync(dirName)를 실행시켜서 dirName대로 경로와 이름에 디렉토리를 생성합니다.

파일 리스트 출력하기

- **학습 내용** : 디렉토리 안에 있는 파일 리스트를 출력하는 법을 배워봅니다.
- **힌트 내용** : readdirSync(디렉토리명)

```
1 const testFolder = './';
2 const fs = require('fs');
3
4 const filenameList = fs.readdirSync(testFolder);
5
6 filenameList.forEach((fileName) => {
7   console.log(fileName);
8 });
```

결과

(본 소스를 실행한 디렉토리의 모든 파일 리스트가 출력됨)
121_read_api.js
122_sync_async.js
123_fs_write_file.js
124_fs_file_open_sync.js
125_fs_file_open_async.js
126_fs_file_modify.js
127_fs_append_file.js
128_fs_make_dir.js
129_print_file_list.js
… 생략 …

특정 디렉토리에 있는 파일명을 출력하는 예제입니다. 파일을 다루는 작업을 할 때 해당 디렉토리에 파일이 있는지, 작업한 파일이 잘 만들어 졌는지 등 디렉토리에 있는 파일들의 이름을 알고 싶을 때 사용합니다. readdirSync() 함수는 함수의 인자로 디렉토리의 경로를 받아 해당 경로에 있는 파일 리스트를 배열로 저장하는 함수입니다.

1 ◆ testFolder에 현재 디렉토리의 위치를 의미하는 ./를 상수로 초기화하였습니다.

4 ◆ readdirSync(testFolder) 함수를 통해 디렉토리 내의 파일 이름 리스트를 배열로 받아옵니다.

6~8 ◆ filenameList 배열의 각 원소값을 forEach를 사용하여 forEach 내부에 정의된 함수에 하나씩 넘기게 됩니다. forEach 내부에 정의된 함수는 받은 파일 이름을 console.log로 출력하는 함수입니다.

const data = fs.readdirSync(디렉토리 경로), console.log(data);를 사용하여 해당 디렉토리에 있는 파일 리스트를 data에 받아 직접 배열로 저장되는 모습을 확인해 볼 수 있습니다.

list를 json 형식으로 파일에 저장하기, JSON.stringify()

- **학습 내용 :** 데이터를 파일로 저장할 때 node.js에서 다루기 편한 json 형식으로 저장해 봅니다.
- **힌트 내용 :** JSON.stringify(json 형식 변수)

```
1  const fs = require('fs');
2
3  const userList = [
4    { name: 'kyeongrok', age: 31 },
5    { name: 'jihyun', age: 31 },
6  ];
7
8  fs.writeFile('./list.json', JSON.stringify(userList));
```

JSON.stringify()는 JSON 오브젝트를 JSON 문자열(String)로 변환 해줍니다.

위 소스코드에서는 일반적으로 쓰이는 오브젝트가 담긴 리스트를 JSON String 객체로 바꿔 현재 디렉토리에 파일로 저장합니다.

파일로 저장하기 위해 'fs' 모듈을 불러옵니다.   ◆ 1

userList 상수명에 객체 두 개를 담은 리스트로 초기화합니다.   ◆ 3~6

JSON.stringify(userList)로 3번 줄에서 선언했던 리스트를 JSON 문자열 표기법으로 변환합니다. 그리고 그 결과값을 fs.writeFile('./list.json', ~~~~)과 같이 list.json 파일로 저장합니다.   ◆ 8

파일을 json 형식으로 불러오기, JSON.parse()

- **학습 내용** : json 형식으로 저장된 파일을 읽어옵니다.
- **힌트 내용** : const json = JSON.parse(data.toString());

```javascript
1 const fs = require('fs');
2
3 fs.readFile('./list.json', (err, data) => {
4   if (err) throw err;
5   const json = JSON.parse(data.toString());
6   console.log('name:', json[0].name);
7   console.log('name:', json[1].name);
8 });
```

JSON.parse()는 JSON String 객체를 자바스크립트 오브젝트로 변환하는 기능을 가지고 있습니다. 즉, JSON.stringify()의 기능과 반대되는 역할을 한다고 볼 수 있습니다.

사용 방법은 다음과 같습니다.

```
JSON.parse(변환할 문자열)
```

위 소스코드에서는 현재 디렉토리에 저장된 JSON 형식의 파일을 읽어들여 JSON오브젝트로 변환한 후, 자바스크립트 오브젝트로 바꿔 출력합니다.

1 ◆ 파일을 읽어오기 위해 'fs' 모듈을 불러옵니다.

3~8 ◆ fs.readFile('./list.json',으로 'list.json' JSON 형식으로 저장된 파일을 읽어옵니다. 그리고 그 파일을 처리하는 화살표 함수를 정의하는 코드가 있습니다. err, data를 파라미터로 받아서 찾는 파일이 없는 것과 같은 에러가 생기면 if(err) throw err;로 에러를 처리합니다.

5 ◆ 파일에서 읽은 data를 문자열로 변환시키는 data.toString()를 수행한 후 변환된 문자열을 JSON.parse(data.toString())를 이용해 JSON 객체로 다시 변환합니다. 따라서 json 상수명은 JSON.parse(data.toString())에서 반환된 JSON 오브젝트로 초기화됩니다.

6~7 ◆ 콘솔로그를 통해 각 JSON 객체의 name 필드(프로퍼티)를 출력합니다.

파일 이름 바꾸기

- **학습 내용** : 파일 이름을 바꾸는 법을 알아봅니다.
- **힌트 내용** : fs.rename();을 이용합니다.

```
1 const fs = require('fs');
2
3 const renameFile = (fromFilePathName, toFilePathName) => {
4   fs.rename(fromFilePathName, toFilePathName, (err) => {
5     if (err) console.log(`ERROR: ${err}`);
6   });
7 };
8
9 const fromFilePathName = './hello.txt';
10 const toFilePathName = './bye.txt';
11
12 renameFile(fromFilePathName, toFilePathName);
```

여러 개의 파일 이름을 한 번에 바꾸고 싶을 때 다음과 같은 형태로 함수를 만든 후 반복문을 이용해 바꿔줄 수 있습니다.

한 개의 파일 이름을 변경하는 코드는 다음과 같습니다.

```
fs.rename(from_경로_파일명, to_경로_파일명, (err) => { 에러났을 때 수행할 코드 } );
```

파일을 다룰 때 사용하는 fs 모듈을 require()를 이용해 import합니다.　　　　　　　　◆ 1

renameFile이라는 이름으로 함수를 선언합니다. 함수의 내용은 fs.rename()을 파라미터로 받은　　◆ 3~7
두 개의 값 from 경로 파일명, to 경로 파일명으로 fs.rename()을 실행합니다. 파일 이름을 변경
하는 중에 에러가 나면 익명함수 (err) => {}가 에러를 출력해줍니다.

같은 디렉토리(./)에 있는 hello.txt를 bye.txt로 바꾸기 위해 각각 경로와 이름을 지정해줍니다.　◆ 9~10

위에서 선언한 renameFile 함수를 실행합니다.　　　　　　　　　　　　　　　　　　　◆ 12

활용

133

http 모듈

- **학습 내용 :** Node.js의 가장 기본적인 웹 모듈인 http 모듈에 대해 알아봅니다.
- **힌트 내용 :** HTTP 웹 서버와 클라이언트를 생성하는 것과 관련 기능을 담당합니다.

```javascript
1  // 웹 서버 생성과 실행
2  const http = require('http');
3
4  const server = http.createServer();
5
6  server.listen(50000, () => {
7     console.log('서버가 동작 중입니다, http://127.0.0.1:50000');
8  });
9
10 // 웹서버 종료
11 const testClose = function () {
12    server.close();
13    console.log('서버가 종료되었습니다, http://127.0.0.1:50000');
14 };
15
16 // 강제 서버 종료
17 setTimeout(testClose, 5000);
```

결과

```
서버가 동작 중입니다, http://127.0.0.1:50000
서버가 종료되었습니다, http://127.0.0.1:50000
```

http 모듈은 웹 개발에 있어 가장 중요한 모듈 중 하나입니다. Node.js로 웹 서버를 만들때 http 모듈을 사용합니다.

> **N O T E**
>
> **server 객체**
>
> – http 모듈에서 가장 중요한 객체로 createSever() 메소드를 통해 객체 생성
>
> – 주요 메소드
> - **listen()** : 서버 실행
> - **close()** : 서버 종료

위 예제는 서버를 실행한 뒤 5초 뒤 서버를 강제 종료하는 예제 입니다. 다음 장에서는 server(서버) 객체의 이벤트에 대해 알아보겠습니다.

- **학습 내용 :** sever 객체의 이벤트에 대해 알아봅니다.
- **힌트 내용 :** sever 객체는 이벤트를 연결할 수 있습니다.

```javascript
1  // 웹 서버 생성과 실행
2  const http = require('http');
3
4  const server = http.createServer();
5
6  // 이벤트 연결
7  server.on('request', () => {
8    console.log('Request');
9  });
10
11 server.on('connection', () => {
12   console.log('Connection');
13 });
14
15 server.on('close', () => {
16   console.log('Close');
17 });
18
19 server.listen(50000, () => {
20   console.log('서버가 동작 중입니다. http://127.0.0.1:50000');
21 });
22
23 // 웹서버 종료
24 const testClose = function () {
25   server.close();
26   console.log('서버가 종료되었습니다. http://127.0.0.1:50000');
27 };
28
29 // 강제 서버 종료
30 setTimeout(testClose, 10000);
```

결과

```
서버가 동작 중입니다, http://127.0.0.1:50000
Connection
Connection
Request
서버가 종료되었습니다, http://127.0.0.1:50000
```

http 모듈 server 객체의 이벤트에 대해 알아보겠습니다. 이벤트의 가장 전형적인 예제는 버튼 클릭입니다. 사용자가 버튼을 클릭하는 것을 '클릭' 이벤트라고 합니다. event의 사전 정의처럼 어떤 일이 일어나는 것입니다. 요청을 받거나 프로그램이 시작하는 것도 이벤트라고 할 수 있습니다.

주요 이벤트

- **request** : 클라이언트가 요청할 때 발생하는 이벤트
- **connection** : 클라이언트가 접속할 때 발생하는 이벤트
- **close** : 서버가 종료될 때 발생하는 이벤트
- **clientError** : 클라이언트에서 오류가 날 때 발생하는 이벤트
- **checkContinue** : 클라이언트가 지속적인 연결을 하고 있을 때 발생하는 이벤트

on() 메소드를 활용하여 server 객체에 주요 이벤트를 다음과 같이 연결합니다.

```
// 이벤트 연결
server.on('request', () => {
  console.log('Request');
});
```

해당 코드를 실행한 뒤 강제로 서버가 종료되기 전에 http://127.0.0.1:50000에 접속합니다. 해당 페이지에서는 아무런 결과 값이 뜨지 않는 것을 확인할 수 있습니다. 하지만 console 창에서 확인해 보면 request, connection이 출력되는 것을 확인할 수 있습니다.

서버가 종료된 이후 다시 한 번 해당 URL로 접근을 시도하면 Close가 출력됨을 확인할 수 있습니다.

http 모듈 – response 객체

- **학습 내용 :** response 객체에 대해 알아봅니다.
- **힌트 내용 :** 클라이언트에 웹 페이지를 제공하기 위해 response 객체를 사용합니다.

```
1 require('http').createServer((request, response) => {
2   response.writeHead(200, { 'Content-Type': 'text/html' });
3   response.end('Hello World!');
4 }).listen(50000, () => {
5   console.log('서버가 동작 중입니다, http://127.0.0.1:50000');
6 });
```

결과

[웹 페이지]

← → C ⌂	ⓘ 127.0.0.1:50000
Hello World!	

[콘솔]
서버가 동작 중입니다, http://127.0.0.1:50000

response 객체는 사용자의 요청(request)에 대해 응답(response)을 줄 때 사용합니다. 이전 예제에서는 http://127.0.0.1:50000에 접속했을 때 해당 페이지에서는 아무런 결과 값이 뜨지 않는 것을 확인할 수 있었습니다. response 객체를 이용해 사용자에게 응답을 주지 않으면 사용자는 http://127.0.0.1:50000에 접속했을 때 아무런 결과 값이 나오지 않습니다. 따라서 사용자 요청에 응답하기 위해 response 객체를 사용해야 합니다.

주요 메소드

- **writeHead()** : 응답 헤더 작성
- **end()** : 응답 본문 작성

writeHead(), end() 메소드를 사용해 응답 메시지를 작성하고 웹 페이지에 결과 값을 제공해 보겠습니다. 해당 코드를 실행하고 http://127.0.0.1:50000에 접속합니다. 웹 페이지에 'Hello World'가 출력되는 것을 확인할 수 있습니다. 그리고 콘솔에는 '서버가 동작중입니다, http://127.0.0.1:50000' 이라는 메시지가 나옵니다.

활용

136

http 모듈 –
response 객체, fs 모듈 활용 ①

- **학습 내용** : fs 모듈을 활용하여 HTML 페이지를 제공합니다.
- **힌트 내용** : http 모듈, fs 모듈, html 파일 등을 제공할 수 있습니다.

📁 136.example.html

```html
1  <!DOCTYPE html>
2  <html lang="en">
3  <head>
4      <meta charset="UTF-8">
5      <title>HTML example page</title>
6  </head>
7  <body>
8  <h1>Node.js</h1>
9  <h2>Node.js 정의</h2>
10 <p>-Node.js는 확장성 있는 네트워크 애플리케이션(특히 서버 사이드) 개발에 사용되는
11 소프트웨어 플랫폼이다.작성 언어로 자바스크립트를 활용하며 Non-blocking I/O와
12 단일 스레드 이벤트 루프를 통한 높은 처리 성능을 가지고 있다.
13 내장 HTTP 서버 라이브러리를 포함하고 있어 웹 서버에서 아파치 등의 별도의 소프트웨어
14 없이 동작하는 것이 가능하며 이를 통해 웹 서버의 동작에 있어 더 많은
15 통제를 가능케 한다.(출처: 위키피디아, https://ko.wikipedia.org/wiki/Node.js)
16 </p>
17 </body>
18 </html>
```

```javascript
1  const fs = require('fs');
2  const http = require('http');
3
4  http.createServer((request, response) => {
5    fs.readFile('./136_example.html', (error, data) => {
6      response.writeHead(200, { 'Content-Type': 'text/html' });
```

```
 7        response.end(data);
 8    });
 9 }).listen(50000, () => {
10    console.log('서버가 동작 중입니다, http://127.0.0.1:50000');
11 });
```

결과

[웹 페이지]

```
← → C ⌂ ① 127.0.0.1:50000
```

Node.js

Node.js 정의

-Node.js는 확장성 있는 네트워크 애플리케이션(특히 서버 사이드) 개발에 사용되는 소프트웨어 플랫폼이다. 작성 언어로 자바스크립트를 활용하며 Non-blocking I/O와 단일 스
레드 이벤트 루프를 통한 높은 처리 성능을 가지고 있다. 내장 HTTP 서버 라이브러리를 포함하고 있어 웹 서버에서 아파치 등의 별도의 소프트웨어 없이 동작하는 것이 가능하
며 이를 통해 웹 서버의 동작에 있어 더 많은 통제를 가능케 한다.(출처: 위키피디아, https://ko.wikipedia.org/wiki/Node.js)

[콘솔]
서버가 동작 중입니다, http://127.0.0.1:50000

fs 모듈을 이용해 서버에 있는 디스크에서 html 페이지를 읽어와 사용자에게 제공할 수 있습니다.

request 이벤트 발생 시 readFile() 메소드를 사용해 html 페이지를 제공해 보겠습니다. 우선 사전에 readFile() 메소드를 사용해 불러올 html 페이지(136_example.html)를 작성합니다.

이제 해당 html을 불러와 웹 페이지에 제공해 보겠습니다. 해당 소스를 실행시킨 후 웹 브라우저를 열고 http:// 127.0.0.1:50000 요청을 보내면 136_example.html의 내용을 볼 수 있습니다.

◆ 5~7

http 모듈 –
response 객체, fs 모듈 활용 ②

- **학습 내용** : fs 모듈을 활용하여 음악 파일, 이미지 파일을 제공합니다.
- **힌트 내용** : http 모듈, fs 모듈, 이미지 파일(jpg), 음악 파일(mp3) 활용

```javascript
1  const fs = require('fs');
2  const http = require('http');
3
4  http.createServer((request, response) => {
5    fs.readFile('./newyork.jpg', (error, data) => {
6      response.writeHead(200, { 'Content-Type': 'image/jpeg' });
7      response.end(data);
8    });
9  }).listen(50001, () => {
10   console.log('서버가 동작 중입니다, http://127.0.0.1:50001');
11 });
12
13 http.createServer((request, response) => {
14   fs.readFile('./Cullah_DaftPunk.mp3', (error, data) => {
15     response.writeHead(200, { 'Content-Type': 'audio/mp3' });
16     response.end(data);
17   });
18 }).listen(50002, () => {
19   console.log('서버가 동작 중입니다, http://127.0.0.1:50002');
20 });
```

결과

[웹 페이지]

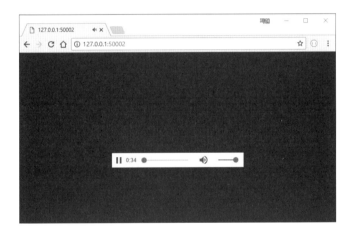

[콘솔]
```
서버가 동작 중입니다, http://127.0.0.1:50001
서버가 동작 중입니다, http://127.0.0.1:50002
```

http 모듈을 이용해 만든 서버 프로그램에 사용자가 요청을 보내면 .html로 되어 있는 페이지뿐만 아니라 음악 파일과 이미지 파일도 사용자에게 제공할 수 있습니다. 이번 예제에서는 .createServer()를 두 번 사용해 서버 2개를 생성합니다. 50001 포트는 이미지 파일, 50002 포트는 음악 파일을 클라이언트에 제공합니다.

이미지 파일은 Content-Type 속성에 image/jpeg, 동영상 파일은 Content-Type 속성에 audio/mp3를 입력하는 것을 볼 수 있습니다. 특정 형식의 파일을 제공할 때 응답 헤더의 Content-Type 속성을 사용합니다. 이렇게 Content-Type 속성을 사용하면 여러 가지 타입의 데이터를 제공할 수 있습니다. 다음은 자주 사용되는 MIME 형식에서 정의한 문서입니다.

타입	일반적인 서브타입 예시	설명
text	text/plain, text/html, text/css, text/javascript	텍스트를 포함하는 모든 문서를 나타내며 이론상으로는 인간이 읽을 수 있어야 합니다.
image	image/gif, image/png, image/jpeg, image/bmp, image/webp	모든 종류의 이미지를 나타냅니다. (animated gif처럼) 애니메이션되는 이미지가 이미지 타입에 포함되긴 하지만, 비디오는 포함되지 않습니다.
audio	audio/midi, audio/mpeg, audio/webm, audio/ogg, audio/wav	모든 종류의 오디오 파일을 나타냅니다.
video	video/webm, video/ogg	모든 종류의 비디오 파일을 나타냅니다.

더 많은 MIME 형식은 인터넷에서 MIME TYPE을 입력하면 쉽게 찾을 수 있습니다.

위 소스를 실행시킨 후 http://127.0.0.1:50001, http://127.0.0.1:50002에 각각 접속합니다.

- **학습 내용** : server 객체의 request 객체에 대해 알아보겠습니다.
- **힌트 내용** : request 객체의 url 속성을 활용하여 페이지를 구분합니다.

📁 138_index.html

```
1  <!DOCTYPE html>
2  <html lang="en">
3  <head>
4      <meta charset="UTF-8">
5      <title>Title</title>
6  </head>
7  <body>
8  <h1>Node.js Index page 입니다.</h1>
9  <h2>메인 페이지 입니다.</h2>
10 </body>
11 </html>
```

```
1  const fs = require('fs');
2  const http = require('http');
3  const url = require('url');
4
5  http.createServer((request, response) => {
6    let pathname = url.parse(request.url);
7    pathname = url.parse(request.url).pathname;
8
9    if (pathname === '/') {
10     fs.readFile('./138_index.html', (error, data) => {
11       response.writeHead(200, { 'Content-Type': 'text/html' });
12       response.end(data);
13       console.log(url.parse(request.url));
```

```
14      });
15    } else if (pathname === '/example') {
16      fs.readFile('./136_example.html', (error, data) => {
17        response.writeHead(200, { 'Content-Type': 'text/html' });
18        response.end(data);
19        console.log(url.parse(request.url));
20      });
21    }
22  }).listen(50000, () => {
23    console.log('서버가 동작 중입니다, http://127.0.0.1:50000');
24  });
```

결과

[웹 페이지]
http://127.0.0.1:50000

http://127.0.0.1:50000/example

[콘솔]
```
서버가 동작 중입니다, http://127.0.0.1:50000
Url {
  protocol: null,
  slashes: null,
~~ 중략 ~~
```

request 객체는 사용자가 서버에 보낸 요청에 관한 정보들이 들어 있습니다. request 객체에 들어 있는 사용자의 요청에 대한 세부 사항을 이용해 사용자에게 어떤 정보를 요청했는지 판단해서 필요한 정보를 제공할 수 있습니다.

request 객체로 처리할 수 있는 여러 가지 기능 중 url 속성을 활용한 페이지 구분에 대해 알아보겠습니다. 앞서 배운 fs 모듈을 활용한 방식에다가 url 정보만 확인하여 구별된 페이지를 제공합니다.

request 객체를 통해 요청 방식(GET, POST) 확인 및 페이지를 적절하게 구분하여 제공할 수 있습니다. 그리고 request 이벤트가 발생할 때 이벤트 리스너의 첫 번째 매개변수에는 request 객체가 들어갑니다. request 객체의 주요 속성은 다음과 같습니다.

request 객체의 속성

- **url** : 요청한 URL 정보
- **headers** : 요청 메시지 헤더 정보
- **method** : 클라이언트의 요청 방식
- **httpVersion** : HTTP 프로토콜의 버전

우선 신규로 138_index.html 파일을 작성합니다. 그리고 node.js 소스를 실행시켜 http://127.0.0.1:50000에 접속하면 138_index.html 페이지가 출력됩니다.

기존에 작성했던 136_example.html 파일을 활용해 다른 경로로 접속해 보겠습니다.

http://127.0.0.1:50000/example에 접속하면 136_example.html 페이지가 출력되는 것을 확인할 수 있습니다. 또한 각각의 주소에 접속한 후 콘솔 창을 보면 filepath를 볼 수 있습니다.

http 모듈 – request 객체, method 속성 GET

- **학습 내용 :** server 객체의 method 속성에 대해 알아보겠습니다.
- **힌트 내용 :** GET 요청 매개변수

```javascript
1  const http = require('http');
2  const url = require('url');
3
4  http.createServer((request, response) => {
5    const get = url.parse(request.url, true).query;
6
7    if (request.method === 'GET') {
8      response.writeHead(200, { 'Context-Type': 'text/html' });
9      response.end(`<h1>${JSON.stringify(get)}</h1>`);
10     console.log(`${request.method}방식의 요청입니다`);
11   } else if (request.method === 'POST') {
12     console.log(`${request.method}방식의 요청입니다`);
13   }
14 }).listen(50000, () => {
15   console.log('서버가 동작 중입니다, http://127.0.0.1:50000');
16 });
```

결과

[웹 페이지]
http://127.0.0.1:50000

```
http://127.0.0.1:50000?soju=grilledpork&beer=chicken
```

← → C ⌂ ⓘ 127.0.0.1:50000/?soju=grilledpork&beer=chicken

{"soju":"grilledpork","beer":"chicken"}

[콘솔]
GET 방식의 요청입니다

웹은 http라는 프로토콜을 이용해서 통신합니다. http 프로토콜에서 메시지를 요청하는 방법 (method)은 여러 가지가 있지만 가장 많이 사용하는 것이 GET과 POST입니다.

GET과 POST 요청의 가장 큰 차이점은 GET은 그냥 요청하고 POST는 내용을 넣어서 요청합니다. GET은 네이버에서 키워드를 입력해 검색하는 것이고, POST는 회원가입을 할 때 id, 인적사항 등을 함께 보낼때 사용하는 방식입니다.

서버에서 사용자의 요청을 처리할 때 이 둘을 구분해서 처리해야 하는 경우가 많습니다.

method 속성을 사용하여 GET 요청인지 POST 요청인지를 구분해보고 , 더 나아가 사용자가 요청을 할 때 보낸 값들(예를 들어, 검색어)인 매개변수를 추출해 보겠습니다.

보통 GET 요청인지 POST 요청인지를 구분하기 위해서는 request 객체의 method 속성을 사용하여 쉽게 요청 방식을 구분할 수 있습니다. 소스 코드를 실행시킨 후 http://127.0.0.1:50000에 접속합니다.

매개변수를 입력하지 않았기 때문에 웹페이지 상에는 {} 결과 값이 뜨지만 콘솔창에는 'GET 방식의 요청입니다'라고 출력됩니다. request.method를 통해 쉽게 구분할 수 있는 것을 알 수 있습니다.

이제 GET 방식으로 매개변수를 요청하고 요청된 매개변수를 처리해 보겠습니다. http://127.0.0.1:50000?soju=grilledpork&beer=chicken에 접속하면 다음과 같이 GET 방식의 매개변수가 JSON 방식으로 출력되는 것을 확인할 수 있습니다.

http 모듈 – request 객체, method 속성 POST

- **학습 내용 :** server 객체의 method 속성에 대해 알아보겠습니다.
- **힌트 내용 :** POST 요청 매개변수

📁 140_example_2.html

```
1  <!DOCTYPE html>
2  <html lang="en">
3  <head>
4      <meta charset="UTF-8">
5  </head>
6  <body>
7  <h1>Example for POST</h1>
8  <form method = "post">
9      <table>
10         <tr>
11             <td>Soju</td>
12             <td><input type = "text" name = "beverage_1"/></td>
13         </tr>
14             <td>Beer</td>
15             <td><input type = "text" name = "beverage_2"/></td>
16     </table>
17     <input type = "submit" />
18 </form>
19 </body>
20 </html>
```

```
1  const http = require('http');
2  const fs = require('fs');
3
4  http.createServer((request, response) => {
5
6    if (request.method === 'GET') {
7      fs.readFile('./140_example_2.html', (error, data) => {
8        response.writeHead(200, { 'Content-Type': 'text/html' });
9        response.end(data);
10       console.log(`${request.method}방식의 요청입니다`);
11     });
12   } else if (request.method === 'POST') {
13     request.on('data', (data) => {
14       response.writeHead(200, { 'Content-Type': 'text/html' });
15       response.end(data);
16       console.log(`${request.method}방식의 요청입니다`);
17     });
18   }
19 }).listen(50000, () => {
20   console.log('서버가 동작 중입니다, http://127.0.0.1:50000');
21 });
```

결과

[웹 페이지]
http://127.0.0.1:50000

사용자가 회원가입이나 로그인 등을 할 때는 POST 요청을 이용해 여러 개의 값을 숨겨서 보냅니다. 이번 장에서는 사용자가 보낸 POST 요청을 받고 함께 보낸 값들(매개변수)을 추출해 보겠습니다.

POST 요청 후 매개변수까지 추출해 보겠습니다. 웹 페이지 상에서 입력창에 정보를 기입한 후 전송할 때 GET 방식이나 POST 방식을 사용하게 됩니다. GET 방식은 form 태그에서 method = 'get' 이라고 넣어 주고, POST 방식은 method = 'post' 라고 입력합니다.

GET 방식은 속도가 빠르다는 장점이 있는 반면 정보를 url에 붙여 서버로 전달하기 때문에 입력한 정보가 노출된다는 점에서 보안이 POST 방식에 비해 취약합니다. 반면 POST 방식은 입력한 정보를 본문 안에 포함하여 서버에 전달하기 때문에 url 상에 노출되지 않아 보안이 GET 방식보다 우수합니다. 그리고 데이터 양이 많고 복잡한 자료를 전송할 때 유리합니다.

request 이벤트 발생 후 data 이벤트로 데이터가 전달됩니다. 우선 POST 요청할 때 사용할 HTML 파일을 작성합니다. Form method 속성을 post로 다음과 같이 지정했습니다.

```
<form method = "post">
```

POST 요청 매개변수를 추출해 보겠습니다. 140_http_requestMethodPost.js 소스를 실행시킨 후 http://127.0.0.1:50000에 접속합니다. GET 방식으로 example_2.html 파일을 읽습니다. 그리고 input 필드에 문자열을 입력하고 [제출] 버튼을 누릅니다.

결과값에 웹 페이지에 입력된 문자열이 쿼리 문자열 형태로 표시됩니다. 또한 Console 창에 'POST 방식의 요청입니다'가 입력됩니다.

쿠키(Cookie) 생성

- **학습 내용** : 쿠키생성 및 확인하는 방법을 알아보겠습니다.
- **힌트 내용** : 쿠키는 키와 값이 들어 있는 데이터로 이름, 값, 파기 날짜와 경로 정보가 있습니다.

```
1  const http = require('http');
2
3  http.createServer((request, response) => {
4      // cookie
5      response.writeHead(200, {
6          'Content-Type': 'text/html',
7          'Set-Cookie': ['soju = grilledPork', 'beer = chicken'],
8      });
9
10     // cookie output
11     response.end(`<h1>${request.headers.cookie}</h1>`);
12  }).listen(50000, () => {
13     console.log('서버가 동작 중입니다, http://127.0.0.1:50000');
14  });
```

쿠키(cookie)란 인터넷 사용자가 어떠한 웹 사이트를 방문할 경우 그 사이트가 사용하고 있는 서버를 통해 인터넷 사용자의 컴퓨터에 설치되는 작은 기록 정보 파일을 의미합니다(출처 : 위키백과, https://ko.wikipedia.org/wiki/HTTP_ %EC%BF%A0%ED%82%A4).

쿠키는 서버와 클라이언트에서 모두 저장하고 사용 가능하며, 일정 기간 동안 데이터를 저장할 수 있기 때문에 로그인 상태를 일정 시간 유지해야 하는 웹 사이트에서 사용합니다. 그리고 이 기록 파일에 담긴 정보는 인터넷 사용자가 같은 웹사이트를 방문할 때마다 읽히고 수시로 새로운 정보로 바뀝니다.

response 객체를 사용해서 클라이언트에 쿠키를 할당하며 Set-Cookie 속성을 사용합니다. 소스를 실행시킨 후 http://127.0.0.1:50000에 접속합니다.

최초 요청 시 클라이언트가 쿠키값을 가지고 있지 않기 때문에 undefined라는 결과값을 출력합니다.

하지만 두 번째 요청 시 다음과 같이 쿠키 값이 나오게 됩니다.

또한 해당 쿠키 값은 크롬 브라우저인 경우 F12(개발자 도구) 〉 Application 〉 Storage 〉 Cookies를 통해 확인할 수 있습니다.

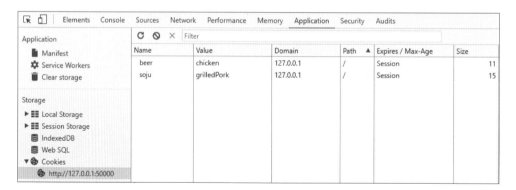

쿠키(Cookie) 추출

- **학습 내용** : 쿠키를 추출하는 방법을 알아보겠습니다.
- **힌트 내용** : request 객체의 header 속성 활용

```javascript
1  const http = require('http');
2
3  http.createServer((request, response) => {
4    // GET cookie
5    if (request.headers.cookie) {
6      const cookie = request.headers.cookie.split(';').map((element) => {
7        element = element.split('=');
8        return {
9          name: element[0],
10         value: element[1],
11       };
12     });
13     response.end(`<h1>${JSON.stringify(cookie)}</h1>`);
14   } else {
15     // SET cookie
16     response.writeHead(200, {
17       'Content-Type': 'text/html',
18       'Set-Cookie': ['soju = grilledPork', 'beer = chicken'],
19     });
20     // cookie output
21     response.end(`<h1>${'쿠키 생성함'}</h1>`);
22   }
23 }).listen(50000, () => {
24   console.log('서버가 동작 중입니다, http://127.0.0.1:50000');
25 });
```

request 객체의 header 속성을 활용하여 앞에서 배운 저장된 쿠키를 추출해 보겠습니다. Header 속성에 있는 cookie 속성은 문자열이기 때문에 분해해 배열로 생성 후 처리하겠습니다.

해당 소스코드를 실행시킨 뒤 http://127.0.0.1:50000에 접속합니다.

구글 크롬의 개발자 도구를 이용하면 다음의 그림처럼 분해된 쿠키를 확인할 수 있습니다.

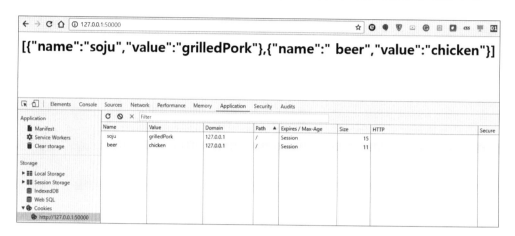

내용이 이해하기 어렵더라도 괜찮습니다. 이런 방식으로 쿠키를 추출할 수 있구나 정도만 이해하면 됩니다. 이후에 배우는 express 모듈에서는 알아서 처리해 주기 때문입니다.

Node.js 프로젝트 만들기(build하기)

- **학습 내용 :** Node.js 프로젝트 만드는 법을 배웁니다.
- **힌트 내용 :** 폴더를 하나 만들어 주면 됩니다.

'프로젝트(Project)'라는 말이 있습니다. 졸업 프로젝트, 리빌딩 프로젝트, 고도화 프로젝트, 신규 프로젝트 등 광범위하게 많이 쓰는 말입니다. Node.js에서의 프로젝트는 폴더 하나 또는 디렉토리 하나입니다. Node.js를 개발할 때는 이 프로젝트 단위로 개발합니다.

프로젝트를 만드는 방법은 아주 간단합니다. 원하는 위치에 디렉토리를 하나 만들면 됩니다. 예를 들어, c:₩projects₩라는 디렉토리에 node_example_200 이름으로 프로젝트들 만들고 싶다면 c:₩projects₩에 node_example_200이라는 디렉토리를 생성하면 됩니다.

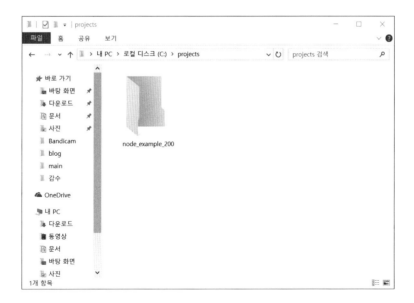

node_example_200이라는 프로젝트가 만들어졌습니다. 하지만 Node.js 프로젝트는 여기에서 끝이 아닙니다. 뒤에 나오는 npm init이라는 명령어를 node_example_200 디렉토리 안에서 실행하고 package.json이라는 파일을 생성해 주어야 Node.js 프로젝트가 만들어 집니다.

package.json을 만드는 명령인 npm init에 대해서는 다음 장에서 설명합니다.

프로젝트 초기화 하기 – npm init

- **학습 내용** : npm init을 하는 방법에 대해 배웁니다.
- **힌트 내용** : npm init을 하면 package.json이 생깁니다.

node.js로 프로젝트를 만들려면 npm init을 실행해서 package.json을 만들어 주어야 합니다. package.json은 프로젝트 정보 이름, 버전, 설명, git 주소 등과 사용하는 모듈 등의 내용이 기록되는 파일입니다.

npm이란, node package manager의 약자로 node.js의 라이브러리를 관리해 주는 프로그램입니다. node.js를 설치하면 자동으로 설치됩니다.

npm init을 실행해서 package.json을 만들어 보겠습니다.

'실행'에서 cmd를 입력해 커맨드를 엽니다. 그러면 다음과 같은 cmd 화면이 실행됩니다.

처음 실행하면 검은색으로 실행되며 배경색과 글자색은 사용자가 바꾸어 줄 수 있습니다.

```
cd \
mkdir practice
cd practice
mkdir nodejs_practice_01
cd nodejs_practice_01
npm init
```

위 명령어로 루트(윈도우는 C:₩)에 practice라는 디렉토리를 만들고, 그 안에 nodejs_practice_01이라는 프로젝트 디렉토리를 만든 후 package.json을 생성할 수 있습니다.

npm init을 실행하면 다음과 같은 메시지가 나옵니다.

```
This utility will walk you through creating a package.json file.
It only covers the most common items, and tries to guess sensible defaults.

See `npm help json` for definitive documentation on these fields
and exactly what they do.

Use `npm install <pkg> --save` afterwards to install a package and
save it as a dependency in the package.json file.

Press ^C at any time to quit.
name: (nodejs_practice_01)
```

name을 무엇으로 정할지 물어봅니다. 지금 정해주어도 되지만 나중에 수정할 수 있으므로 엔터를 누르면 됩니다.

다음과 같이 name, version, description, entry point, test command, git repository, keywords, author, license 등을 어떤 것으로 지정할지 물어봅니다.

```
name: (nodejs_practice_01)
version: (1.0.0)
description:
entry point: (index.js)
test command:
git repository:
keywords:
author:
license: (ISC)
About to write to C:\practice\nodejs_practice_01\package.json:
```

적절한 내용을 입력해도 되지만 나중에 수정할 수도 있으므로 엔터를 계속 누르면 됩니다.

```
{
  "name": "nodejs_practice_01",
  "version": "1.0.0",
  "description": "",
  "main": "index.js",
  "scripts": {
    "test": "echo \"Error: no test specified\" && exit 1"
  },
  "author": "",
  "license": "ISC"
}

Is this ok? (yes)
```

만들어질 package.json의 내용을 미리 보여줍니다. 맨 아래줄 Is this ok?에서 엔터를 누르면 package.json이 만들어 집니다. package.json은 설정, 라이브러리, 실행 스크립트 등 프로젝트에 필요한 내용들이 들어갑니다.

패키지 설치 – npm install

- **학습 내용** : npm으로 패키지를 설치하는 방법을 알아보겠습니다.
- **힌트 내용** : npm install request —save

node.js의 가장 큰 장점은 npm을 이용해 라이브러리를 쉽게 관리(설치)할 수 있다는 것입니다. npm은 Node Package Manager의 약자이고 node.js를 설치하면 자동으로 설치됩니다.

프로그래밍을 하다보면 자주 반복되는 패턴이 있고 자주 쓰는 기능들이 있습니다. 과거 그리고 지금도 마찬가지로 framework(프레임워크)라고 자주 쓰는 코드들을 모아놓은 코드가 오픈 소스 형태로 많이 존재하고 실제로 많이 사용됩니다.

프레임워크가 자주 사용하는 코드들을 모아놓은 것이라면 npm 라이브러리, 패키지 등은 직접 구현해 놓은 형태라고 볼 수 있습니다. 그래서 이런 코드들을 구조적으로 잘 연결해 주면 하나의 애플리케이션을 비교적 빨리 만들어 낼 수 있습니다.

사용 방법은 npm install 패키지명 --save입니다. 예를 들어, request 모듈을 설치하고 싶다면 다음과 같이 하면 됩니다.

```
npm install request --save
```

또한 뒤에 나올 express 모듈을 설치하고 싶다면 npm install express --save 명령어를 이용해 한 줄로 해당 패키지의 다운로드, 설치, package.json에 등록까지 해줍니다.

--save 옵션을 사용하지 않으면 package.json에 등록이 되지 않기 때문에 git 등을 이용해 공동 작업을 하거나 소스코드를 다른 곳에서 개발해야 할 때 불편합니다. 그렇기 때문에 가급적이면 처음에는 --save 옵션을 사용해 설치하는 것을 권장합니다.

패키지 지우기 – npm uninstall

설치했던 특정 모듈을 삭제할 수 있는 npm uninstall 명령입니다. 본 명령을 통해 제거 대상 패키지를 일일이 제거할 필요 없이 손쉽게 완전히 삭제할 수 있습니다.

```
npm uninstall [PACKAGE_NAME]
ex) npm uninstall request
```

npm install에서 사용했던 것처럼 --save 옵션을 함께 사용하여 package.json에 작성된 의존성을 제거할 수 있습니다.

package.json을 보면 dependencies 항목과 devDependencies 항목이 있습니다. --save 하위 옵션으로 --save-dev 옵션이 있습니다. 이 옵션은 --save와 마찬가지로 만약 install 시 사용할 경우 package.json에 의존성을 명시하지만, devDependencies 항목에 패키지의 이름과 버전을 명시한다는 점이 다릅니다.

특히 유닛 테스트용 패키지나, 프로젝트를 개발할 때만 필요한 패키지를 명시하는 경우 사용됩니다. 따라서 삭제할 때 --save-dev 옵션을 주어 devDependencies 항목에 명시된 패키지 리스트를 삭제하는 것도 가능합니다.

필요한 module 설치하기

- **학습 내용** : 웹 내용을 크롤링하고 활용하기 위한 모듈을 설치하는 방법을 알아보겠습니다.
- **힌트 내용** : npm install reqeust / cheerio / iconv-lite

npm 사용 방법인 npm install 패키지명 --save을 그대로 사용하면 됩니다. --save 옵션을 사용하지 않아도 상관없으나, 사용할 경우 package.json에 해당되는 의존성을 자동으로 등록하여 만약 공동으로 작업하는 경우 환경 구축에 큰 도움을 줄 수 있습니다.

예제에서 사용할 모듈을 설치해 보겠습니다.

request 설치하기

```
npm install request --save
```

서버에 요청을 보낼 때 request 모듈을 이용하는 경우가 많습니다. 자세한 내용은 바로 뒤 예제에서 다룹니다.

cheerio 설치하기

```
npm install cheerio --save
```

cheerio는 jQuery 기반 문법을 지원합니다. 웹 페이지에서 받아온 내용에서 원하는 데이터를 추출하기 위해 사용할 수 있는 find() 등 다양한 메소드를 제공합니다.

iconv-lite 설치하기

```
npm install iconv-lite --save
```

iconv 모듈(node-iconv)은 다양한 인코딩을 제공하는 반면 네이티브 코드 컴파일이 필요한 반면, iconv-lite는 그러한 컴파일 과정이 필요 없는 순수한 자바스크립트입니다. 또한 보다 사용이 쉽고 매우 빠르므로 이 책에서는 iconv-lite 모듈을 활용합니다.

request로 구글 크롤링하기

- **학습 내용 :** http 요청(request)을 보내 응답(response)를 받아보겠습니다.
- **힌트 내용 :** request({옵션들})를 이용해 웹에서 데이터를 받을 수 있습니다.

```
1 const request = require('request');
2
3 request({
4   url: 'https://www.google.com/',
5   method: 'GET',
6 }, (error, response, body) => console.log(body));
```

결과

```
<!doctype html><html itemscope="" itemtype="http://schema.org/WebPage"
lang="ko"><head><meta content="text/html; charset=UTF-8" http-equiv="Content-
Type"><meta
------ 중략 -------
◆.◆","srch":"Google ◆.◆"},"nds":true,"ovr":{},"pq":"","refpd":true,"refspr
e":true,"rfs":[],"sbpl":24,"sbpr":24,"scd":10,"sce":5,"stok":"Yo2vmVBzLXRVenk
nXcl9D7sQUXo"},"d":{},"aWiv7g":{},"YFCs/g":{}};google.x(null,function()
{});(function(){var ctx=[]
;google.jsc && google.jsc.x(ctx);})();</script></div></body></html>
```

크롤링이란 프로그램이 웹 사이트를 정기적으로 돌며 정보를 추출하는 기술을 말합니다. 웹에서 데이터를 받아오려면 request module을 사용하는 것이 좋습니다.

사용 방법은 다음과 같습니다

```
request(옵션, 호출한_후_실행할 함수);
```

'옵션'에는 주소(URL), 메소드(GET/POST) 등 http 요청(request)을 보낼 때 필요한 값을 넣습니다. 꼭 필요한 값은 주소(URL)입니다. '호출한_후_실행할 함수'에는 파라미터가 3개인 함수가 들어갑니다. (a, b, c) =〉 {} 이런 형태로 넘겨줘도 됩니다. 파라미터는 앞에부터 차례대로 에러(error), 응답메시지(response), 내용(body) 이렇게 3가지 값이 들어옵니다. 주로 사용하는 값은 내용(body)입니다.

http 호출(request)을 하면 html 형태로 되어 있는 텍스트가 그대로 내려오기 때문에 결과에는 우리가 필요한 정보뿐만 아니라 html을 구성하는 html 태그들이 같이 내려옵니다.

require()를 이용하여 앞에서 설치한 request 모듈을 불러옵니다. 아직 설치를 하지 않았으면   ◆ 1
npm install request --save 명령을 이용해 설치할 수 있습니다.

request({}, ( )=〉{ }) 함수는 두개의 파라미터를 받습니다. 예제에는 여러 줄에 나누어 써 놓았   ◆ 3~6
지만 기본적으로 중괄호로 {} 깜싼 한 개의 옵션 오브젝트(Object)와 한 개의 함수 이렇게 두 가지가 들어갑니다. 예제에서는 옵션에 대상 url로 구글의 주소인 www.google.com을 넣었습니다.

6번 줄에 들어간 () => { } 함수에서 요청(request)에 대한 응답(respone) 처리를 합니다. 보통은 내용에 해당하는 body를 처리합니다. 예제는 body를 콘솔에 출력하는 예제로 되어 있습니다.

request로 파라미터 추가해 호출하기

- **학습 내용** : http 요청을 할 때 파라미터와 함께 요청하는 방법을 알아봅니다.
- **힌트 내용** : qs:{옵션 이름:옵션 값}을 사용합니다.

```js
1 const request = require('request');
2
3 request({
4   url: 'https://www.google.com/search',
5   method: 'GET',
6   qs: { q: '신사역 맛집' },
7 }, (error, response, body) => console.log(body));
```

결과

<!doctype html><html itemscope="" itemtype="http://schema.org/
SearchResultsPage" lang="ko"><head><meta content="text/html; charset=UTF-8"
http-equiv="Content-Type"><meta
-------- 중략 --------
 equiv="refresh"><style>table,div,span,p{display:none}</style><div
style="display:block">�� �� �ş�
�¸��� �����","dym":"�¸��� ã���_���?","lcky":"I��m Feeling
Lucky","lml":"����� �¸3���","oskt":"��� ����","psrc":"�¸���
\u003Ca href=\"/history\"\u003E�� ���\u003C/a\u003E��� ������Ø�
����θ�.","psrl":"����","sbit":"�¸����� �¸�","srch":"Google �¸�
"},"nds":true,"ovr":{},"pq":"�Ż撥 ����","refpd":true,"refspre":true,"r
fs":["�Ż撥 ���� �����","�Ż撥 ���µ��� ����","�Ż絑 ���� ���
�","�Ż撥 ���� �����","�Ż� ����","�Ż絑 ������õ","�Ż撥 �å� �
���","�Ż撥 �ͽ�","�Ż撥 �¥���","�Ż撥 �����"],"sbpl":24,"sbpr":24,"s
cd":10,"sce":5,"stok":"IUJ8kPpnK30JiCIbAv09W7SKq0U"})</script><script>(
ientHeight}a&&b&&(a!=google.cdo.width||b!=google.cdo.height)&&google.
log("","","/client_204?&atyp=i&biw="+a+"&bih="+b+"&ei="+google.kEI);}).
call(this);})();</script></body></html>

구글에 요청을 보낼 때 기존에는 www.google.com 첫 페이지만 호출했지만 www.google.com/ search로 요청을 보내면 검색 결과를 받을 수 있습니다. www.google.com/search로 요청을 보낼 때는 파라미터로 내가 검색하고 싶은 키워드를 함께 보내서 해당 키워드에 대한 검색 결과를 받을 수 있습니다.

http 요청(request)을 보낼 때 파라미터를 같이 보내려면 qs:{}라는 프로퍼티(property)를 사용합니다. qs는 쿼리스트링(query string)의 약자로 보입니다. url을 만들 때 주소 뒤에 ?, & 등으로 붙이는 것을 쿼리스트링이라고 합니다. 구글에서 검색을 할 때는 q라는 이름으로 키워드를 받아서 처리합니다.

require()를 이용하여 앞에서 설치한 request 모듈을 불러옵니다. ◆ 1

호출하는 url을 www.google.com/search로 지정합니다. 검색 결과를 받기 위해 /search를 붙여서 ◆ 4 호출합니다.

메소드는 GET으로 합니다. ◆ 5

'신사역 맛집'이라는 키워드로 검색을 하고 싶다면 이와 같이 씁니다. qs라는 프로퍼티에 구글 ◆ 6 검색을 할 때 키워드를 보낼 때 사용하는 이름인 q를 {q:'신사역 맛집'} 형태로 넣어줍니다.

결과를 출력하면 ◆◆◆◆◆ ◆◆◆◆◆","dym":"◆◆ 인코딩이 깨진 결과가 출력이 됩니다. 검색 ◆ 7 키워드를 한글인 '신사역 맛집' 대신 'major league baseball' 같은 영문으로 검색했다면 인코딩이 깨지지 않았겠지만 한글이 섞여 있어서 인코딩이 깨져서 출력됩니다.

한글이 섞여있는 페이지를 호출할 때 인코딩 문제를 해결하는 방법은 다음 장에서 다룹니다.

한글 깨지는 문제 해결하기

- **학습 내용 :** charset, iconv-lite를 이용해 한글 인코딩 문제를 해결해 보겠습니다.
- **힌트 내용 :** charset(response.headers, body); iconv.decode(body, enc);

```javascript
1  const request = require('request');
2  const iconv = require('iconv-lite');
3
4  request({
5    url: 'https://www.google.com/search',
6    method: 'GET',
7    qs: { q: '신사역 맛집' },
8    encoding: null,
9  }, (error, response, body) => {
10   const decodedResult = iconv.decode(body, 'euc-kr');
11   console.log(decodedResult);
12 });
```

결과

```
encoding: euc-kr
<!doctype html><html itemscope="" itemtype="http://schema.org/
SearchResultsPage" lang="ko"><head><meta content="text/html; charset=UTF-8"
http-equiv="Content-Type"><meta
----------- 중략 -----------
","refpd":true,"refspre":true,"rfs":["신사역 맛집 저렴","신사역 가로수길
맛집","신사동 맛집 지도","신사역 점심 맛집","신사역 술집","신사동 맛집추천","신사역 한식
맛집","신사역 일식","신사역 소개팅","신사역 고기집"],"sbpl":24,"sbpr":24,"scd":10,"s
ce":5,"stok":"sCMyhfv- biw="+a+"&bih="+b+"&ei="+google.kEI);}).call(this);})
();</script></body></html>
```

웹 페이지에서 데이터를 수집할 때 한글 인코딩이 깨지는 문제가 있었습니다. 이번에는 한글
인코딩이 깨지는 문제를 해결해 보겠습니다.

인코딩이 깨지는 문제를 해결하려면 iconv-lite 모듈이 필요합니다. iconv-lite는 인코딩을 변경해주는 모듈입니다. 한글이 깨지는 경우에는 인코딩을 'euc-kr'로 변경해주면 해결되는 경우가 많기 때문에 iconv-lite를 이용해 'euc-kr'로 인코딩을 변경해 보겠습니다.

require()를 이용하여 앞에서 설치한 request 모듈을 불러옵니다. ◆ 1

require()를 이용하여 앞에서 설치한 iconv-lite 모듈을 불러옵니다. Iconv-lite는 인코딩을 변경해 주는 모듈입니다. ◆ 2

중요한 부분입니다. http 요청(request)을 보낼 때 인코딩을 설정해 줍니다. 한글이 깨지는 문제가 있을 때 반드시 encoding: null 옵션을 넣어줍니다. 이 옵션을 빼고 실행하면 iconv-lite로 인코딩을 변경해도 한글이 제대로 출력되지 않습니다. ◆ 8

body를 그냥 출력하면 한글이 깨지기 때문에 iconv를 이용해 'euc-kr'로 디코드(decode)를 해줍니다. ◆ 10

디코드(decode)해준 결과를 출력합니다. ◆ 11

cheerio란?

- **학습 내용** : html 문서에서 데이터를 뽑는 방법을 알아보겠습니다.
- **힌트 내용** : cheerio.load(), $('h2.title').text();를 이용합니다.

```
1 const cheerio = require('cheerio');
2
3 const $ = cheerio.load('<html><h2 class="title">hello</h2></html>');
4 const titleText = $('h2.title').text();
5
6 console.log('titleText:', titleText);
```

결과

```
titleText: hello
```

request에 이어서 또 다른 웹 스크래핑(Web scraping) 모듈인 cheerio를 소개합니다. 스크래핑은 웹 사이트에 있는 특정 정보를 추출하는 기술을 말합니다. cheerio는 html 형식으로 되어 있는 문자열에서 태그나 다른 부분을 제외한 값들만 뽑아낼 때 사용하면 유용한 라이브러리입니다. Cheerio는 jQuery 문법을 통해 다운로드된 웹 데이터를 다룹니다. 'npm install cheerio' 커맨드를 통해 cheerio 모듈을 설치할 수 있습니다.

1◆ require()을 이용해서 cheerio 모듈을 불러옵니다. cheerio 모듈을 프로그램에 임포트(import)하는 단계입니다.

3◆ cheerio 모듈의 load() 함수를 통해 '⟨html⟩⟨h2 class="title"⟩hello⟨/h2⟩⟨/html⟩' 내용을 $ 변수에 로드합니다.

4◆ $에 로드된 내용 중 원하는 값을 처리하기 위해 jQuery 문법 – h2.title을 넘겼습니다. 이는 'title'을 포함하는 h2 요소를 가져오라는 문법입니다. 또한 text()는 그 이름과 같이 텍스트로 해당 내용을 가져오라는 함수입니다. titleText에는 해당 내용인 hello가 들어갑니다.

6◆ 받아온 내용을 출력합니다.

cheerio 이용해서 필요한 부분 추출하기

- **학습 내용 :** cheerio를 활용하여 웹 문서 중 필요한 부분을 추출하는 방법을 알아보겠습니다.
- **힌트 내용 :** request를 이용한 크롤링 결과값에 cheerio 모듈의 cheerio.load(), cheerio.find()를 이용합니다.

📁 crawler.js

```javascript
1  const request = require('request');
2  const iconv = require('iconv-lite');
3  const charset = require('charset');
4
5  const crawl = callback => queryString => request({
6    url: 'https://www.google.com/search',
7    encoding: null,
8    method: 'GET',
9    qs: queryString,
10   timeout: 10000,
11   followRedirect: true,
12   maxRedirects: 10,
13 },
14 (error, response, body) => {
15   if (!error && response.statusCode === 200) {
16     const enc = charset(response.headers, body);
17     const decodedResult = iconv.decode(body, enc);
18     callback(decodedResult);
19   } else {
20     console.log(`error${response.statusCode}`);
21   }
22 });
23
24 module.exports.crawl = crawl;
```

1 ◆   request 모듈을 불러옵니다.

2 ◆   인코딩을 iconv-lite로 변환해 주는 모듈을 불러옵니다.

3 ◆   charset 값을 알게 해주는 모듈을 불러 옵니다.

5~13 ◆   request에 여러 가지 파라미터를 사용하여 홈페이지를 다운로드하기 위해 요청합니다. url, method는 해당 사이트(google.com)에 GET 요청을 보내도록 합니다. 한글이 깨지는 문제를 해결하기 위해 encoding: null로 설정합니다. request에 전달하는 queryString은 크롤러를 이후 사용할 때 인자로 전달되는 값을 이용합니다. timeout은 단위가 밀리초이므로, 10000은 10초 이후 응답을 포기합니다. followRedirect는 리다이렉션할 경우 사이트 이동을 허용할 것인지 체크하는 항목이며, maxRedirects는 리다이렉션을 최대 몇 번 할지 설정할 수 있도록 합니다.

14~22 ◆   response.status 200은 HTTP 상태 코드입니다. 200은 서버가 요청을 제대로 처리하여 해당 페이지를 다운로드하는 것이 완료되었을 경우입니다.

16 ◆   response.header를 통해 현재 사이트의 헤더 정보에서 인코딩 정보를 받아옵니다.

17 ◆   iconv를 이용하여 해당 사이트의 인코딩 방식으로 body를 디코드합니다. 깨짐을 방지하기 위함입니다.

18 ◆   해당 결과를 콜백합니다.

24 ◆   본 소스에서 작성한 크롤러 객체 자체를 외부에서 사용할 수 있도록 모듈을 추출합니다. 추출한 모듈을 사용하기 위해 본 소스 파일 crawler.js를 모듈을 로드하는 방식과 같이 불러올 수 있습니다.

```
1 const cheerio = require('cheerio');
2 const crawler = require('./crawler');
3
4 const parse = (decodedResult) => {
5   // console.log(decodedResult);
6   const $ = cheerio.load(decodedResult);
7   const titles = $('h3.r').find('a');
8   for (let i = 0; i < titles.length; i += 1) {
9     const title = $(titles[i]).text();
10     console.log(title);
```

```
11   }
12 };
13
14 crawler.crawl(parse)({ q: '서울대입구역 맛집' });
```

결과(검색 시점에 따라 결과가 달라질 수 있음)

'서울대입구' 맛집 추천순위 | 빅데이터 맛집검색, 다이닝코드
들어 봤니, 샤로수길 서울대 맛집 BEST20 - 1boon - Daum
서울대입구역 맛집 TOP 15 | 맛집검색 망고플레이트
낙성대 맛집/음식점 총 정리(서울대입구 맛집,대학동 맛집 포함 ...
~~ 중략 ~~

cheerio를 이용하여 실제 활용되는 예제를 작성해 보았습니다. 본 예제는 키워드를 입력하였을 때 해당 키워드를 구글 검색한 결과의 제목을 정리해서 출력하는 예제입니다. 소스는 구글 크롤링을 담당하는 crawler.js와 함께 구성되어 있습니다.

cheerio 모듈을 불러옵니다. ◆ 1

작성한 crawler 모듈을 불러옵니다. 해당 소스는 앞의 예제와 동일합니다. ◆ 2

이후 검색한 결과를 $ 변수에 로드한 후, 해당 내용에 jQuery 방식으로 h3 요소 중 클래스명에 ◆ 4~12
r이 포함된 내용들을 불러오고 그 중 하위 요소(descendant)가 'a'인 데이터를 모두 찾아서 titles
에 불러옵니다.

```
▼<h3 class="r">
  <a href="http://www.diningcode.com/list.php?
  query=%EC%84%9C%EC%9A%B8%EB%8C%80%EC%9E%85%EA%B5%AC"
  onmousedown="return
  rwt(this,'','','','1','AOvVaw1VUYi24y1wPC0xKU9aTe11','','
  0ahUKEwjS7veEoNnXAhUErJQKHbywA-oQFggoMAA','','',event)">
    '서울대입구' 맛집 추천순위 | 빅데이터 맛집검색, 다이닝코드
  </a>
</h3>
```

titles는 각 내용을 인덱스 단위로 저장하고 있는 객체이므로, for문을 이용하여 각 내용을 잘라 title 단위로 출력합니다.

검색할 쿼리스트링을 전달하여 크롤링하는 명령입니다. 크롤링된 결과에 parse에서 정의된 내 ◆ 14
용을 적용하여 결과적으로 해당 제목 내용을 순차적으로 출력합니다.

285

request 실행 결과 파일로 저장하기

- **학습 내용** : request, cheerio로 검색한 결과를 파일로 저장하는 방법에 대해 배워봅니다.
- **힌트 내용** : 파일에 내용 추가하기 fs.appendFile() 응용

```
1 const crawler = require('./crawler');
2 const cheerio = require('cheerio');
3 const fs = require('fs');
4
5 const parse = (decodedResult) => {
6
7   const $ = cheerio.load(decodedResult);
8   const titles = $('h3.r').find('a');
9   titles.each((index, element) => {
10     const title = $(element).text();
11     console.log(title);
12     fs.appendFile('./titles.txt', `${title}\n`);
13   });
14 };
15
16 crawler.crawl(parse)({ q: '샤로수길 맛집' });
```

결과(검색 시점에 따라 결과가 달라질 수 있음)

'서울대입구' 맛집 추천순위 | 빅데이터 맛집검색, 다이닝코드
들어 봤니, 샤로수길 서울대 맛집 BEST20 - 1boon - Daum
서울대입구역 맛집 TOP 15 | 맛집검색 망고플레이트
낙성대 맛집/음식점 총 정리(서울대입구 맛집,대학동 맛집 포함 ...
봉천동(서울대입구역, 봉천역 인근) 맛집 대폭발공개 : 네이버 블로그
녹두장군의 식도락 : [서울대입구역] 맛집 정리
새로 뜨는 맛집 골목, 서울대입구역 '샤로수길' - 1등 인터넷뉴스 조선 ...
서울대입구 맛집 시오에서 일본가정식 먹고 왔어요.
서울대입구역 근처 맛집정리! - 이스트소프트 블로그
서울대입구맛집 화로애락, 와규의 참맛을 느끼다 :: 토털로그

크롤링하는 목적은 데이터를 수집해 가공하여 유의미한 정보를 얻거나 활용하기 위함입니다. 이번에는 앞 예제에서 구한 내용을 파일로 저장하는 프로그램을 작성해봅니다.

fs 모듈을 사용하기 위해 추가로 그 모듈을 불러옵니다.   ◆ 3

each문을 사용하여 titles의 검색 결과를 element 단위로 받아오고 있습니다. 앞장의 title과 같은   ◆ 9~12
역할입니다. 해당 title을 text()로 가져와 console.log를 통해 출력한 후 동일한 내용을 현재 디렉
토리에 있는 titles.txt 파일에도 작성합니다. 만약 titles.txt가 존재하지 않을 경우 생성하고 해당
내용을 붙여 나갑니다.

나머지 소스는 앞에서 설명하였기 때문에 생략합니다.

- **학습 내용** : ejs 모듈에 대해 알아보겠습니다.
- **힌트 내용** : 템플릿 엔진 모듈, 특정 형식의 문자열을 HTML 형식의 문자열로 변환

📁 154_ejs_example.ejs

```
1 <% let table_name = 'Multiplication table 9 X ?'; %>
2 <% let number = '9'; %>
3 <h1><%= table_name %></h1>
4 <hr />
5 <% for(let i =1; i < 10; i++) { %>
6 <h2><%= number %> X <%= i %> = <%= number * i %></h2>
7 <% }  %>
```

```
 1 const ejs = require('ejs');
 2 const fs = require('fs');
 3 const http = require('http');
 4
 5 http.createServer((request, response) => {
 6   fs.readFile('154_ejs_example.ejs', 'utf-8', (error, data) => {
 7     response.writeHead(200, { 'Content-Type': 'text/html' });
 8     response.end(ejs.render(data));
 9   });
10 }).listen(50000, () => {
11   console.log('서버가 동작 중입니다, http://127.0.0.1:50000');
12 });
```

응답으로 보내줄 웹 페이지의 모양을 미리 만들어 표준화한 것을 템플릿(Templeate)이라고 합니다. ejs 모듈은 웹 페이지를 동적으로 처리하는 템플릿 엔진 모듈로 특정 형식의 문자열을 HTML 형식의 문자열로 변환해 줍니다.

템플릿 엔진 모듈을 사용해서 웹 페이지를 처리하는 이유는 각각의 요청을 웹 코드 안에 입력하는 과정에서 발생하는 오탈자가 생기기 쉽습니다. 따라서 별도의 파일로 만들어 사용하는 것이 좋습니다. ejs 모듈을 통해 특정 형식의 문자열을 HTML 형식의 문자열로 변환해 보겠습니다.

우선 ejs 페이지를 살펴보겠습니다. 우리가 알고 있던 HTML 페이지와 유사하게 생겼지만 특수한 태그와 Javascript 코드가 들어있는 것을 볼 수 있습니다.

ejs 모듈의 메소드

● **render()**: ejs 문자열을 HTML 문자열로 변경

ejs 파일의 특수 태그

● **<% CODE %>** : Javascript 코드 입력
● **%= VALUE %>** : 데이터 출력

위 2가지 태그는 render() 메소드를 통해 ejs 페이지를 HTML 페이지로 변환해줍니다. 그럼 ejs 모듈을 사용할 소스코드를 실행 후 http://127.0.0.1:50000에 접속합니다.

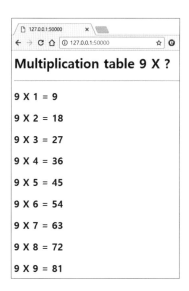

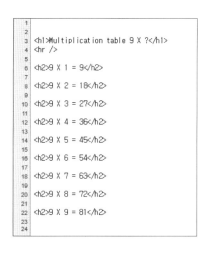

웹 브라우저에서 소스 보기를 눌러보면 다음과 같이 ejs 코드가 HTML 코드로 변환된 것을 확인할 수 있습니다.

289

ejs 모듈 ②

- **학습 내용 :** ejs 모듈에 대해 알아보겠습니다.
- **힌트 내용 :** ejs 페이지에 매개변수 전달

📁 155_ejs_example.ejs

```
1 <h1><%= table_name %></h1>
2 <hr />
3 <% for(let i =1; i < 10; i++) { %>
4 <h2><%= number %> X <%= i %> = <%= number * i %></h2>
5 <% } %>
```

```
1 const ejs = require('ejs');
2 const fs = require('fs');
3 const http = require('http');
4
5 http.createServer((request, response) => {
6   fs.readFile('155_ejs_example2.ejs', 'utf-8', (error, data) => {
7     response.writeHead(200, { 'Content-Type': 'text/html' });
8     response.end(ejs.render(data, {
9       table_name: 'Multiplication table 19 X ?',
10      number: '19',
11    }));
12  });
13 }).listen(50000, () => {
14   console.log('서버가 동작 중입니다, http://127.0.0.1:50000');
15 });
```

결과

[웹 페이지]
http://127.0.0.1:50000

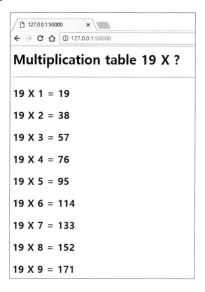

[소스보기]

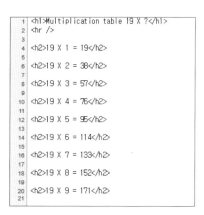

[콘솔]
서버가 동작 중입니다. http://127.0.0.1:50000

매개변수 데이터를 ejs 페이지에 전달해 보겠습니다.

8~10 ◆ render() 메소드를 통해 위와 같이 매개 변수를 전달할 수 있습니다. 전달하고자 하는 속성값 table_name, number을 입력합니다.

전달 받을 ejs 페이지를 살펴보겠습니다. 앞에 배운 154.ejs_example1.ejs 파일과 달리 table_name, number 값이 비어 있는 것을 알 수 있습니다.

소스를 실행시킨 후 http://127.0.0.1:50000에 접속합니다. ejs 모듈과 같은 템플릿 엔진은 동적 웹 페이지를 생성할 때 사용됩니다. 즉, HTML 웹 페이지는 변하지 않기 때문에 항상 같은 페이지를 보여주지만, 템플릿 엔진을 사용하면 다른 페이지를 보여 줄 수 있게 되는 것입니다.

아직 이해가 되지 않는다고 걱정할 필요 없습니다. 향후 챕터를 따라가다 보면 자연스럽게 이해될 것입니다.

pug 모듈 ①

- **학습 내용 :** pug 모듈에 대해 알아보겠습니다.
- **힌트 내용 :** 템플릿 엔진 모듈, 특정 형식의 문자열을 HTML 형식의 문자열로 변환

📁 156_pug_example.pug

```
1 Html
2     head
3         title Pug example page
4         body
5             h1 Hello Pug module
6             h2 Nice to meet you
7             a(href="https://github.com/pugjs/pug", data-set="multiple
8 Attribute") Github for pug
```

```
1 const pug = require('pug');
2 const fs = require('fs');
3 const http = require('http');
4
5 http.createServer((request, response) => {
6   fs.readFile('156_pug_example.pug', 'utf-8', (error, data) => {
7     response.writeHead(200, { 'Content-Type': 'text/html' });
8     const fn = pug.compile(data);
9     response.end(fn());
10   });
11 }).listen(50000, () => {
12   console.log('서버가 동작 중입니다, http://127.0.0.1:50000');
13 });
```

결과

[웹 페이지]

http://127.0.0.1:50000

Hello Pug module

Nice to meet you

Github for pug

[소스보기]

```
<html><head><title>Pug example page</title>
<body><h1>Hello Pug module</h1><h2>Nice to meet you</h2>
<a href="https://github.com/pugjs/pug" data-set="multiple Attribute">Github
for pug</a></body></head></html>
```

[콘솔]

서버가 동작 중입니다, http://127.0.0.1:50000

pug 모듈도 템플릿 엔진 모듈입니다. express 프레임워크가 ejs, pug 모듈을 주로 템플릿 엔진으로 사용합니다. 이번에는 pug 모듈을 통해 특정 형식의 문자열을 HTML 형식의 문자열로 변환해 보겠습니다.

pug 기본 형식부터 살펴보겠습니다. pug 페이지는 특정 형태의 HTML 페이지 위에 특정 태그를 추가한 것입니다. 다음과 같은 형식이 기본 형식이라고 볼 수 있습니다.

pug 기본 형식

```
html
    head
            title
        body
            h1
            h2
            a
```

pug 모듈의 메소드

- **compile()**: pug 문자열을 HTML 문자열로 변경할 수 있는 함수 생성

CAUTION

pug 기본 형식에서 가장 중요한 것은 띄어쓰기입니다. [Tab] 또는 띄어쓰기 중 하나를 활용해 들여쓰기를 해야 오류가 발생하지 않습니다.

정보를 입력하고 싶을 때는 지정한 태그 밑에 한 단계 더 들여쓰기를 한 후 입력합니다. 태그에 속성 여러 개를 입력할 때는 쉼표를 사용합니다. 작성된 pug 파일을 살펴보겠습니다. HTML보다는 조금 더 직관적으로 간결하다고 느낄 수 있습니다. 이제 소스코드를 실행한 뒤 http://127.0.0.1:50000에 접속합니다.

- **학습 내용** : pug 모듈에 대해 알아보겠습니다.
- **힌트 내용** : 템플릿 엔진 모듈, 특정 형식의 문자열을 HTML 형식의 문자열로 변환

📁 157_pug_example2.pug

```
1  html
2      head
3          title Pug example page
4          style.
5              body {
6                  color: lightskyblue;
7              }
8
9              h1 {
10                 color: blue;
11             }
12         script.
13             let name = prompt("What is your name", "");
14             alert("I'm " + name);
15     body
16         // annotation
17         #header
18         h1 Hello Pug module
19         h2 Nice to meet you
20         .url
21         a(href="https://github.com/pugjs/pug", data-set="multiple
22 Attribute") Github for pug
23         ul
24             li Item A
25             li Item B
26             li Item C
```

```
1  const pug = require('pug');
2  const fs = require('fs');
3  const http = require('http');
4
5  http.createServer((request, response) => {
6    fs.readFile('157_pug_example2.pug', 'utf-8', (error, data) => {
7      response.writeHead(200, { 'Content-Type': 'text/html' });
8      const fn = pug.compile(data);
9      response.end(fn());
10   });
11 }).listen(50000, () => {
12   console.log('서버가 동작 중입니다, http://127.0.0.1:50000');
13 });
```

앞에 이어 pug 형식에 대해 좀 더 깊이 알아보겠습니다. 우선 pug 소스를 먼저 보겠습니다.

- **style.** : style 태그를 입력할 때 사용, style + '.'
- **script.** : script 태그를 입력 할 때 사용, sript + '.'
- **//** : 주석 처리
- **#** : div 태그
- **.** : div class 속성
- **ul** : ul 태그
- **li** : li 태그

157_pug_Module2.js 소스를 실행시킨 후 http://127.0.0.1:50000에 접속합니다. Javascript 코드가 실행되는 것을 확인할 수 있습니다. 원하는 문자열을 입력하고 [확인] 버튼을 클릭합니다.

다음과 같이 alert 창이 발생하면 [확인] 버튼을 누릅니다.

작성했던 pug 코드가 html 문서 형식으로 변환된 것을 확인할 수 있습니다.

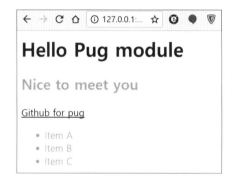

소스코드를 보면 어떻게 pug 형식의 코드가 html로 변환되었는지 확인 가능합니다.

```
1  <html><head><title>Pug example page</title><style>body {
2      color: lightskyblue;
3  }
4
5  h1 {
6      color: blue;
7  }</style><script>let name = prompt("What is your name", "");
8  alert("I'm " + name);</script><body><!-- annotation--><div id="header"></div><h1>Hello Pug
   module</h1><h2>Nice to meet you</h2><div class="url"></div><a
   href="https://github.com/pugjs/pug" data-set="multiple Attribute">Github for pug</a><ul>
   <li>Item A</li><li>Item B</li><li>Item C</li></ul></body></head></html>
```

pug 모듈 ③

활용

158

- **학습 내용** : pug 모듈에 대해 알아보겠습니다.
- **힌트 내용** : 템플릿 엔진 모듈, 특정 형식의 문자열을 HTML 형식의 문자열로 변환

📁 158_pug_example3.pug

```
1   html
2       head
3           title Pug example page
4           body
5               style.
6               h1 #{table_name}
7               h2 #{number}
8               hr
9               - for(let i =1; i < 10; i++) {
10                  p
11                  #multiple
12                      #{number} X #{i} = #{number * i}
13              - }
```

```
1 const pug = require('pug');
2 const fs = require('fs');
3 const http = require('http');
4
5 http.createServer((request, response) => {
6   fs.readFile('158_pug_example3.pug', 'utf-8', (error, data) => {
7     response.writeHead(200, { 'Content-Type': 'text/html' });
8     const fn = pug.compile(data);
9     response.end(fn({
10       table_name: 'Multiplication table 19 X ?',
11       number: '19',
12     }));
13   });
14 }).listen(50000, () => {
15   console.log('서버가 동작 중입니다, http://127.0.0.1:50000');
16 });
```

결과

[웹 페이지]
http://127.0.0.1:50000

Multiplication table 19 X ?

19

<19>X 1 = 19

<19>X 2 = 38

<19>X 3 = 57

<19>X 4 = 76

<19>X 5 = 95

<19>X 6 = 114

<19>X 7 = 133

<19>X 8 = 152

<19>X 9 = 171

[소스보기]

```
<html><head><title>Pug example page</title><body><style></style>
<h1>Multiplication table 19 X ?</h1>
<h2>19</h2><hr/><p></p>
<div id="multiple"><19>X 1 = 19</19></div><p></p>
<div id="multiple"><19>X 2 = 38</19></div><p></p>
<div id="multiple"><19>X 3 = 57</19></div><p></p>
<div id="multiple"><19>X 4 = 76</19></div><p></p>
<div id="multiple"><19>X 5 = 95</19></div><p></p>
<div id="multiple"><19>X 6 = 114</19></div><p></p>
<div id="multiple"><19>X 7 = 133</19></div><p></p>
<div id="multiple"><19>X 8 = 152</19></div><p></p>
<div id="multiple"><19>X 9 = 171</19></div></body>
</head></html>
```

[콘솔]
서버가 동작 중입니다, http://127.0.0.1:50000

pug 페이지에서 사용되는 특수 태그에 대해 알아보겠습니다.

- #{값} : 데이터를 출력할 때 사용
- − : Javascript를 입력할 때 사용
- = 값 : 데이터를 출력할 때 사용

158_pug_Module3.js 소스코드를 실행한 뒤 http://127.0.0.1:50000에 접속합니다. 페이지 소스보기를 눌러 보면 HTML로 변환된 것을 확인할 수 있습니다.

winston 모듈(로그 파일)

- **학습 내용** : 외부 모듈 중 하나인 Winston 모듈에 대해 배워보겠습니다.
- **힌트 내용** : winston 모듈은 로그를 남기거나 보관할 때 활용됩니다.

```javascript
1  const winston = require('winston');
2  const winstonDaily = require('winston-daily-rotate-file');
3  const moment = require('moment');
4
5  function tsFormat() {
6    return moment().format('YYYY-MM-DD HH:mm:ss.SSS ZZ');
7  }
8
9  const logger = new (winston.Logger)({
10   transports: [
11     new (winston.transports.Console)({
12       timestamp: tsFormat,
13       colorize: true,
14       showlevel: true,
15       level: 'debug',
16     }),
17     new (winstonDaily)({
18
19       level: 'info',
20       filename: 'Log/logs',
21       timestamp: tsFormat,
22       datePattern: '_yyyy-MM-dd.log',
23       showlevel: true,
24       maxsize: 1000000,
25       maxFiles: 5,
26     }),
27
28   ],
```

```
29    exceptionHandlers: [
30      new (winstonDaily)({
31        level: 'info',
32        filename: 'Log/exception',
33        timestamp: tsFormat,
34        datePattern: '_yyyy-MM-dd.log',
35        showlevel: true,
36        maxsize: 1000000,
37        maxFiles: 5,
38
39      }),
40      new (winston.transports.Console)({
41        timestamp: tsFormat,
42        colorize: true,
43        showlevel: true,
44        level: 'debug',
45      }),
46    ],
47  });
48
49  logger.info('인포 로깅');
50  logger.error('에러 로깅');
```

결과

```
2017-10-18 08:00:26.971 +0900 - info: 인포 로깅
2017-10-18 08:00:26.982 +0900 - error: 에러 로깅
```

애플리케이션을 운영하다 보면 어떻게 로그를 남기고 보관할 것인지 중요해 집니다. 여러 가지 외부 로그 모듈이 있지만 그 중에서 winston 모듈로 로그를 남기는 방법에 대해 알아보겠습니다.

 N O T E

Winston 모듈 github 페이지 https://github.com/winstonjs/winston

우선 파일을 실행하기 전에 몇 가지 모듈을 설치합니다.

```
npm install winston -save
npm install winston-daily-rotate-file -save
npm install moment -save
```

9 ◆ 로거(Logger)란 로그를 출력하는 객체를 말할 때 사용하는 용어로 transports라는 속성값으로 설정 정보를 전달할 수 있습니다.

tsFormat() 함수를 통해 로그에 타임스탬프를 찍을 수 있게 설정하였습니다. Logging Levels은 어떤 정보까지 출력할 것인지 결정하면 다음과 같이 Level로 구분되어 있습니다(하위 레벨은 상위 레벨의 정보를 모두 포함합니다).

✎ Logging Levels

Logging levels in `winston` conform to the severity ordering specified by RFC5424: *severity of all levels is assumed to be numerically **ascending** from most important to least important.*

Each `level` is given a specific integer priority. The higher the priority the more important the message is considered to be, and the lower the corresponding integer priority. For example, as specified exactly in RFC5424 the `syslog` levels are prioritized from 0 to 7 (highest to lowest).

```
{
  emerg: 0,
  alert: 1,
  crit: 2,
  error: 3,
  warning: 4,
  notice: 5,
  info: 6,
  debug: 7
}
```

winston-daily-rotate-file을 통해 매일 새로운 파일에 로그를 기록하도록 설정하였습니다. 로그 파일 크기 10MB가 넘어가면 자동으로 새로운 파일을 만들고 최대 5개까지 가능합니다. 그리고 기타, name, level, maxsize, maxFiles 등의 속성 등으로 설정이 가능하며 상세한 내용은 상단의 github를 참고하기 바랍니다.

해당 폴더에 다음과 같이 파일이 생성됩니다.

☐ 이름	^
📄 logs_2017-10-17.log	

📄 logs_2017-10-17.log - 메모장

파일(F)　편집(E)　서식(O)　보기(V)　도움말(H)

```
{"level":"info","message":"인포 로깅","timestamp":"2017-10-18 07:39:34.620 +0900"}
{"level":"error","message":"에러 로깅","timestamp":"2017-10-18 07:39:34.624 +0900"}
{"level":"info","message":"인포 로깅","timestamp":"2017-10-18 07:41:31.024 +0900"}
{"level":"error","message":"에러 로깅","timestamp":"2017-10-18 07:41:31.024 +0900"}
{"level":"info","message":"인포 로깅","timestamp":"2017-10-18 07:42:12.037 +0900"}
{"level":"error","message":"에러 로깅","timestamp":"2017-10-18 07:42:12.044 +0900"}
{"level":"info","message":"인포 로깅","timestamp":"2017-10-18 08:00:26.977 +0900"}
{"level":"error","message":"에러 로깅","timestamp":"2017-10-18 08:00:26.983 +0900"}
```

express 모듈 ① – overview

```
1 const express = require('express');
2
3 const app = express();
4
5 app.get('/', (request, response) => {
6   response.send('Hello express module');
7 });
8
9 app.listen(3000, () => {
10   console.log('Server is running port 3000!');
11 });
```

결과

[웹 페이지]

```
← → C ⌂   ⓘ 127.0.0.1:3000

Hello express module
```

[console창]
Server is running port 3000!

express 모듈은 node.js로 웹 서버를 개발할 때 가장 많이 쓰이는 모듈입니다. 물론 http 모듈을 통해 웹 서버를 개발해도 되지만 express 모듈은 훨씬 쉽고 편하게 개발할 수 있습니다.

간단하게 express 모듈로 서버를 생성한 후 실행해 보겠습니다. 기본적인 형태는 http 모듈과 거의 유사합니다. express() 메소드로 앱의 객체를 생성한 뒤 get() 함수를 이용해 / URI로 호출되었을 경우 해당 로직을 실행하고 app.listen으로 서버를 동작시킵니다.

해당 소스를 실행시킨 후 http:127.0.01:3000에 접속합니다. 참고로 express 모듈은 PORT 3000을 기본으로 사용합니다.

다음 장부터는 express 모듈의 기능들을 좀 더 상세히 알아보겠습니다.

● **학습 내용 :** express 모듈의 response 객체에 대해 알아보겠습니다.
● **힌트 내용 :** send(), status(), redirect()

```
1  const express = require('express');
2
3  const app = express();
4
5  app.get('/', (request, response) => {
6    const result = [];
7    const multipleNumber = 9;
8    for (let i = 1; i < 5; i++) {
9      result.push({
10       number: `${multipleNumber}X${i}`,
11       multiple: multipleNumber * i,
12     });
13   }
14   response.send(result);
15 });
16
17 app.get('/error', (request, response) => {
18   response.status(404).send('404 ERROR');
19 });
20
21 app.listen(3000, () => {
22   console.log('Server is running port 3000!');
23 });
```

express 모듈의 response 객체를 이용하면 다양한 기능을 사용할 수 있습니다. response 객체의
메소드에 대해 알아보겠습니다.

response 객체의 메소드

- **res.download()** : 파일이 다운로드되도록 프롬프트합니다.
- **res.end()** : 응답 프로세스를 종료합니다.
- **res.json()** : JSON 응답을 전송합니다.
- **res.jsonp()** : JSONP 지원을 통해 JSON 응답을 전송합니다.
- **res.redirect()** : 요청의 경로를 재지정합니다.
- **res.render()** : 템플릿을 렌더링합니다.
- **res.send()** : 다양한 유형의 응답을 전송합니다(문자열 HTML, 객체 JSON, 배열 JSON 의 형태로).
- **res.sendFile** : 파일을 전송합니다.
- **res.sendStatus()** : 응답 상태 코드를 설정한 후 해당 코드를 문자열로 표현한 내용을 응답 본문으로 전송합니다.

우선 app.get('/', (request, response) 부분은 send() 메소드에 객체로 입력했기 때문에 JSON 형식으로 출력됩니다. app.get('/error', (request, response) 부분은 status() 메소드를 활용해 상태 코드를 전달합니다. app.get으로 나눠둔 이유는 나중에 뒤에서 다시 설명하겠습니다. 여기서는 app.get('위치')를 지정할 수 있다는 것만 알아두면 됩니다.

소스코드를 실행 후 http://127.0.0.1:3000에 접속합니다. 다음과 같이 JSON 형식으로 출력된 것을 확인할 수 있습니다.

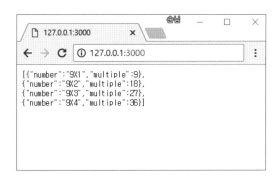

이번에는 http://127.0.0.1:3000/error에 접속합니다. 다음과 같이 404 ERROR 결과가 출력됩니다.

크롬 브라우저 F12 후 개발자 도구의 네트워크 항목에서 status가 404로 입력된 것을 확인할 수 있습니다.

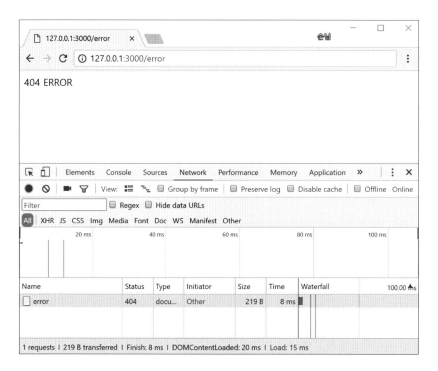

express 모듈 ③ – request

- **학습 내용** : express 모듈의 request 객체에 대해 알아보겠습니다.
- **힌트 내용** : query, params, headers

```javascript
1  // 요청 메소드
2  const express = require('express');
3
4  const app = express();
5
6  app.use((request, response) => {
7    const agent = request.header('User-Agent');
8    const paramName = request.query.name;
9    const browserChrome = 'Hello Chrome';
10   const browserOthers = 'Hello Others';
11
12   console.log(request.headers);
13   console.log(request.baseUrl);
14   console.log(request.hostname);
15   console.log(request.protocol);
16
17   if (agent.toLowerCase().match(/chrome/)) {
18     response.write(`<div><p>${browserChrome}</p></div>`);
19   } else {
20     response.write(`<div><p>${browserOthers}</p></div>`);
21   }
22   response.write(`<div><p>${agent}</p></div>`);
23   response.write(`<div><p>${paramName}</p></div>`);
24   response.end();
25 });
26
27 app.listen(3000, () => {
28   console.log('Server is running port 3000!');
29 });
```

결과

[웹 페이지]

[콘솔]
```
Server is running port 3000!
{ host: '127.0.0.1:3000',
  connection: 'keep-alive',
  'user-agent': 'Mozilla/5.0 (Windows NT 10.0; Win64; x64) AppleWebKit/537.36
(KHTML, like Gecko) Chrome/62.0.3202.94 Safari/537.36',
  'upgrade-insecure-requests': '1',
  accept: 'text/html,application/xhtml+xml,application/xml;q=0.9,image/
webp,image/apng,*/*;q=0.8',
  'accept-encoding': 'gzip, deflate, br',
  'accept-language': 'ko-KR,ko;q=0.9,en-US;q=0.8,en;q=0.7' }

127.0.0.1
http
{ host: '127.0.0.1:3000',
  connection: 'keep-alive',
  'user-agent': 'Mozilla/5.0 (Windows NT 10.0; Win64; x64) AppleWebKit/537.36
(KHTML, like Gecko) Chrome/62.0.3202.94 Safari/537.36',
  accept: 'image/webp,image/apng,image/*,*/*;q=0.8',
  referer: 'http://127.0.0.1:3000/',
  'accept-encoding': 'gzip, deflate, br',
  'accept-language': 'ko-KR,ko;q=0.9,en-US;q=0.8,en;q=0.7' }

127.0.0.1
http
```

express 모듈의 request 객체를 이용하면 사용자가 요청(request)한 내용이 어떤 것인지 알 수 있습니다. 이번에는 request 객체를 활용하여 매개변수를 추출하고 헤더의 속성을 추출하여 브라우저를 구분하여 페이지를 출력해 보겠습니다.

request 객체의 메소드와 속성

- **headers** : 요청 헤더의 추출
- **Header()** : 요청 헤더의 속성 지정 또는 추출
- **query** : GET 방식으로 요청한 매개변수 확인
- **body** : POST 방식으로 요청한 매개변수 확인
- **params** : 라우팅 매개변수 추출

소스코드 실행 후 http://127.0.0.1:3000/?name=brian으로 접속합니다.

const agent = request.header('User-Agent');을 통해 요청 헤더를 추출해서 다음의 소스와 같이 Chrome 브라우저인지 아닌지에 따라 출력 값을 다르게 설정하였습니다(웹 브라우저로 HTTP 요청 시 User-Agent 속성값을 가지고 있습니다). ◆ 7

```
if (agent.toLowerCase().match(/chrome/)) {
    response.write(`<div><p>${browserChrome}</p></div>`);
```

또한 request() 객체는 기본적으로 내장된 메소드를 사용할 수 있습니다. 예를 들면, 다음과 같습니다.

```
console.log(request.baseUrl);
console.log(request.hostname);
console.log(request.protocol);
```

const paramName = request.query.**name**;를 통해 매개변수를 paramName에 넣습니다. 그리고 해당 url을 실행시키면 위와 같이 brian이 출력되는 것을 확인할 수 있습니다.

지금까지는 express 모듈이 http 모듈과 유사하다고 생각되어졌을 것입니다. 하지만 이후 미들웨어에서는 어떻게 http 모듈과 다른지 확인할 수 있습니다.

express 모듈 ④ – 미들웨어

● **학습 내용 :** express 모듈의 미들웨어에 대해 알아보겠습니다.
● **힌트 내용 :** use(), next()

```javascript
1  // 미들웨어 개요
2  const express = require('express');
3
4  const app = express();
5
6  app.use((request, response, next) => {
7    console.log('첫번째 미들웨어에 요청');
8    request.user1 = '철수';
9    next();
10 });
11
12 app.use((request, response, next) => {
13   console.log('두번째 미들웨어에 요청');
14   request.user2 = '영이';
15   next();
16 });
17
18 app.use((request, response, next) => {
19   console.log('세번째 미들웨어에 요청');
20   response.writeHead('200', { 'Content-Type': 'text/html;charset=utf8' });
21
22   response.write(`<div><p>${request.user1}</p></div>`);
23   response.write(`<div><p>${request.user2}</p></div>`);
24   response.end('<h1>express 서버에서 응답한 결과</h1>');
25 });
26
27 app.listen(3000, () => {
28   console.log('Server is running port 3000!');
29 });
```

결과

[웹 페이지]
http://127.0.0.1:3000

[콘솔]
Server is running port 3000!
첫번째 미들웨어에 요청
두번째 미들웨어에 요청
세번째 미들웨어에 요청

express 모듈을 통해 request와 response 과정 중에 다른 로직을 실행할 수 있도록 분리된 함수를 '미들웨어'라고 합니다. use() 미들웨어 함수를 사용해서 필요한 요청에 따른 처리를 할 수 있습니다. http 모듈과 달리 use() 함수를 사용해서 이벤트 리스너를 연결합니다. 소스를 통해 살펴보겠습니다.

해당 소스코드를 실행 후 http://127.0.0.1:3000에 접속합니다. 그리고 나서 콘솔창을 확인해 봅니다. 결과를 보면 app.use() 함수가 차례차례 실행되는 것을 확인할 수 있습니다. 이렇게 미들웨어를 사용함으로써 특정한 목적에 맞는 모듈을 분리해 재활용 할 수 있습니다. 앞으로 자주 사용되는 express 모듈 미들웨어에 대해 알아보겠습니다.

 N O T E

미들웨어 함수 목록 https://github.com/senchalabs/connect#middleware

express 모듈 ⑤
– static 미들웨어

```javascript
 1 const express = require('express');
 2
 3 // express 객체 생성
 4 const app = express();
 5
 6 app.use(express.static(`${__dirname}/multimedia`));
 7 app.use((request, response) => {
 8   response.writeHead('200', { 'Content-Type': 'text/html;charset=utf8' });
 9   response.end('<img src="/newyork.jpg" width="100%"/>');
10 });
11
12 app.listen(3000, () => {
13   console.log('Server is running port 3000!');
14 });
```

앞에서 fs 모듈을 통해 이미지 파일과 음악 파일을 처리하는 방법을 배웠습니다. express 모듈에서는 static 미들웨어를 활용하여 손쉽게 이미지 파일, Javascript 파일, CSS 파일을 처리할 수 있습니다.

이번에는 static 미들웨어를 활용하여 이미지 파일을 처리해 보겠습니다.

6 ◆ __dirname을 통해 폴더에 위치를 설정하고, 이미지 파일을 multimedia 폴더에 복사합니다.

9 ◆ 9번줄 `'<img src="/newyork.jpg" width="100%"/>'` 태그를 통해 이미지를 불러옵니다. 해당 소스코드를 실행한 후 http://127.0.0.1:3000에 접속합니다.

결과

[웹 페이지]

http://127.0.0.1:3000

[콘솔]

서버가 동작 중입니다, http://127.0.0.1:50000

- **학습 내용 :** body parser 미들웨어에 대해 알아보겠습니다.
- **힌트 내용 :** POST 요청을 할때 데이터 추출

📁 login.html

```
1  <!DOCTYPE html>
2  <html lang="en">
3  <head>
4      <meta charset="UTF-8">
5      <title>Login page</title>
6  </head>
7  <body>
8      <h1>Login</h1>
9      <hr />
10     <form method="post">
11         <table>
12             <tr>
13                 <td><label>UserID</label></td>
14                 <td><input type="text" name="userid"</td>
15
16             </tr>
17             <tr>
18                 <td><label>Password</label></td>
19                 <td><input type="password" name="password"</td>
20
21             </tr>
22         </table>
23         <input type="submit" value="confirm" name="">
24     </form>
25  </body>
26  </html>
```

```
1  // 모듈 불러오기
2  const express = require('express');
3  const bodyParser = require('body-parser');
4
5  // express 객체 생성
6  const app = express();
7
8  // application/x=www-form-urlencoded 파싱
9  app.use(bodyParser.urlencoded({ extended: false }));
10
11 // application/json 파싱
12 app.use(bodyParser.json());
13
14 app.use(express.static(`${__dirname}/login`));
15
16 app.use((request, response) => {
17   const userId = request.body.userid || request.query.userid;
18   const userPassword = request.body.password || request.query.password;
19
20   response.writeHead('200', { 'Content-Type': 'text/html;charset=utf8' });
21   response.write('<h1>Login ID와 PW 결과 값 입니다.</h1>');
22   response.write(`<div><p>${userId}</p></div>`);
23   response.write(`<div><p>${userPassword}</p></div>`);
24   response.end(JSON.stringify(request.body, null, 2));
25 });
26
27 app.listen(3000, () => {
28   console.log('Server is running port 3000!');
29 });
```

body parser 미들웨어를 통해 POST 요청을 처리할 때 사용자가 보낸 데이터를 추출할 수 있습니다. 또한 request 객체에 body 속성이 부여됩니다.

우선 모듈을 사용하기 전 npm install body-parser --save을 통해 설치를 진행합니다. 설치를 완료한 후 static 미들웨어를 통해 로그인 처리를 하는 login.html 파일 읽어오고 body parser 미들웨어를 사용하여 POST 방식으로 요청된 결과 값을 출력해보겠습니다.

우선 하위 경로로 'login'이라는 폴더를 만든 후 login.html 페이지를 다음과 같이 작성합니다. 이어서 login.html 파일을 읽어오고 body parser 미들웨어를 사용하여 POST 방식으로 요청된 결과값을 출력해보겠습니다.

```
const userId = request.body.userid || request.query.userid;
const userPassword = request.body.password || request.query.password;
```

해당 코드는 GET 방식(query), POST 방식(body)을 구분하여 변수에 값을 대입합니다.

app.use(express.static(`${__dirname}/login`));을 사용해 login.html에 접근할 수 있습니다. 해당 소스를 실행시키고 http://127.0.0.1:3000/login.html에 접속합니다.

임의의 UserID, Password를 입력 후 [confirm] 버튼을 클릭합니다.

위와 같이 입력된 값이 출력됩니다.

> **NOTE**
>
> body parser 미들웨어는 application/x=www-form-urlencoded 인코딩 방식만 지원합니다.

- **학습 내용** : router 미들웨어에 대해 알아보겠습니다.
- **힌트 내용** : get('/')

```javascript
1  const express = require('express');
2
3  const app = express();
4
5  app.get('/one', (request, response) => {
6    response.send('<a href="/two">Street 200</a>');
7  });
8
9  app.get('/two', (request, response) => {
10   response.send('<a href="/one">Street 100</a>');
11 });
12
13 app.get('/three/:number', (request, response) => {
14   const streetNumber = request.params.number;
15   response.send(`${streetNumber}Street`);
16 });
17
18 app.get('/four/:number', (request, response) => {
19   const aveNumber = request.params.number;
20   response.send(`${aveNumber}Ave`);
21 });
22
23 app.listen(3000, () => {
24   console.log('Server is running port 3000!');
25 });
```

router 모듈은 라우팅을 지원하는 라이브러리입니다. 라우팅은 애플리케이션 엔드 포인트 (URI)의 정의, URI가 클라이언트 요청에 응답하는 방식을 말합니다. 참고로 express 모듈 내에

페이지 라우팅 기능이 기본적으로 내장되어 있습니다.

라우팅 메소드

- **get()** : GET 요청 발생 시 이벤트 리스너 지정
- **post()** : POST 요청 발생 시 이벤트 리스너 지정
- **all()** : 모든 요청 발생 시 이벤트 리스너 지정
- **put()** : PUT 요청 발생 시 이벤트 리스너 지정
- **delete()** : DELETE 요청 발생 시 이벤트 리스너 지정

이 외에도 express는 HTTP 메소드에 해당하는 다음과 같은 라우팅 메소드를 지원합니다.

> head, options, trace, copy, lock, mkcol, move, purge, propfind, proppatch, unlock, report, mkactivity, checkout, merge, m-search, notify, subscribe, unsubscribe, patch, search 및 connect

이번에는 페이지 express 모듈의 router 미들웨어를 활용하여 라우터를 설정하고 매개변수를 입력하고 출력해 보겠습니다.

라우터를 지정하기 위해 get() 메소드를 사용해 보겠습니다. 해당 소스코드를 실행하고 http://127.0.0.1:3000/one에 접속합니다. 다음과 같이 Street 200을 출력합니다. 버튼을 누르면 app.get('/two') 경로로 이동하는 것을 확인할 수 있습니다.

매개변수를 전달해서 출력해 보겠습니다. ':' 기호를 사용하여 매개변수를 전달할 수 있습니다. **/three/:number'** 이와 같이 매개 변수를 받을 수 있게 한 뒤 http://127.0.0.1:3000/three/:300에 접속합니다.

이와 같이 입력된 매개변수가 페이지에 출력되는 것을 확인할 수 있습니다.

N O T E

페이지 라우팅을 모듈로 분리하는 라우터 모듈화 기능에 대해 알고 싶다면 http://expressjs.com/ko/guide/
routing.html을 참고하기 바랍니다.

express 모듈 ⑧
– morgan 미들웨어

- **학습 내용 :** morgan 미들웨어에 대해 알아보겠습니다.
- **힌트 내용 :** 로그 출력

```javascript
1  // morgan 미들웨어
2  const express = require('express');
3  const morgan = require('morgan');
4
5  const app = express();
6
7  app.use(morgan('combined'));
8  app.use(morgan('common'));
9  app.use(morgan(':method + :date'));
10 app.use(morgan(':status + :url'));
11 app.use((request, response) => {
12   response.send('express morgan');
13 });
14
15 app.listen(3000, () => {
16   console.log('Server is running port 3000!');
17 });
```

결과

[웹 페이지]

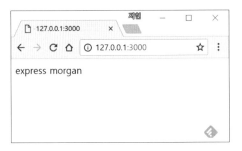

```
[콘솔]
Server is running port 3000!
::ffff:127.0.0.1 - - [01/Nov/2017:09:03:23 +0000] "GET / HTTP/1.1" 304 - "-"
"Mozilla/5.0 (Windows NT 10.0; Win64; x64) AppleWebKit/537.36 (KHTML, like
Gecko) Chrome/61.0.3163.100 Safari/537.36"
::ffff:127.0.0.1 - - [01/Nov/2017:09:03:23 +0000] "GET / HTTP/1.1" 304 -
GET + Wed, 01 Nov 2017 09:03:23 GMT
304 + /
```

앞에서 winston 모듈을 통해 로그를 남기거나 보관하는 방법을 배웠습니다. 이번에는 express 모듈의 morgan 미들웨어를 통해 웹 요청이 들어왔을 때 로깅을 해보겠습니다.

우선 morgan 미들웨어는 외부 모듈이기 때문에 npm install morgan를 통해 설치를 진행합니다. 해당 코드를 실행하고 http://127.0.0.1:3000/에 접속한 뒤 콘솔창을 확인해 봅니다.

mogan 메소드의 매개 변수로 combined, commom이 가장 기본적으로 쓰이는 로그 형식입니다.

```
app.use(morgan('combined'));
app.use(morgan('common'));
```

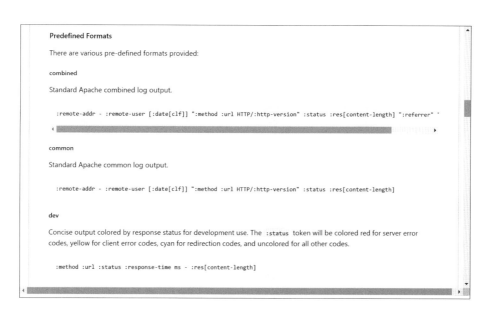

token들을 조합해서 원하는 형식으로 로그를 출력하게 할 수 있습니다.

더 많은 token을 확인하고 싶다면 다음의 주소를 참고하기 바랍니다(https://github.com/expressjs/morgan).

- **학습 내용 :** cookie parser에 대해 알아보겠습니다.
- **힌트 내용 :** 쿠키 추출

```javascript
1  // cookie parser
2  const express = require('express');
3  const cookieParser = require('cookie-parser');
4
5  const app = express();
6
7  app.use(cookieParser());
8
9  app.get('/set', (request, response) => {
10   console.log('Set Cookie 호출');
11   response.cookie('user', {
12     id: '0070',
13     name: 'brian',
14     authorized: true,
15   });
16   response.redirect('/get');
17 });
18
19 app.get('/get', (request, response) => {
20   console.log('Get Cookie 호출');
21   response.send(request.cookies);
22 });
23
24 app.listen(3000, () => {
25   console.log('Server is running port 3000!');
26 });
```

결과

[웹 페이지]

이번에는 cookie-parser 미들웨어를 통해 쿠키를 추출해 보겠습니다. 쿠키란 인터넷 사용자가 어떠한 웹 사이트를 방문 할 경우 그 사이트가 사용하고 있는 서버를 통해 인터넷 사용자의 컴퓨터에 저장되는 작은 기록 정보 파일입니다. 일정 기간 동안 데이터를 저장할 수 있기 때문에 로그인 상태를 일정 시간 유지해야 하는 웹 사이트에서 사용됩니다. 다음의 명령어로 cookie-parser 미들웨어를 설치합니다.

```
npm install cookie-parser --save
```

간단한 내용이므로 해당 소스를 실행시킨 후 http://127.0.0.1:3000/set에 접속합니다. 접속하면 해당 쿠키 값을 response 객체를 이용해서 생성합니다. 그 다음 /get 경로로 리다이렉트하여 쿠키 값이 웹 페이지에 나오는 것을 볼 수 있습니다.

- **학습 내용 :** connect−multiparty 미들웨어에 대해 알아보겠습니다.
- **힌트 내용 :** multipart/form−data 인코딩 처리

📁 connect−multiparty.html

```html
1  <!DOCTYPE html>
2  <html lang="en">
3  <head>
4      <meta charset="UTF-8">
5      <title>Multipart</title>
6  </head>
7  <body>
8      <h1>Upload</h1>
9      <form method="post" enctype="multipart/form-data">
10         <table>
11             <tr>
12                 <td>Comment :</td>
13                 <td><input type="text" name="comment"/></td>
14             </tr>
15             </P>
16             <tr>
17                 <td>File:</td>
18                 <td><input type="file" name="image" /></td>
19             </tr>
20         </table>
21         <input type="submit" value="upload" name = "submit"/>
22 </body>
23 </html>
```

```
1  const express = require('express');
2  const fs = require('fs');
3  const multipart = require('connect-multiparty');
4
5  const app = express();
6
7  app.use(multipart({ uploadDir: `${__dirname}/upload` }));
8
9  app.get('/', (request, response) => {
10   fs.readFile('connect-multiparty.html', (error, data) => {
11     response.send(data.toString());
12   });
13 });
14
15 app.post('/', (request, response) => {
16   const imgFile = request.files.image;
17   const outputPath = `${__dirname}/upload/${Date.now()}_${imgFile.name}`;
18   console.log(outputPath);
19   console.log(request.body, request.files);
20   fs.rename(imgFile.path, outputPath, () => {
21     response.redirect('/');
22   });
23 });
24
25 app.listen(3000, () => {
26   console.log('Server is running port 3000!');
27 });
```

웹 브라우저에서 파일을 전송할때 multipart/form-data 인코딩 방식을 사용합니다. 기존에 배웠던 일반적인 방식은 application/x-www-form-urlencoded 인코딩 방식을 사용하였습니다. body parser 미들웨어에서는 multipart/form-data를 지원하지 않습니다.

> 📝 N O T E --
>
> body parser 인코딩
>
> ```
> // application/x=www-form-urlencoded 파싱
> app.use(bodyParser.urlencoded({ extended: false }));
> ```

따라서 multipart/form-data 인코딩 방식으로 파일을 업로드 할 수 있게 해주는 미들웨어가 바로 connect-multiparty입니다. multipart/form-data 인코딩을 지원해주는 connect-busboy, multer 등 여러 미들웨어가 있습니다. 인터넷을 통해 확인해 보기 바랍니다.

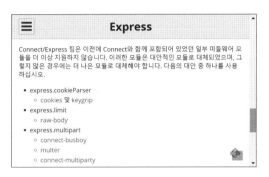

(출처 : http://expressjs.com/ko/resources/middleware.html)

우선 connect-multiparty.html 파일을 위와 같이 작성합니다.

enctype을 'multipart/form-data'로 꼭 지정해 주어야 합니다.

이제 fs 모듈을 통해 위에 작성된 html 파일을 읽어들여 웹 페이지에 보여준 다음 파일을 업로드해 보는 node.js 코드를 작성합니다.

해당 node.js 소스코드를 실행한 후 http://127.0.0.1:3000에 접속합니다.

Upload

Comment : upload test
File: 파일 선택 newyork.jpg
upload

업로드할 파일을 선택한 후 [upload] 버튼을 클릭합니다. 콘솔창에 다음과 같은 결과가 출력됩니다.

```
Server is running port 3000!
C:\Users\JihyunJeong\Documents\nodejs_example_200\121to160_level4/
upload/1510037021251_newyork.jpg
{ comment: 'upload test', submit: 'upload' }
{ image:
  { fieldName: 'image',
    originalFilename: 'newyork.jpg',
    path: 'C:\\Users\\JihyunJeong\\Documents\\nodejs_example_200\\121to160_
    level4\\upload\\wu05kbR50Tv7cPe7jjmnDZM0.jpg',
    headers:
     { 'content-disposition': 'form-data; name="image"; filename="newyork.jpg"',
        'content-type': 'image/jpeg' },
    size: 714121,
    name: 'newyork.jpg',
    type: 'image/jpeg' } }
```

출력값을 보게 되면 최초에 저장될 파일 이름은 다음과 같이 랜덤으로 설정되어 있었습니다.

'C:₩₩Users₩₩JihyunJeong₩₩Documents₩₩nodejs_example_200₩₩121to160_level4₩₩
upload₩₩wu05kbR50Tv7cPe7jjmnDZM0.jpg'

업로드 될 경로 설정

```
app.use(multipart({ uploadDir: `${__dirname}/upload` }));
```

outputPath 상수에 파일 이름을 변경하고 fs.rename을 통해 upload 폴더 경로 설정이 정상적으로 파일 업로드된 것을 확인할 수 있습니다.

```
const outputPath = `${__dirname}/upload/${Date.now()}_${imgFile.name}`;
  fs.rename(imgFile.path, outputPath, () => {
```

파일 이름을 변경한 이유는 업로드된 파일을 적절히 관리하고 덮어쓰기 되는 것을 방지하기 위함입니다.

express 모듈 ⑪
– express-session 미들웨어

- **학습 내용 :** express-session 미들웨에 대해 알아보겠습니다.
- **힌트 내용 :** 세션(session)

```
1  const express = require('express');
2  const parseurl = require('parseurl');
3  const session = require('express-session');
4
5  const app = express();
6
7  app.use(session({
8    secret: 'keyboard dog',
9    resave: false,
10   saveUninitialized: true,
11 }));
12
13 app.use((request, response, next) => {
14   if (!request.session.views) {
15     request.session.views = {};
16   }
17
18   console.log(request.session);
19
20   // get the URL
21   const pathname = parseurl(request).pathname;
22
23   // count the views
24   request.session.views[pathname] = (request.session.views[pathname] || 0) + 1;
25
26   next();
27 });
28
```

```
29 app.get('/puddle', (request, response) => {
30   response.send(`Hello puddle! you viewed this page ${request.session.
31 views['/puddle']} times`);
32 });
33
34 app.get('/biggle', (request, response) => {
35   response.send(`Hello biggle! you viewed this page ${request.session.
36 views['/biggle']} times`);
37 });
38
39 app.listen(3000, () => {
40   console.log('Server is running port 3000!');
41 });
```

세션(session)은 서버에 사용자가 로그인했는지 여부 등의 정보를 저장하는 데 사용됩니다. 클라이언트에 세션 식별자 쿠키를 부여하고 그 쿠키와 대응되는 저장소에 데이터를 저장합니다. express-session은 세션(session)을 생성할 때 사용하는 미들웨어입니다.

우선 필요한 모듈을 다음의 명령어를 통해 설치합니다.

```
npm install parseurl --save
npm install express-session --save
```

express-session 미들웨어는 request 객체에 session 속성을 활용할 수 있습니다. 위 코드는 request 객체의 session 속성을 console창으로 출력하고 해당 url 접근 시 view를 count해서 보여줍니다.

해당 소스코드를 실행한 후 http://127.0.0.1:3000/puddle에 접속합니다.

크롬 개발자 도구를 사용하여 생성된 쿠키를 확인해 봅니다. 다음의 그림에서 본 것처럼 connect.sid 쿠키가 생성되었고, express-session 모듈이 세션키를 connectsid로 저장했습니다.

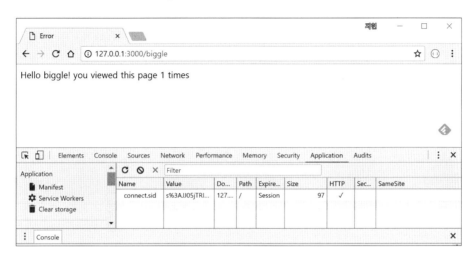

다시 한 번 http://127.0.0.1:3000/puddle로 접속하면 page 2 times으로 출력되고 session이 계속 유지되는 것을 확인할 수 있습니다.

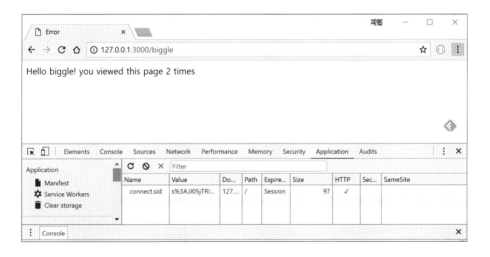

브라우저를 종료하고 다시 실행하면 connect.sid가 소멸되는 것을 확인할 수 있습니다. 세션은 기본적으로 웹 브라우저가 켜져 있는 동안만 유지됩니다. session() 메소드의 cookie 옵션을 통해 name, 저장소, 시간 등을 설정할 수 있습니다.

session() 메소드 옵션은 https://github.com/expressjs/session에서 확인할 수 있습니다.

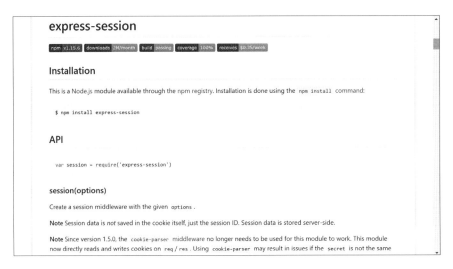

결과

```
[콘솔]
Server is running port 3000!
Session {
  cookie:
   { path: '/',
     _expires: null,
     originalMaxAge: null,
     httpOnly: true },
  views: {} }
Session {
  cookie:
   { path: '/',
     _expires: null,
     originalMaxAge: null,
     httpOnly: true },
  views: { '/biggle': 1 } }
```

node-schedule 모듈 ①

- **학습 내용** : node-schedule 모듈을 통해 특정 작업을 스케줄링해 보는 방법을 배워보겠습니다.
- **힌트 내용** : 특정 시간에 한 번, 매 시간마다 한번

```
1  const schedule = require('node-schedule');
2
3  // 특정 시간에 한 번
4  // 2017년 12월 16일 오후 19시 27분에 수행할 작업
5  const date = new Date(2017, 11, 16, 19, 27, 0);
6
7  // 2017-12-16T10:27:00.000Z (GMT 0 기준)
8  console.log(date);
9
10 const j = schedule.scheduleJob(date, () => {
11   console.log('no pain, no gain');
12 });
13
14 // 매 시간마다 한 번
15 const rule = new schedule.RecurrenceRule();
16 rule.minute = 32;
17
18 const k = schedule.scheduleJob(rule, () => {
19   console.log('Laziness is nothing more than the habit of resting before
20 you get tired.');
21 });
22
23 // 작업 취소
24 // j.cancel();
25 // k.cancel();
```

node-schedule 모듈은 유용한 Job scheduler 외부 모듈입니다. 이 모듈을 통해서 특정 날짜 및 시간에 scheduled job을 실행할 수 있습니다.

해당 Job을 한 번 또는 반복으로 설정해서 사용할 수 있습니다. 또한 interval-bases scheduling 이 아닌 time-based scheduling입니다.

setInterval(fn, milsec)에서 setInterval()에 대해 배웠습니다. setInvervaldms은 설정된 주기마다 특정 함수가 실행됩니다. 반면 node-schedule 모듈은 예를 들어 30분 또는 17시 20분 등과 같 이 특정 시간에 실행되어야 할 때 사용하는 것이 더 적합합니다.

 N O T E

만약 어떤 schedule job이 script가 실행되지 않을 때도 지속되어야 한다면 node-cron 모듈을 사용하는 것을 고려하는 것이 좋습니다(https://github.com/kelektiv/node-cron).

우선 다음의 명령어를 통해 node-schedule 모듈을 설치합니다.

```
npm install node-schedule --save
```

10 ◆ schedule.scheduleJob()에 date 객체의 특정 시간을 전달합니다.

15~21 ◆ 매 시간 17분마다 해당 job을 실행하기 위해 RecurrenceRule() 객체 인스턴스를 생성해서 schedule.scheduleJob()에 전달합니다. 또한 j.cancel();를 통해 작업 취소를 할 수 있습니다.

해당 소스코드를 데스크톱 시간에 맞춰 수정한 후 실습해 보면 console창에 해당 문구들이 출 력됩니다.

node-schedule 모듈 ②

- **학습 내용** : node-schedule 모듈을 통해 특정 작업을 스케줄링해 보는 방법을 배워보겠습니다.
- **힌트 내용** : 주기적으로 반복, Object Literal Syntax, StartTime and EndTime

```
1  const schedule = require('node-schedule');
2  // Cron-style Scheduling
3  // *      *      *      *      *      *
4  //  ┬      ┬      ┬      ┬      ┬      ┬
5  //  │      │      │      │      │      │
6  //  │      │      │      │      │      └ day of week (0 - 7) (0 or 7 is Sun)
7  //  │      │      │      │      └───── month (1 - 12)
8  //  │      │      │      └───── day of month (1 - 31)
9  //  │      │      └───── hour (0 - 23)
10 //  │      └───── minute (0 - 59)
11 //  └───── second (0 - 59, OPTIONAL)
12
13 // Runs every weekday (Monday through Friday)
14 // at 11:30:00 AM
15 const j = schedule.scheduleJob('00 30 11 * * 1-5', () => {
16   console.log('Cron-style Scheduling');
17 });
18
19 // Recurrence Rule Scheduling
20 // 0 - Sunday ~ 6 - Saturday
21 // 월요일부터 일요일까지 17시 17분에 실행될 스케줄링
22 const rule = new schedule.RecurrenceRule();
23 rule.dayOfWeek = [0, new schedule.Range(0, 6)];
24 rule.hour = 17;
25 rule.minute = 17;
26
27 const k = schedule.scheduleJob(rule, () => {
28   console.log('Recurrence Rule Scheduling');
```

```
29 });
30
31 // 작업 취소
32 // j.cancel();
33 // k.cancel();
34
35 // Object Literal Syntax
36 // 0 - Sunday ~ 6 - Saturday
37 // every Saturday at 21:10
38 const l = schedule.scheduleJob({ hour: 21, minute: 10, dayOfWeek: 6 }, () => {
39   console.log('Object Literal Syntax');
40 });
41
42 // Set StartTime and EndTime
43 const startTime = new Date(Date.now() + 5000);
44 const endTime = new Date(startTime.getTime() + 5000);
45 const m = schedule.scheduleJob({ start: startTime, end: endTime, rule:
46 '*/1 * * * *' },
47 () => {
48   console.log('Set StartTime and EndTime');
49 });
```

이번에는 주기적으로 반복되는 작업에 대해 배워보겠습니다.

Cron은 소프트웨어 유틸리티로 유닉스(UNIX) 계열 컴퓨터 운영 체제(OS)의 시간 기반 잡 스케줄러입니다. 스케줄 작업을 고정된 시간, 날짜, 간격에 주기적으로 실행할 수 있도록 스케줄링하기 위해 cron을 사용합니다.

15~17 ◆ 먼저 cron 모듈 스타일로 작성된 매주 월~금 11시 30분에 실행되는 작업입니다.

22~29 ◆ 월요일~일요일까지 17시 17분에 실행하려면 RecurrenceRule 객체 인스턴스 생성 후 dayOfWeek 속성에 해당 요일을 전달합니다. 그리고 Range()를 통해 범위를 지정합니다.

38~40 ◆ 해당 부분은 보다 손쉽게 scheduling 설정하는 방법입니다.

43~49 ◆ 시작 시간과 종료 시간도 위와 같이 설정할 수 있습니다.

추가 더 많은 기능을 확인하고 싶다면 https://github.com/node-schedule/node-schedule을 참고하기 바랍니다.

Nodemailer 모듈 ①
– 메일 보내기(TEXT)

- **학습 내용** : Nodemailer 모듈을 통해 메일을 보내는 방법에 대해 알아보겠습니다.
- **힌트 내용** : 텍스트 메일 발송

```javascript
1  const nodemailer = require('nodemailer');
2
3  const transporter = nodemailer.createTransport({
4    service: 'Gmail',
5    auth: {
6      user: '지메일아이디@gmail.com',
7      pass: '비밀번호',
8    },
9  });
10
11 // setup email data with unicode symbols
12 const mailOptions = {
13   from: '지메일아이디@gmail.com', // sender address
14   to: '지메일아이디@gmail.com', // list of receivers
15   subject: 'Hello ✔', // Subject line
16   text: 'Hello world?', // plain text body
17 };
18
19 // send mail with defined transport object
20 transporter.sendMail(mailOptions, (error, info) => {
21   if (error) {
22     console.log(error);
23   } else {
24     console.log(`Message sent: ${info.response}`);
25   }
26   transporter.close();
27 });
```

결과

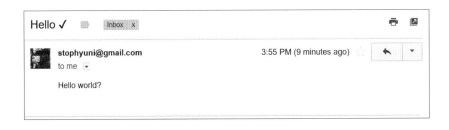

nodemailer라는 모듈을 이용하면 손쉽게 gmail, naver 등으로 메일을 보낼 수 있습니다. 그 중에서 gmail의 SMTP 서버를 이용해 일반 text 문을 보내보겠습니다.

다음과 같이 모듈을 설치합니다.

```
npm install nodemailer --save
```

3~9 ◆ gmail을 tranport service로 사용하기 때문에 gmail 아이디와 password를 입력합니다.

13~14 ◆ from, to에 gmail 아이디를 입력합니다.

여러명에게 메일을 보낼 때는 **'지메일아이디1@gmail.com'**, **'지메일아이디2@gmail.com'**, **'지메일아이디3@gmail.com'**같이 ,를 사용해서 전송합니다.

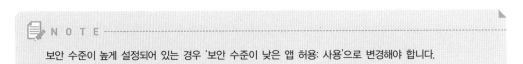

> ✏ N O T E
> 보안 수준이 높게 설정되어 있는 경우 '보안 수준이 낮은 앱 허용: 사용'으로 변경해야 합니다.

입력을 완료했으면 소스코드를 실행시켜 봅니다. 이메일이 정상적으로 발송되었는지 확인해봅니다.

- **학습 내용** : Nodemailer 모듈을 통해 메일을 보내는 방법에 대해 알아보겠습니다.
- **힌트 내용** : HTML 파일로 메일 발송

```javascript
 1 const nodemailer = require('nodemailer');
 2
 3 const transporter = nodemailer.createTransport({
 4   service: 'Gmail',
 5   auth: {
 6     user: '지메일아이디@gmail.com',
 7     pass: '비밀번호'
 8   },
 9 });
10
11 // setup email data with unicode symbols
12 const mailOptions = {
13   from: '지메일아이디@gmail.com', // sender address
14   to: '지메일아이디@gmail.com', // list of receivers
15   subject: 'Hello HTML', // Subject line
16   // text: 'Hello world?', // plain text body
17   // html body
18   html: '<h1>Hello HTML</h1><a href="http://www.infopub.co.kr">' +
19   '<img src="http://www.infopub.co.kr/pdspool/common/main_top/2016-11-
20 02.jpg"/></p></a>',
21 };
22
23 // send mail with defined transport object
24 transporter.sendMail(mailOptions, (error, info) => {
25   if (error) {
26     console.log(error);
27   } else {
28     console.log(`Message sent: ${info.response}`);
29   }
30   transporter.close();
31 });
```

이번에는 HTML을 발송해 보겠습니다.

16~20 ◆ mailOptions에 text:를 주석처리하고 html 코드를 작성합니다.

다시 메일을 발송해봅니다. 'Hello HTML' 메시지와 이미지가 메일로 발송되었습니다. 이미지를 클릭하면 정보문화사 홈페이지로 이동하는 것을 확인할 수 있습니다.

- **학습 내용** : Nodemailer 모듈을 통해 메일을 보내는 방법에 대해 알아보겠습니다.
- **힌트 내용** : 첨부파일과 함께 메일 발송

```javascript
1  const nodemailer = require('nodemailer');
2
3  const transporter = nodemailer.createTransport({
4    service: 'Gmail',
5    auth: {
6      user: '지메일아이디@gmail.com',
7      pass: '비밀번호',
8    },
9  });
10
11 // setup email data with unicode symbols
12 const mailOptions = {
13
14   from: '지메일아이디@gmail.com', // sender address
15   to: '지메일아이디@gmail.com', // list of receivers
16   subject: 'Hello attachment', // Subject line
17   // text: 'Hello world?', // plain text body
18
19   // html body
20   html: '<h1>Hello Attachment</h1><a href="http://www.infopub.co.kr">' +
21     '<img src="http://www.infopub.co.kr/pdspool/common/main_top/2016-11-
22 02.jpg"/></p></a>',
23
24   // attachment configuration
25   attachments: [
26     {
27       filename: 'attachment_test.xlsx',
28       path: 'attachment_test.xlsx',
```

```
29      },
30    ],
31 };
32
33 // send mail with defined transport object
34 transporter.sendMail(mailOptions, (error, info) => {
35   if (error) {
36     console.log(error);
37   } else {
38     console.log(`Message sent: ${info.response}`);
39     console.log(mailOptions.attachments);
40   }
41   transporter.close();
42 });
```

결과

---

nodemailer를 이용하면 첨부파일이 들어 있는 메일을 보낼 수 있습니다. 첨부파일을 보내기 위해 우선 해당 소스 경로에 'attachment_test'라는 엑셀파일을 생성합니다. 꼭 해당 소스파일과 같은 경로에 생성해야 합니다.

안에 내용은 간단하게 다음과 같이 작성했습니다(임의대로 해도 상관없습니다).

	A	B
1	No	Attachment
2	1	test

mailOptions 안에 attachment 파일에 대한 파일명과 첨부할 파일 경로를 지정해 줍니다.　　◆ 25~30

소스코드를 실행시켰을 때 다음과 같은 결과값이 뜰 경우 정상적으로 첨부파일이 발송된 것입니다.

```
Message sent: 250 2.0.0 OK 1513750868 i27sm1485172iod.29 - gsmtp
[ { filename: 'attachment_test.xlsx',
    path: 'attachment_test.xlsx' } ]
```

📝 N O T E

더 많은 첨부사항 기능과 관련해서는 https://nodemailer.com/message/attachments/를 확인하기 바랍니다.

MySQL ① – 설치

• **학습 내용** : MySQL 데이터베이스에 대해 알아보겠습니다.
• **힌트 내용** · MySQL 데이터베이스 설치

웹에서 데이터를 저장하기 위해서는 데이터베이스 기술을 사용합니다. 쉽게 생각해 우리가 자주 사용하는 사이트에서 사용하는 회원 정보는 데이터베이스에 저장됩니다. 많은 데이터베이스 솔루션 중에서 MySQL 데이터베이스를 통해 Node.js와 연동해 사용하는 방법을 설명하겠습니다.

첫 번째 MySQL을 설치해 보겠습니다. 구글 사이트로 가서 mysql을 입력하고 'MySQL' 링크로 접속합니다.

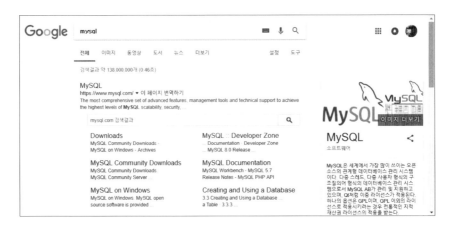

DOWNLOADS에서 Windows를 클릭합니다.

MySQL Installer를 클릭하고 Download를 실시한 후 설치하면 됩니다.

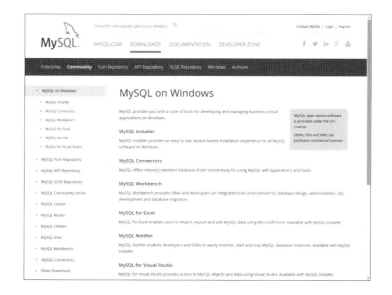

설치가 완료된 후 윈도우에서 cmd 입력 후 엔터를 누르고 cmd 창을 실행시킵니다. mysql -u root -p 〉 root 패스워드 입력 후 show databases;를 입력하고 다음과 같이 데이터베이스가 나오면 정상적으로 설치된 것입니다.

```
C:\mysql\bin>mysql -u root -p
Enter password: ****
Welcome to the MySQL monitor.  Commands end with ; or \g.
Your MySQL connection id is 4
Server version: 5.7.20 MySQL Community Server (GPL)

Copyright (c) 2000, 2017, Oracle and/or its affiliates. All rights reserved.

Oracle is a registered trademark of Oracle Corporation and/or its
affiliates. Other names may be trademarks of their respective
owners.

Type 'help;' or '\h' for help. Type '\c' to clear the current input statement.

mysql> show databases;
+--------------------+
| Database           |
+--------------------+
| information_schema |
| mysql              |
| performance_schema |
| sys                |
+--------------------+
4 rows in set (0.00 sec)

mysql>
```

MySQL ② – 데이터베이스 생성

- **학습 내용 :** MySQL에 대해 알아보겠습니다.
- **힌트 내용 :** 데이터베이스 생성

데이터베이스를 생성하기 전에 데이터베이스에 대해 간단히 알아보겠습니다.

만화방을 예로 들면, 만화방에는 책장에 만화책이 가득 꽂혀 있습니다. 그리고 좋아하는 만화책을 빌려 봅니다. 이를 데이터베이스에 대입하면 만화방은 데이터베이스, 만화책은 테이블, 만화책 텍스트는 데이터가 되는 것입니다. 즉 데이터가 입력되어 있는 테이블이 데이터베이스에 저장되는 것입니다.

그럼 데이터베이스를 생성해 보겠습니다. cmd 창을 실행시킵니다. 데이터베이스를 생성하기 위해서는 'create database NAME'의 쿼리문을 사용합니다. create database comicbook;을 입력합니다.

```
C:\mysql\bin>mysql -u root -p
Enter password: ****
Welcome to the MySQL monitor.  Commands end with ; or \g.
Your MySQL connection id is 6
Server version: 5.7.20 MySQL Community Server (GPL)

Copyright (c) 2000, 2017, Oracle and/or its affiliates. All rights reserved.

Oracle is a registered trademark of Oracle Corporation and/or its
affiliates. Other names may be trademarks of their respective
owners.

Type 'help;' or '\h' for help. Type '\c' to clear the current input statement.

mysql> create database comicbook;
Query OK, 1 row affected (0.01 sec)

mysql>
```

정상적으로 comicbook이라는 데이터베이스가 생성되었습니다. 'USE DATABASENAME'을 입력하여 해당 데이터베이스를 사용하겠습니다.

```
mysql> create database comicbook;
Query OK, 1 row affected (0.01 sec)

mysql> use comicbook
Database changed
mysql>
```

이 상태에서 테이블 생성, 삽입, 조회, 수정, 삭제가 가능합니다. 다음 장에서는 테이블을 생성해 보겠습니다.

MySQL ③ – 테이블 생성

- **학습 내용** : MySQL에 대해 알아보겠습니다.
- **힌트 내용** : mysql 모듈을 통한 테이블 생성

```javascript
1  // mysql 모듈 사용
2  const mysql = require('mysql');
3
4  // 연결할 DB 정보 입력
5  const connection = mysql.createConnection({
6    host: 'localhost',
7    user: 'root',
8    password: '패스워드',
9    database: 'comicbook',
10   port: '3306',
11 });
12
13 // 데이터베이스 연결
14 connection.connect();
15
16 // create 쿼리문 사용
17 connection.query('create table books (number INT NOT NULL AUTO_INCREMENT
18 PRIMARY KEY, genre VARCHAR(20) NOT NULL,
19 name VARCHAR(50) NOT NULL, writer VARCHAR(30) NOT NULL,
20 releasedate date NOT NULL);', (error, results, fields) => {
21   if (error) throw error;
22   console.log(results);
23 });
24
25 connection.query('describe books', (error, results, fields) => {
26   if (error) throw error;
27   console.log(results);
28 });
29
```

```
30 // 연결 종료
31 connection.end();
```

결과

```
OkPacket {
  fieldCount: 0,
  affectedRows: 0,
  insertId: 0,
  serverStatus: 2,
  warningCount: 0,
  message: '',
  protocol41: true,
changedRows: 0 }
```

바로 테이블을 생성해 보겠습니다. 테이블은 만화책의 정보를 저장할 수 있는 표입니다. 세로 열을 필드, 가로 행을 레코드라고 명합니다.

number	genre	name	writer	releasedate
1				
2				
3				

*genre(장르)

테이블 각각의 필드에는 어떤 데이터 타입이 사용될지 정해야 합니다. 우리는 다음의 데이터 자료형으로 테이블을 생성하겠습니다.

int	정수형 데이터 타입
varchar	문자형 데이터 타입
date	날짜형 데이터 타입

필드 속성입니다.

PRIMARY KEY	기본 키 지정
AUTO_INCREMENT	숫자가 자동으로 증가
NOT NULL	빈 값(NULL)이 들어가지 않게 반드시 값을 입력해야함

테이블 생성, 삽입, 조회, 수정, 삭제를 node.js에서는 mysql 모듈을 활용하여 손쉽게 할 수 있습니다. mysql 모듈에 대한 내용은 PART5에서 자세히 설명합니다. 먼저 mysql 모듈을 설치하겠습니다. 다음의 명령어를 통해 설치합니다.

```
npm install mysql --save
```

```
Introduction

This is a node.js driver for mysql. It is written in JavaScript, does not require compiling, and is 100% MIT licensed.

Here is an example on how to use it:

var mysql      = require('mysql');
var connection = mysql.createConnection({
  host     : 'localhost',
  user     : 'me',
  password : 'secret',
  database : 'my_db'
});

connection.connect();

connection.query('SELECT 1 + 1 AS solution', function (error, results, fields) {
  if (error) throw error;
  console.log('The solution is: ', results[0].solution);
});

connection.end();
```

그림(https://github.com/mysqljs/mysql)

다음과 같이 소스코드를 작성합니다. 테이블을 생성하기 위해 'create table TABLENAME()' 쿼리문을 사용합니다. 프로그램을 실행시키면 create 쿼리문을 통해 number, genre, name, writer, releasedate 필드를 가진 books 테이블이 생성됩니다.

```
'create table books (number INT NOT NULL AUTO_INCREMENT PRIMARY KEY,
genre VARCHAR(20) NOT NULL, name VARCHAR(50) NOT NULL, writer VARCHAR(30) NOT
NULL,
releasedate date NOT NULL);'
```

테이블 생성이 잘 되었는지 'describe TABLENAME'으로 확인할 수 있습니다.

'describe books'

```
[ RowDataPacket {
    Field: 'number',
    Type: 'int(11)',
    Null: 'NO',
    Key: 'PRI',
    Default: null,
    Extra: 'auto_increment' },
  RowDataPacket {
    Field: 'genre',
    Type: 'varchar(20)',
    Null: 'NO',
    Key: '',
    Default: null,
    Extra: '' },
  RowDataPacket {
    Field: 'name',
    Type: 'varchar(50)',
    Null: 'NO',
    Key: '',
    Default: null,
    Extra: '' },
  RowDataPacket {
    Field: 'writer',
    Type: 'varchar(30)',
    Null: 'NO',
    Key: '',
    Default: null,
    Extra: '' },
  RowDataPacket {
    Field: 'releasedate',
    Type: 'datetime',
    Null: 'NO',
    Key: '',
    Default: null,
    Extra: '' } ]
```

MySQL ④ – 데이터 삽입

- **학습 내용 :** MySQL에 대해 알아보겠습니다.
- **힌트 내용 :** mysql 모듈을 통한 데이터 삽입, INSERT

```javascript
1  // mysql 모듈 사용
2  const mysql = require('mysql');
3
4  // 연결할 DB 정보 입력
5  const connection = mysql.createConnection({
6    host: 'localhost',
7    user: 'root',
8    password: '패스워드',
9    database: 'comicbook',
10   port: '3306',
11 });
12
13 // 데이터베이스 연결
14 connection.connect();
15
16 // Insert 쿼리문 사용
17 connection.query('insert into books (genre, name, writer, releasedate) values
18 (\'fantasy\', \'LUMINE\', \'Emma Krogell\', \'2015-05-15\')
19 , (\'comedy\', \'Mygiant Nerd Boyfriend\', \'fishball\', \'2017-03-03\')
20 , (\'romance\', \'I Love Yoo\', \'Quimchee\', \'2016-08-21\')
21 , (\'action\', \'Tower of God\', \'SIU\', \'2017-10-01\')
22 , (\'action\', \'Rise from Ashes\', \'Madeleine Rosca\', \'2016-01-13\');'
23 , (error, results, fields) => {
24   if (error) throw error;
25   console.log(results);
26 });
27
28 // 연결 종료
29 connection.end();
```

결과

```
OkPacket {
    fieldCount: 0,
    affectedRows: 5,
    insertId: 10,
    serverStatus: 2,
    warningCount: 0,
    message: '&Records: 5  Duplicates: 0  Warnings: 0',
    protocol41: true,
    changedRows: 0 }
```

앞에서 생성한 books 테이블에 데이터를 삽입(INSERT)해 보겠습니다. 데이터 삽입을 위해서는 'insert into TABLENAME (field, field, field) value (data, data, data)'의 쿼리문을 사용합니다.

다음의 데이터를 books 테이블에 insert 쿼리문을 통해 삽입해 보겠습니다. 해당 소스코드를 실행시킵니다.

number	genre	name	writer	releasedate
1	fantasy	LUMINE	Emma Krogell	2015−05−15
2	comedy	My Giant Nerd Boyfriend	fishball	2017−03−03
3	romance	I Love Yoo	Quimchee	2016−08−21
4	action	Tower of God	SIU	2017−10−01
5	action	Rise from Ashes	Madeleine Rosca	2016−01−13

결과값이 위와 같다면 정상적으로 데이터가 입력되었습니다. 참고로 number는 필드 속성이 AUTO_INCREMEN로 number가 자동으로 증가됩니다.

MySQL ⑤ – 데이터 조회&기본적인 WHERE 절

- **학습 내용** : MySQL에 대해 알아보겠습니다.
- **힌트 내용** : mysql 모듈을 통한 데이터 조회&기본적인 WHERE 절

```javascript
1  // mysql 모듈 사용
2  const mysql = require('mysql');
3
4  // 연결할 DB 정보 입력
5  const connection = mysql.createConnection({
6    host: 'localhost',
7    user: 'root',
8    password: '패스워드',
9    database: 'comicbook',
10   port: '3306',
11 });
12
13 // 데이터베이스 연결
14 connection.connect();
15
16 // Select 쿼리문 (* 사용)
17 connection.query('select * from books', (error, results, fields) => {
18   if (error) throw error;
19   console.log(results);
20 });
21
22 // Select 쿼리문 (각각의 필드 명칭) 사용
23 connection.query('select number, genre, name, writer, releasedate from books',
24 (error, results, fields) => {
25   if (error) throw error;
26   console.log(results);
27 });
28
29 // Select 쿼리문 (where문 사용)
30 connection.query('select * from books where genre = \'action\'',
```

```
31 (error, results, fields) => {
32   if (error) throw error;
33   console.log(results);
34 });
35
36 // Select 쿼리문 (where문 사용 - or)
37 connection.query('select * from books where genre = \'action\' or genre
38 = \'comedy\'',
39 (error, results, fields) => {
40   if (error) throw error;
41   console.log(results);
42 });
43
44 // Select 쿼리문 (like 사용)
45 connection.query('select * from books where releasedate LIKE \'2017%\'',
46 (error, results, fields) => {
47   if (error) throw error;
48   console.log(results);
49 });
50
51 // Select 쿼리문 (order by)
52 connection.query('select number, genre, name, writer, releasedate from
53 books order by releasedate;',
54 (error, results, fields) => {
55   if (error) throw error;
56   console.log(results);
57 });
58
59 // Select 쿼리문 (order by desc)
60 connection.query('select number, genre, name, writer, releasedate from
61 books order by releasedate desc;',
62 (error, results, fields) => {
63   if (error) throw error;
64   console.log(results);
65 });
66
67 // 연결 종료
68 connection.end();
```

테이블에 입력된 모든 데이터 조회를 위해서는 'select * from TABLENAME' 또는 'select field, field, field from TABLENAME' 의 쿼리문을 사용합니다. select 쿼리문을 실행합니다.

결과

```
[ RowDataPacket {
    number: 1,
    genre: 'fantasy',
    name: 'LUMINE',
    writer: 'Emma Krogell',
    releasedate: 2015-05-14T15:00:00.000Z },
  RowDataPacket {
    number: 2,
    genre: 'comedy',
    name: 'Mygiant Nerd Boyfriend',
    writer: 'fishball',
    releasedate: 2017-03-02T15:00:00.000Z },
  RowDataPacket {
    number: 3,
    genre: 'romance',
    name: 'I Love Yoo',
    writer: 'Quimchee',
    releasedate: 2016-08-20T15:00:00.000Z },
  RowDataPacket {
    number: 4,
    genre: 'action',
    name: 'Tower of God',
    writer: 'SIU',
    releasedate: 2017-09-30T15:00:00.000Z },
  RowDataPacket {
    number: 5,
    genre: 'action',
    name: 'Rise from Ashes',
    writer: 'Madeleine Rosca',
    releasedate: 2016-01-12T15:00:00.000Z } ]
```

결과값은 동일합니다. 참고로 select*으로 조회했을 경우 테이블에 존재하는 필드 데이터가 조회되기 때문에 필드를 지정해서 조회했을 때보다 오래 걸립니다. 따라서 실무에서는 select*로 데이터를 조회하는 것을 퍼포먼스 측면에서 지양해야 합니다(여기선 편의를 위해 select*을 사용합니다).

이번에는 where문을 사용해서 찾고자 하는 값만 조회해 보겠습니다. 특정 데이터 조회를 위해서는 'select field, field, field from TABLENAME where CASE'의 쿼리문을 사용합니다. 장르가 action인 것만 조회해 보겠습니다.

◆ 30~34

결과

```
[ RowDataPacket {
    number: 4,
    genre: 'action',
    name: 'Tower of God',
    writer: 'SIU',
    releasedate: 2017-09-30T15:00:00.000Z },
  RowDataPacket {
    number: 5,
    genre: 'action',
    name: 'Rise from Ashes',
    writer: 'Madeleine Rosca',
    releasedate: 2016-01-12T15:00:00.000Z } ]
```

where문을 사용할 때 기본적인 관계연산자와 논리연산자는 다음과 같습니다.

논리연산자	정의
OR	여러 가지 조건에서 하나 이상의 조건이 만족하면 데이터 출력
AND	여러 가지 조건에서 모든 조건이 만족해야 데이터 출력

장르가 action이거나(OR) comedy인 것을 조회해 보겠습니다.

◆ 36~42

결과

```
[ RowDataPacket {
    number: 2,
    genre: 'comedy',
```

```
      name: 'Mygiant Nerd Boyfriend',
      writer: 'fishball',
      releasedate: 2017-03-02T15:00:00.000Z },
   RowDataPacket {
      number: 4,
      genre: 'action',
      name: 'Tower of God',
      writer: 'SIU',
      releasedate: 2017-09-30T15:00:00.000Z },
   RowDataPacket {
      number: 5,
      genre: 'action',
      name: 'Rise from Ashes',
      writer: 'Madeleine Rosca',
      releasedate: 2016-01-12T15:00:00.000Z } ]
```

특정 데이터 부분만 일치하는 데이터를 조회하기 위해서는 'select field, field, field from TABLENAME where LIKE CASE'의 쿼리문을 사용합니다. select * from books where releasedate LIKE '2017%' 쿼리문을 통해 2017년도에 출간된 만화책을 조회합니다.

결과

```
[ RowDataPacket {
      number: 2,
      genre: 'comedy',
      name: 'Mygiant Nerd Boyfriend',
      writer: 'fishball',
      releasedate: 2017-03-02T15:00:00.000Z },
   RowDataPacket {
      number: 4,
      genre: 'action',
      name: 'Tower of God',
      writer: 'SIU',
      releasedate: 2017-09-30T15:00:00.000Z } ]
```

데이터를 정렬할 때는 order by 명령어를 사용합니다. 정렬 기준이 될 필드를 releasedate로 하여 releasedate가 가장 빠른 순으로 정렬해 보겠습니다. 'select field, field, field from TABLENAME order by 정렬 기준이 될 field' 의 쿼리문을 사용합니다.

결과

```
[ RowDataPacket {
    number: 1,
    genre: 'fantasy',
    name: 'LUMINE',
    writer: 'Emma Krogell',
    releasedate: 2015-05-14T15:00:00.000Z },
 … 중략 …
  RowDataPacket {
    number: 4,
    genre: 'action',
    name: 'Tower of God',
    writer: 'SIU',
    releasedate: 2017-09-30T15:00:00.000Z } ]
```

order by만 입력할 경우 오름차순으로 정렬되며 orderby asc(오름차순), orderby desc(내림차순) 을 통해 정렬의 기준을 정할 수도 있습니다.

◆ 59~63

결과

```
[ RowDataPacket {
    number: 4,
    genre: 'action',
    name: 'Tower of God',
    writer: 'SIU',
    releasedate: 2017-09-30T15:00:00.000Z },
 … 중략 …
  RowDataPacket {
    number: 1,
    genre: 'fantasy',
    name: 'LUMINE',
    writer: 'Emma Krogell',
    releasedate: 2015-05-14T15:00:00.000Z } ]
```

지금까지 기본적인 데이터 조회를 where문과 함께 배워보았습니다.

MySQL ⑥ – 데이터 수정

- **학습 내용** : MySQL에 대해 알아보겠습니다.
- **힌트 내용** : mysql 모듈을 통한 데이터 수정, UPDATE

```
1  // mysql 모듈 사용
2  const mysql = require('mysql');
3
4  // 연결할 DB 정보 입력
5  const connection = mysql.createConnection({
6    host: 'localhost',
7    user: 'root',
8    password: '패스워드',
9    database: 'comicbook',
10   port: '3306',
11 });
12
13 // 데이터베이스 연결
14 connection.connect();
15
16 // Update 쿼리문 사용, 한 필드 수정(genre 변경)
17 connection.query('update books set genre = \'action\' where number = 2
18 and name = \'Mygiant Nerd Boyfriend\';'
19   , (error, results, fields) => {
20     if (error) throw error;
21     console.log(results);
22 });
23 // Update 쿼리문 사용, 여러 필드 수정 (genre, writer 변경)
24 connection.query('update books set genre = \'romance\', writer = \'JI\'
25 where number = 2 ' +
26     'and name = \'Mygiant Nerd Boyfriend\';', (error, results, fields) => {
27   if (error) throw error;
28   console.log(results);
29 });
```

```
30 // 연결 종료
31 connection.end();
```

결과

```
[Update 문]
OkPacket {
  fieldCount: 0,
  affectedRows: 1,
  insertId: 0,
  serverStatus: 2,
  warningCount: 0,
  message: '(Rows matched: 1  Changed: 1  Warnings: 0',
  protocol41: true,
  changedRows: 1 }

[Select 문]
RowDataPacket {
    number: 2,
    genre: 'romance',
    name: 'Mygiant Nerd Boyfriend',
    writer: 'JI',
    releasedate: 2017-03-02T15:00:00.000Z },
```

테이블에 저장된 데이터를 수정하는 방법에 대해 알아보겠습니다. 데이터를 수정하기 위해서는 'UPDATE' 문을 사용합니다.

```
update TABLENAME() set 변경할 필드 = 값 where 조건
```

'UPDATE ' 문을 통해 하나의 필드만 수정해 보겠습니다.

number가 2이고 name이 'Mygiant Nerd Boyfriend' 의 장르(genre)를 romance에서 action으로 변경해 보겠습니다. ◆ 17~22

이번에는 여러 필드 데이터를 수정해 보겠습니다. 쉼표를 이용하면 여러 필드 데이터를 수정할 수 있습니다. ◆ 24~29

변경된 값을 확인해 보겠습니다.

MySQL ⑦ – 데이터 삭제

```
1 // mysql 모듈 사용
2 const mysql = require('mysql');
3
4 // 연결할 DB 정보 입력
5 const connection = mysql.createConnection({
6   host: 'localhost',
7   user: 'root',
8   password: '패스워드',
9   database: 'comicbook',
10   port: '3306',
11 });
12
13 // 데이터베이스 연결
14 connection.connect();
15
16 // Delete 쿼리문 사용
17 connection.query('delete from books where number = 2 and writer =
18 \'JI\';', (error, results, fields) => {
19   if (error) throw error;
20   console.log(results);
21 });
22
23 // Select 쿼리문 사용
24 connection.query('SELECT * from books', (error, results, fields) => {
25   if (error) throw error;
26   console.log(results);
27 });
28
29 // 연결 종료
30 connection.end();
```

결과

```
[Delete 문]
OkPacket {
  fieldCount: 0,
  affectedRows: 1,
  insertId: 0,
  serverStatus: 2,
  warningCount: 0,
  message: '',
  protocol41: true,
  changedRows: 0 }
```

테이블에 저장된 데이터를 삭제하는 방법에 대해 알아보겠습니다. 데이터를 삭제하기 위해서는 DELETE문을 사용합니다.

```
'delete from TABLENAME() where 조건'
```

DELETE문을 통해 writer가 'JI'인 것을 삭제해 보겠습니다.

◆ 17~21

```
'delete from books where number = 2 and writer = 18 \'JI\';'
```

쿼리문이 정상적으로 실행되었으면 select문을 통해 삭제가 잘 되었는지 확인해 보기 바랍니다.

◆ 24~27

지금까지 간단한 SQL 문법을 통해 데이터를 조작하는 방법을 배웠습니다.

> **CAUTION**
>
> WHERE절을 사용하지 않으면 테이블 내의 모든 데이터가 삭제될 수 있으니 꼭 WHERE절을 사용해서 안전하게 데이터를 삭제해야 합니다.

socket.io ① – 클라이언트

- **학습 내용 :** socket.io 모듈을 활용하여 웹 소켓에 대한 기본적인 내용을 배워보겠습니다.
- **힌트 내용 :** html+js로 클라이언트 만들기

```html
1  <!DOCTYPE html>
2  <html lang="en">
3  <head>
4      <meta charset="UTF-8">
5      <title>SocketPage</title>
6      <script src="/socket.io/socket.io.js"></script>
7      <script>
8          const socket = io();
9          console.log('Server connection');
10     </script>
11 </head>
12 <body>
13 <h1>Socket.io Page</h1>
14 <ui>
15 </ui>
16 </body>
17 </html>
```

우리가 자주 사용하는 실시간 채팅 기능을 node.js를 통해 쉽고 간편하게 개발할 수 있습니다. 실시간 채팅 기능을 구현하기 위해서는 웹 소켓(Web Socket)을 사용해야 합니다. 웹 소켓은 HTML5에서 사용하는 표준기술로 웹 소켓을 연결한 후 양방향으로 데이터를 주고받을 수 있습니다. 하지만 HTTP 프로토콜을 사용해서 연결하기 때문에 이 기술을 지원하지 않는 낮은 버전의 웹 브라우저에서는 사용할 수 없습니다. 하지만 Node.js에서는 socket.io 모듈을 사용하여 낮은 버전 브라우저에도 사용할 수 있습니다.

웹 소켓 서버와 웹 소켓 클라이언트 연결을 통해 실시간 채팅 기능이 어떻게 구현될 수 있는지에 대해 알아보겠습니다. 먼저 웹 소켓 클라이언트를 위한 HTML 페이지를 생성해 보겠습니다.

script 태그를 통해 src의 값을 지정해주면 socket.io.js 라이브러리를 자동으로 생성해 줍니다.　◆ 6

socket.io에 접속합니다.　◆ 8

이렇게 생성된 socket으로 서버로의 메시지 송신 또는 서버로부터 메시지 수신이 가능합니다.

아직은 이해가 잘 되지 않을 수 있습니다. 다음 장에서 웹 소켓 서버에 대해 배우면 좀 더 이해가 쉽게 될 것입니다.

socket.io ② – 서버

```javascript
1 const app = require('express')();
2 const server = require('http').createServer(app);
3
4 app.get('/', (reuquest, response) => {
5   response.sendFile(`${__dirname}/socket.html`);
6 });
7
8 const io = require('socket.io')(server);
9
10 io.on('connection', (client) => {
11   console.log('Client connection');
12   client.on('disconnect', () => {
13     console.log('Client disconnection');
14   });
15 });
16
17 server.listen(3000, () => {
18   console.log('Server is running port 3000!');
19 });
```

앞에서 만든 웹 소켓 클라이언트를 웹 소켓 서버로 연결해 보겠습니다. 우선 다음의 명령어를 통해 필요한 모듈을 설치해 보겠습니다.

```
npm install socket.io --save
```

express 모듈을 함께 사용해 웹 소켓 서버를 만들어 보겠습니다. express와 같이 socket.io 모듈을 사용하기 위해서는 다음과 같이 코드를 작성합니다. socket.io 모듈은 express 서버에서 웹 소켓 요청을 받아들이게 됩니다.

In conjunction with Express

Starting with **3.0**, express applications have become request handler functions that you pass to `http` or `http Server` instances. You need to pass the **Server** to socket.io, and not the express application function. Also make sure to call `.listen` on the server, not the **app**.

```
var app = require('express')();
var server = require('http').createServer(app);
var io = require('socket.io')(server);
io.on('connection', function(){ /* … */ });
server.listen(3000);
```

(출처 : https://github.com/socketio/socket.io/)

express 모듈을 추출하고, express 객체를 한 줄에 바로 생성했습니다.　◆ 1

http 모듈을 추출하고, http 객체의 createServer() 메소드를 호출한 뒤 express 서버를 생성합니다.　◆ 2

socket.html 파일을 다음과 같이 읽어옵니다.　◆ 4~6

socket.io를 server와 연결합니다.　◆ 8

'connection' 이벤트는 웹 클라이언트가 웹 소켓 서버에 접속할 때 발생됩니다. 다음의 소스를 실행시킨 후 웹 브라우저를 통해 http://127.0.0.1:3000에 접속합니다. 콘솔창에는 다음의 정보를 통해 웹 소켓 클라이언트가 서버에 연결됐다는 것을 알 수 있습니다.　◆ 10~15

```
Server is running port 3000!
Client connection
```

F12를 눌러 Console창을 확인해보면 HTML 페이지를 불러올 때 클라이언트가 접속되었다는 것을 콘솔 메시지를 통해 확인할 수 있습니다.

웹 브라우저 창을 종료하면 콘솔창에는 Client disconnection 메시지를 통해 연결이 끊어졌다는 것을 확인할 수 있습니다. 여기까지 웹 소켓 클라이언트와 웹 소켓 서버를 socket.io 모듈을 통해 connection, disconnection을 배워 보았습니다.

다음에는 웹 소켓이 연결된 상태에서 이벤트를 통해 실시간으로 데이터를 교환해 보겠습니다.

• **학습 내용 :** socket.io 모듈을 활용하여 웹 소켓에 이벤트에 대해 배워보겠습니다.
• **힌트 내용 :** connection, disconnection, on(), emit()

📁 185_socket_event.html

```html
1  <!DOCTYPE html>
2  <html lang="en">
3  <head>
4      <meta charset="UTF-8">
5      <title>SocketPage</title>
6      <script src="/socket.io/socket.io.js"></script>
7      <script>
8
9          // 소켓 연결
10         const socket = io();
11         console.log('Server connection');
12
13         window.onload = function() {
14
15             // Message 전달
16             document.getElementById('button').onclick = function () {
17                 const text = document.getElementById('text').value;
18                 console.log('clientMsg -> Server');
19                 socket.emit('clientmsg', text);
20             };
21
22             // 실시간 Interval 전달
23             document.getElementById('status').onclick = function () {
24                 console.log('Status event(Client)');
25                 socket.emit('status');
26             };
27
```

```
28              // 이벤트 연결
29              socket.on('msg2', function (data) {
30                  document.writeln('<li>');
31                  document.writeln(data);
32                  document.writeln('</li>');
33              });
34          };
35
36          socket.on('msg', function (data) {
37              console.log(data);
38          });
39
40      </script>
41 </head>
42 <body>
43 <h1>Socket.io Page</h1>
44 <ui>
45 </ui>
46 <input type="text" id="text" />
47 <input type="button" id="button" value="send"/>
48 <input type="button" id="status" value="IntervalTest"/>
49 </body>
50 </html>
```

```
1 const app = require('express')();
2 const server = require('http').createServer(app);
3
4 app.get('/', (reuquest, response) => {
5   response.sendFile(`${__dirname}/185_socket_event.html`);
6 });
7
8 const io = require('socket.io')(server);
9
10 io.on('connection', (client) => {
11   console.log('Client connection');
12
```

```
13    // 이벤트 연결 및 전달
14    client.on('clientmsg', (data) => {
15      console.log('This is client Data:', data);
16      client.emit('msg', data);
17    });
18
19    // 이벤트 연결 및 전달
20    client.on('status', () => {
21      console.log('Status event(Server)');
22      setInterval(() => {
23        client.emit('msg2', 'Hello socket.io');
24      }, 3000);
25    });
26  });
27
28  server.listen(3000, () => {
29    console.log('Server is running port 3000!');
30  });
```

socket.io 모듈의 이벤트를 통해 서버와 클라이언트 간의 데이터를 교환할 수 있습니다.

socket.io 모듈 이벤트

- **connection()** : 웹 소켓 클라이언트가 연결될 때 발생
- **disconnection()** : 웹 클라이언트가 연결을 해제할 때 발생

socket.io 모듈 메소드

- **on()** : 소켓 이벤트 연결
- **emit ()** : 소켓 이벤트 발생

위 두 메소드를 통해서 소켓 이벤트를 연결하고 이벤트를 발생시켜 보겠습니다. 우선 웹 소켓 클라이언트를 위한 HTML 페이지를 생성해 보겠습니다(185_socket_event.html).

HTML 파일에서 body에 메시지를 전달할 'send' 버튼과 'IntervalTest' 버튼을 다음과 같이 작성합니다.

```
<input type="button" id="button" value="send"/>
<input type="button" id="status" value="IntervalTest"/>
```

13~26 ◆ 각각의 버튼을 눌렀을 때 'send' 버튼은 서버에 clientmsg 이벤트를 발생시키고 'IntervalTest' 버튼은 서버에 status 이벤트를 발생시킵니다.

13~26 ◆ 이제 두 번째 소스의 서버단을 살펴보겠습니다. 소스를 통해 클라이언트로 받은 이벤트를 연결하고 서버로 이벤트를 전송합니다.

소스를 실행시킨 후 웹 브라우저를 통해 http://127.0.0.1:3000에 접속합니다. 그리고 다음과 같이 메시지를 입력하고 'Send' 버튼을 누릅니다.

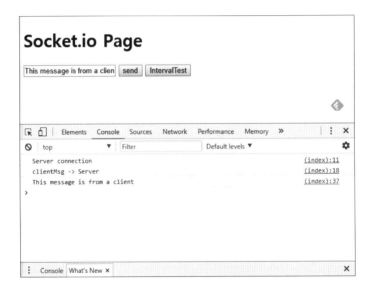

이제 콘솔창으로 가서 메시지를 살펴보면 다음과 같이 이벤트가 정상적으로 전달된 것을 확인할 수 있습니다.

```
Server is running port 3000!
Client connection
This is client Data: This message is from a client
```

'IntervalTest' 버튼도 눌러보면 해당 메시지가 채팅방 메시지처럼 계속 오는 것을 확인할 수 있습니다.

웹 소켓 서버와 웹 소켓 클라이언트 연결을 통해 실시간 채팅 기능이 어떻게 구현될 수 있는지에 대해 이해할 수 있었습니다.

5 PART 실무

Node.js로 간단한 프로그램 만들기

크롤러를 활용한 뉴스 속보 이메일 발송 시스템 ①

- **학습 내용** : 크롤러를 활용하여 뉴스 속보를 주기적으로 발송하는 시스템을 만들어 보겠습니다.
- **힌트 내용** : 크롤러(request,cheerio) + 이메일 발송(Nodemailer) + 스케줄러(node-schedule)

이번 장을 학습하기 위해서는 크롤링(148~150), 스케줄러(171~172), 이메일 발송(173~ 175)에 대한 선행 학습이 필요합니다.

[시스템 구성도]

네이버 뉴스 속보의 정보를 크롤링해서 가져온 다음 헤드라인만 파싱을 통해 추출합니다. 추출한 정보를 수신자에게 주기적으로 발송하겠습니다. 메일 발송은 Gmail을 사용합니다.

[발송된 이메일 결과]

크롤러를 활용한 뉴스 속보
이메일 발송 시스템 ②

• **학습 내용** : 크롤러를 활용하여 뉴스 속보를 주기적으로 발송하는 시스템을 만들어 보겠습니다.
• **힌트 내용** : request로 값을 가져와 헤드라인만 추출

```javascript
1  const request = require('request');
2  const cheerio = require('cheerio');
3
4  const url = 'http://news.naver.com/main/main.nhn?mode=LSD&mid=shm&sid1=105';
5  const iconv = require('iconv-lite');
6
7  let title;
8  const arrayTitle = [];
9
10 const parse = (decodedResult) => {
11   const $ = cheerio.load(decodedResult);
12   const titles = $('dl.sphoto1').find('a');
13
14   for (let i = 0; i < titles.length; i += 1) {
15     title = $(titles[i]).text();
16     arrayTitle[i] = title.trim();
17   }
18   console.log(arrayTitle);
19 };
20
21 request({
22   uri: url,
23   method: 'GET',
24   encoding: null,
25 }, (err, res, body) => {
26   const decodedResult = iconv.decode(body, 'euc-kr');
27   parse(decodedResult);
28 });
```

결과

```
[ '',
  '[단독] \'아이폰 고의 성능 저하\' 한국도 집단소송 돌입',
  '',
  '[종합]핀테크 기업, 이용자 정보활용 쉬워질까?',
  '[단독] 페북 \'케빈 마틴\' 부사장 방한...망사용료 낼까?',
  '보강된 뉴노멀법 여전히 실효성 의문',
  '',
  '[2018 경제] 어르신 1만1천원 통신비 감면•한중일 로밍요금 인하',
  '',
  '[경제정책방향]정부, 020•무인환전업 허용...1000달러까지 가능' ]
```

앞에 내용을 학습했다면 필요한 모듈은 다 설치가 되어 있어 따로 설치가 필요하지 않습니다 (혹시 설치가 필요한 경우는 npm install을 통해 설치를 우선 진행하기 바랍니다).

앞에서 크롤링에 대한 내용을 다루었습니다. 우리는 네이버 뉴스 'IT/과학'의 헤드라인만 뽑아 내려고 합니다.

(출처 : http://news.naver.com/main/main.nhn?mode=LSD&mid=shm&sid1=105)

21~28 ◆ request를 통해 HTML 정보를 가져옵니다. 가져온 decodeResult 값을 위 그림과 같이 필요한 헤 드라인 값만 추출합니다. 원하는 헤드라인만 추출하려고 할 때 우선 HTML 구조를 알아야 합니다.

크롬 브라우저에서는 헤드라인 위에서 마우스 오른쪽 버튼을 누른 뒤 '검사'를 클릭하면 다음
과 같이 HTML 구조를 확인할 수 있습니다. 공통적으로 헤드라인은 dl.sphoto1 구조 안에 있
다는 것을 확인할 수 있습니다.

우리가 사용하는 cheerio 모듈은 자바스크립트 라이브러리인 제이쿼리 스타일로 element를 추 ◆ 10~19
출할 수 있어서, CSS Seletor 방식을 사용할 수 있습니다. headline 제목만 뽑은 뒤 tirm()을 사
용하여 공백을 제거한 뒤에 arrayTitile 배열에 값을 저장합니다.

그리고 저장된 arraryTitle 값을 console로 찍으면 우리가 원하는 헤드라인만 추출된 것을 확인
할 수 있습니다.

크롤러를 활용한 뉴스 속보
이메일 발송 시스템 ③

• **학습 내용** : 크롤러를 활용하여 뉴스 속보를 주기적으로 발송하는 시스템을 만들어 보겠습니다.
• **힌트 내용** : 크롤러(request,cheerio) + 이메일 발송(Nodemailer)

```javascript
1  const request = require('request');
2  const cheerio = require('cheerio');
3  const nodemailer = require('nodemailer');
4
5  const url = 'http://news.naver.com/main/main.nhn?mode=LSD&mid=shm&sid1=105';
6  const iconv = require('iconv-lite');
7
8  const date = new Date(); // 날짜
9
10 let title;
11 const arrayTitle = [];
12
13 function sendMail(arHeadline) {
14   const transporter = nodemailer.createTransport({
15     service: 'Gmail',
16     auth: {
17       user: '지메일아이디@gmail.com',
18       pass: '비밀번호',
19     },
20   });
21
22     // setup email data with unicode symbols
23   const mailOptions = {
24     from: '지메일아이디@gmail.com', // sender address
25     to: '지메일아이디@gmail.com', // list of receivers
26     subject: `${date.toLocaleDateString()} Today News`, // Subject line
27     // html body
28     html: `${`<h1>IT/과학 실시간 뉴스 헤드라인</h1><h2>${arHeadline}</h2><br/>
29     <a href="http://www.infopub.co.kr">` +
```

```
30        '<img src="http://www.infopub.co.kr/pdspool/common/main_
31 top/2016-11-02.jpg"/></p></a>'}`
32      ,
33   };
34
35     // send mail with defined transport object
36   transporter.sendMail(mailOptions, (error, info) => {
37     if (error) {
38       console.log(error);
39     } else {
40       console.log(`Message sent: ${info.response}`);
41     }
42     transporter.close();
43   });
44 }
45
46 const parse = (decodedResult) => {
47   const $ = cheerio.load(decodedResult);
48   const titles = $('dl.sphoto1').find('a');
49
50   for (let i = 0; i < titles.length; i += 1) {
51     title = $(titles[i]).text();
52     arrayTitle[i] = title.trim();
53   }
54   return arrayTitle;
55 };
56
57 request({
58   uri: url,
59   method: 'GET',
60   encoding: null,
61 }, (err, res, body) => {
62   const decodedResult = iconv.decode(body, 'euc-kr');
63   const arTitles = parse(decodedResult);
64   sendMail(arTitles);
65 });
```

결과

```
Message sent: 250 2.0.0 OK 1514447458 f202sm11701951itc.40 - gsmtp
```

3 ◆ 추출한 헤드라인 값들을 메일로 발송해 보겠습니다. 메일 발송을 위해 nodemailer 모듈을 사용합니다(설치가 안 되어 있으면 npm install을 통해 설치하기 바랍니다).

8 ◆ 이메일 제목에 발송된 날짜를 추가하고 HTML Form으로 발송해 보겠습니다. 발송된 날짜를 명시하기 위해 date를 선언해 줍니다.

46~55 ◆ headline 제목만 뽑은 뒤 tirm()을 사용 하여 공백을 제거한 값을 arraryTitle 배열로 넣어주고 그 값을 return해 줍니다.

63~64 ◆ 그 리턴값을 arTitles에 넣고 SendMail() 함수에 매개변수로 전달합니다.

mailOptions에서 subject에 발송될 날짜를 다음과 같이 넣어줍니다. html body에 다음과 같이 매개변수로 받아온 arHeadline을 넣어줍니다.

36~44 ◆ 그리고mailOptions에 저장된 정보를 가지고 메일을발송합니다.

해당하는 수신자, 발신자를 넣어준 다음 소스코드를 실행시킵니다. 정상적으로 수신자 메일로 가서 메일이 잘 발송되었는지 확인합니다.

- **학습 내용** : 크롤러를 활용하여 뉴스 속보를 주기적으로 발송하는 시스템을 만들어 보겠습니다.
- **힌트 내용** : 크롤러(request,cheerio 모듈) + 이메일 발송(Nodemailer 모듈) +
　　　　　　　스케줄러(node-schedule 모듈)

```javascript
1  const request = require('request');
2  const cheerio = require('cheerio');
3  const schedule = require('node-schedule');
4  const nodemailer = require('nodemailer');
5
6  const url = 'http://news.naver.com/main/main.nhn?mode=LSD&mid=shm&sid1=105';
7  const iconv = require('iconv-lite');
8
9  const date = new Date();
10
11 let title;
12 const arrayTitle = [];
13
14 function sendMail(arHeadline) {
15   const transporter = nodemailer.createTransport({
16     service: 'Gmail',
17     auth: {
18       user: '지메일아이디@gmail.com',
19       pass: '비밀번호',
20     },
21   });
22
23   // setup email data with unicode symbols
24   const mailOptions = {
25     from: '지메일아이디@gmail.com', // sender address
26     to: '지메일아이디@gmail.com', // list of receivers
27     subject: `${date.toLocaleDateString()} Today News`, // Subject line
28     // html body
29     html: `${`<h1>IT/과학 실시간 뉴스 헤드라인</h1><h2>${arHeadline}</h2><br/>
```

```
30        <a href="http://www.infopub.co.kr">` +
31        '<img src="http://www.infopub.co.kr/pdspool/common/main_top/2016-11-
32 02.jpg"/></p></a>'}`
33        ,
34     };
35
36     // send mail with defined transport object
37     transporter.sendMail(mailOptions, (error, info) => {
38       if (error) {
39         console.log(error);
40       } else {
41         console.log(`Message sent: ${info.response}`);
42       }
43       transporter.close();
44     });
45 }
46
47 const getNews = () => {
48   const parse = (decodedResult) => {
49     const $ = cheerio.load(decodedResult);
50     const titles = $('dl.sphoto1').find('a');
51
52     for (let i = 0; i < titles.length; i += 1) {
53       title = $(titles[i]).text();
54       arrayTitle[i] = title.trim();
55     }
56     return arrayTitle;
57   };
58
59   request({
60     uri: url,
61     method: 'GET',
62     encoding: null,
63   }, (err, res, body) => {
64     const decodedResult = iconv.decode(body, 'euc-kr');
65     const arTitles = parse(decodedResult);
66     sendMail(arTitles);
```

```
67    });
68  };
69
70  // Recurrence Rule Scheduling
71  // 0 - Sunday ~ 6 - Saturday
72  const rule = new schedule.RecurrenceRule();
73  rule.dayOfWeek = [0, new schedule.Range(0, 6)];
74  rule.hour = 10;
75  rule.minute = 10;
76
77  const j = schedule.scheduleJob(rule, () => {
78    getNews();
79  });
```

결과

```
Message sent: 250 2.0.0 OK 1514447458 f202sm11701951itc.40 - gsmtp
```

뉴스 기사의 헤드라인을 매일 주기적으로 발송될 수 있게 스케줄링을 해보겠습니다. 스케줄 ◆ 3
링은 node-schedule 모듈을 사용합니다(설치가 안 되어 있다면 npm install로 설치하기 바랍니
다).

스케줄링은 월~금, 오전 10시 10분에 실행될 수 있도록 합니다. ◆ 72

47~57 ◆ 헤드라인을 가져오는 로직을 getNews() 함수로 만들어 호출합니다.

나머지 로직은 앞장과 동일합니다. 그럼 스케줄링 시간에 메일이 발송되는 것을 확인할 수 있습니다.

 CAUTION

만약 해당 소스를 클라우드 서비스에 deployment할 때 스케줄링 기준 시간이 UTC+9가 아니라 UTC+0일 수 있으니 확인하기 바랍니다.

MySQL 모듈을 활용한 게시판 구현 ① – 모듈 소개

- **학습 내용** : MySQL 모듈 소개
- **힌트 내용** : MySQL 모듈을 사용하여 MySQL DB와 연동한 후 테이블에 있는 내용 출력

```javascript
1  // mysql 모듈 사용
2  const mysql = require('mysql');
3
4  // 연결할 DB 정보 입력
5  const connection = mysql.createConnection({
6    host: 'localhost',
7    user: 'root',
8    password: '패스워드',
9    database: 'comicbook',
10   port: '3306',
11 });
12
13 // 데이터베이스 연결
14 connection.connect();
15
16 // Select 쿼리문 사용
17 connection.query('SELECT * from books', (error, results, fields) => {
18   if (error) throw error;
19   console.log(results);
20 });
21
22 // 연결 종료
23 connection.end();
```

결과

```
[ RowDataPacket {
    number: 1,
    genre: 'fantasy',
```

```
    name: 'LUMINE',
    writer: 'Emma Krogell',
    releasedate: 2015-05-14T15:00:00.000Z },
  ... 중략 ...
  RowDataPacket {
    number: 5,
    genre: 'action',
    name: 'Rise from Ashed',
    writer: 'Madeleine Rosca',
    releasedate: 2016-01-12T15:00:00.000Z } ]
```

지금까지 배운 내용을 바탕으로 comicbook 데이터베이스에 접속하여 books 테이블에 저장되어 있는 내용을 출력해 보겠습니다. 먼저 다음의 명령어를 통해 mysql 모듈을 설치합니다.

```
npm install mysql --save
```

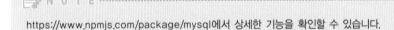

> **N O T E**
>
> https://www.npmjs.com/package/mysql에서 상세한 기능을 확인할 수 있습니다.

2 ◆ mysql 모듈을 require('mysql'); 구문을 통해 읽어들입니다.

5~14 ◆ 그리고 mysql module의 createConnection() 메소드를 통해 데이터 베이스에 연결합니다.

```
const mysql = require('mysql');
const connection = mysql.createConnection({});
```

connection 옵션

- **host** : 연결할 호스트 정보
- **user** : 사용자 이름
- **password** : 사용자 비밀번호
- **database** : 연결할 데이터베이스 정보
- **port** : 연결할 포트 정보

추가로 더 많은 옵션을 알고 싶다면 https://www.npmjs.com/package/mysql#establishing-connections을 참고합니다.

connection 객체를 사용하여 데이터베이스에 접근하여 원하는 테이블의 데이터를 출력할 수 있습니다. 쿼리 문장을 실행하기 위해 가장 기본적인 방법인 query() 메소드를 사용합니다. query() 메소드를 사용해 쿼리문을 직접 입력할 수 있습니다. ◆ 17~20

query() 메소드는 이벤트 기반 비동기 방식을 사용하기 때문에 select 문을 실행한 이후 결과 값이 results에 입력되고 오류가 있으면 error에 오류 정보가 입력됩니다. 소스코드를 살펴보고 실행시켜 봅니다.

MySQL 모듈을 활용한 게시판 구현 ② – Overview

지금까지 배운 내용을 바탕으로 CRUD(Create, Read, Update, Delete) 기능을 수행하는 간단한 웹 애플리케이션(게시판)을 만들어 보겠습니다. 이번 예제를 실습하기 위해서는 MySQL(176~ 182)에 대한 선행 학습이 필요합니다. 완성된 형태는 다음과 같습니다.

Comic Book Lists

number	genre	name	writer	releasedate	EDIT	DELETE
1	fantasy	LUMINE	Emma Krogell	Tue Apr 02 2013 00:00:00 GMT+0900 (대한민국 표준시)	EDIT	DELETE
2	comedy	Mygiant Nerd Boyfriend	fishball	Mon Jan 02 2017 00:00:00 GMT+0900 (대한민국 표준시)	EDIT	DELETE
3	romance	I LOVE YOU	Quimchee	Tue Mar 03 2010 00:00:00 GMT+0900 (대한민국 표준시)	EDIT	DELETE
4	action	Tower of God	SIU	Thu Dec 31 2015 00:00:00 GMT+0900 (대한민국 표준시)	EDIT	DELETE
5	action	Rise from Ashed	Madeleine Rosca	Mon Mar 21 2016 00:00:00 GMT+0900 (대한민국 표준시)	EDIT	DELETE
6	comic	Hello comic	Jihyun	Mon Aug 21 2017 00:00:00 GMT+0900 (대한민국 표준시)	EDIT	DELETE
9	action	Heroes	Kyungrok	Mon Aug 21 2017 08:00:00 GMT+0900 (대한민국 표준시)	EDIT	DELETE

CREATE

Books 테이블에 저장되어 있는 Comic Book List를 Select 문으로 조회해서 출력한 화면입니다. [CREATE] 버튼을 통해 새로운 Comic Book에 대한 정보를 입력합니다. 그리고 [EDIT], [DELETE]를 통해 해당되는 정보를 수정, 삭제할 수 있습니다.

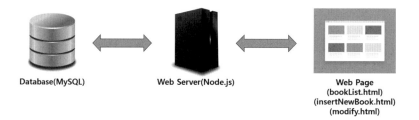

Database(MySQL)   Web Server(Node.js)   Web Page
(bookList.html)
(insertNewBook.html)
(modify.html)

[웹 애플리케이션 구성도]

다음의 모듈을 필요로 하기 때문에 미리 설치해 둡니다.

```
npm install mysql --save
npm install express@4 --save
npm install ejs --save
npm install body-parser --save
```

DB 스키마(구조)는 다음과 같습니다.

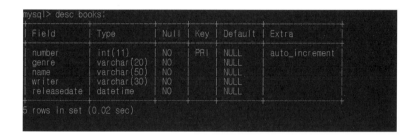

다음 장부터 본격적으로 리스트를 조회하는 것부터 시작해 보겠습니다.

📁 bookList.html

```
1  <!DOCTYPE html>
2  <html lang="en">
3  <head>
4      <meta charset="UTF-8">
5      <title>Comic books</title>
6  </head>
7  <body>
8  <h1>Comic Book Lists</h1>
9  <hr />
10 <table width="100%" border="1">
11     <tr>
12         <th>number</th>
13         <th>genre</th>
14         <th>name</th>
15         <th>writer</th>
16         <th>releasedate</th>
17         <th>MODIFY</th>
18         <th>DELETE</th>
19     </tr>
20     <% data.forEach(function (book, index) { %>
21     <tr>
22         <td><%= book.number %></td>
23         <td><%= book.genre %></td>
24         <td><%= book.name %></td>
25         <td><%= book.writer %></td>
26         <td><%= book.releasedate %></td>
27       <td><a href="/modify/<%= book.number %>">MODIFY</a></button></td>
```

```
28        <td><a href="/delete/<%= book.number %>">DELETE</a></input></td>
29     </tr>
30     <% }); %>
31 </table>
32 <hr/>
33 <form action="/create" method="get">
34     <button type="submit">CREATE</button>
35 </form>
36 <script>
37 </script>
38 </body>
39 </html>
```

```
1 // CRUD에 필요한 모듈 사용
2 const mysql = require('mysql');
3 const express = require('express');
4 const fs = require('fs');
5 const ejs = require('ejs');
6 const bodyParser = require('body-parser');
7
8 // 연결할 DB 정보 입력
9 const connection = mysql.createConnection({
10   host: 'localhost',
11   user: 'root',
12   password: '비밀번호',
13   database: 'comicbook',
14   port: '3306',
15 });
16
17 const app = express();
18 app.use(bodyParser.urlencoded({
19   extended: false,
20 }));
21
22 app.listen(3000, () => {
23   console.log('Server is running port 3000!');
```

```
24    // 데이터베이스 연결
25    connection.connect();
26 });
27
28 // 데이터 조회
29 app.get('/', (request, response) => {
30    fs.readFile('bookList.html', 'utf-8', (error, data) => {
31      // Select 쿼리문 사용
32      connection.query('SELECT * from books', (error, results, fields) => {
33        if (error) throw error;
34        response.send(ejs.render(data, {
35          data: results,
36        }));
37      });
38    });
39 });
```

결과

Comic Book Lists

number	genre	name	writer	releasedate	EDIT	DELETE
1	fantasy	LUMINE	Emma Krogell	Tue Apr 02 2013 00:00:00 GMT+0900 (대한민국 표준시)	EDIT	DELETE
2	comedy	Mygiant Nerd Boyfriend	fishball	Mon Jan 02 2017 00:00:00 GMT+0900 (대한민국 표준시)	EDIT	DELETE
3	romance	I LOVE YOU	Quimchee	Tue Mar 02 2010 00:00:00 GMT+0900 (대한민국 표준시)	EDIT	DELETE
4	action	Tower of God	SIU	Thu Dec 31 2015 00:00:00 GMT+0900 (대한민국 표준시)	EDIT	DELETE
5	action	Rise from Ashed	Madeleine Rosca	Mon Mar 21 2016 00:00:00 GMT+0900 (대한민국 표준시)	EDIT	DELETE
6	comic	Hello comic	Jihyun	Mon Aug 21 2017 00:00:00 GMT+0900 (대한민국 표준시)	EDIT	DELETE
9	action	Heroes	Kyungrok	Mon Aug 21 2017 08:00:00 GMT+0900 (대한민국 표준시)	EDIT	DELETE

CREATE

2~6 ◆ 필요한 각각의 모듈들을 require 구문을 통해 불러옵니다.

모듈의 용도

- **mysql 모듈** : 데이터베이스 연결하여 데이터를 생성, 조회, 수정, 삭제
- **express모듈** : 웹 서버를 구동하고 각 경로를 라우팅 지정
- **fs 모듈** : html 파일 read

- **ejs 모듈** : 문자열을 HTML 문자열로 변경
- **body-parser 모듈** : application/x=www−form−urlencoded 파싱

데이터베이스에 연결하기 위해 정보를 작성합니다.　　　　　　　　　　　　　　◆ **9~15**

서버를 구동하고 데이터베이스를 연결합니다.　　　　　　　　　　　　　　　　◆ **22~26**

SELECT 구문을 사용해서 모든 comicbook 리스트를 출력한 뒤 ejs 모듈을 통해 HTML 문자열　　◆ **29~39**
로 변경된 정보를 출력합니다(ejs 모듈 render()에 대해 잘 기억이 나지 않는다면 ejs 모듈 챕터
를 참고하기 바랍니다).

forEach문을 통해 select해 온 오브젝트를 하나씩 꺼내어 테이블 body에 출력해 줍니다.

다음의 구문은 데이터 추가에서 설명하겠습니다.

```html
<form action="/create" method="get">
    <button type="submit">CREATE</button>
</form>
```

전체 소스코드를 실행시킨 후 http://127.0.0.1:3000에 접속합니다.

MySQL 모듈을 활용한 게시판 구현 ④ – 데이터 추가

- **학습 내용 :** MySQL 모듈을 활용한 게시판 만들기
- **힌트 내용 :** INSERT 쿼리문, GET 방식, POST 방식

📁 insertNewBook.html

```
1  <!DOCTYPE html>
2  <html lang="en">
3  <head>
4      <meta charset="UTF-8">
5      <title>Create Page</title>
6  </head>
7  <body>
8  <h1>Create a new comicbook</h1>
9  <hr />
10 <form method="post">
11     <fieldset>
12         <legend>Create data</legend>
13         <table>
14             <div>
15                 <tr>
16                     <td><label>genre</label></td>
17                     <td><input type="text" name="genre" /></td>
18                 </tr>
19             </div>
20             <div>
21                 <tr>
22                     <td><label>name</label></td>
23                     <td><input type="text" name="name" /></td>
24                 </tr>
25             </div>
26
27             <div>
```

```
28                <tr>
29                    <td><label>writer</label></td>
30                    <td><input type="text" name="writer" /></td>
31                </tr>
32            </div>
33
34            <div>
35                <tr>
36                    <td><label>releasedate</label></td>
37                    <td><input type="datetime" name="releasedate" /></td>
38                </tr>
39            </div>
40        </table>
41    </fieldset>
42    <input type="submit"/>
43 </form>
44 </body>
45 </html>
```

```
1 // CRUD에 필요한 모듈 사용
2 const mysql = require('mysql');
3 const express = require('express');
4 const fs = require('fs');
5 const ejs = require('ejs');
6 const bodyParser = require('body-parser');
7
8 // 연결할 DB 정보 입력
9 const connection = mysql.createConnection({
10   host: 'localhost',
11   user: 'root',
12   password: '패스워드',
13   database: 'comicbook',
14   port: '3306',
15 });
16
17 const app = express();
```

```
18 app.use(bodyParser.urlencoded({
19   extended: false,
20 }));
21
22 app.listen(3000, () => {
23   console.log('Server is running port 3000!');
24   // 데이터베이스 연결
25   connection.connect();
26 });
27
28 // 데이터 조회색
29 app.get('/', (request, response) => {
30   fs.readFile('bookList.html', 'utf-8', (error, data) => {
31     // Select 쿼리문 사용
32     connection.query('SELECT * from books', (error, results, fields) => {
33       if (error) throw error;
34       response.send(ejs.render(data, {
35         data: results,
36       }));
37     });
38   });
39 });
40
41 // 데이터 추가
42 app.get('/create', (request, response) => {
43   fs.readFile('insertNewBook.html', 'utf-8', (error, data) => {
44     if (error) throw error;
45     response.send(data);
46   });
47 });
48
49 // 데이터 추가
50 app.post('/create', (request, response) => {
51   const body = request.body;
52   connection.query('INSERT INTO books (genre, name, writer, releasedate)
53 VALUE (?, ?, ?, ?)',
54     [body.genre, body.name, body.writer, body.releasedate], () => {
```

```
55        // 조회 페이지로 이동
56        response.redirect('/');
57    });
58 });
```

데이터를 추가하는 기능을 구현해 보겠습니다. 리스트 조회 페이지에서 아래 [CREATE] 버튼을 눌러 신규 Comic book에 대한 정보를 입력받은 후에 book 테이블에 저장할 수 있습니다.

Comic Book Lists

number	genre	name	writer	releasedate	EDIT	DELETE
1	fantasy	LUMINE	Emma Krogell	Tue Apr 02 2013 00:00:00 GMT+0900 (대한민국 표준시)	EDIT	DELETE
2	comedy	Mygiant Nerd Boyfriend	fishball	Mon Jan 02 2017 00:00:00 GMT+0900 (대한민국 표준시)	EDIT	DELETE
3	romance	I LOVE YOU	Quimchee	Tue Mar 02 2010 00:00:00 GMT+0900 (대한민국 표준시)	EDIT	DELETE
4	action	Tower of God	SIU	Thu Dec 31 2015 00:00:00 GMT+0900 (대한민국 표준시)	EDIT	DELETE
5	action	Rise from Ashed	Madeleine Rosca	Mon Mar 21 2016 00:00:00 GMT+0900 (대한민국 표준시)	EDIT	DELETE
6	comic	Hello comic	Jihyun	Mon Aug 21 2017 00:00:00 GMT+0900 (대한민국 표준시)	EDIT	DELETE
9	action	Heroes	Kyungrok	Mon Aug 21 2017 08:00:00 GMT+0900 (대한민국 표준시)	EDIT	DELETE

CREATE

우선 [CREATE] 버튼을 클릭했을 때 Comic book에 값을 입력받을 html 페이지가 필요합니다. 이때는 GET 방식을 사용합니다.

```html
<form action="/create" method="get">
    <button type="submit">CREATE</button>
</form>
```

'insertNewBook.html'을 살펴보겠습니다.

아래 Input 값을 입력한 뒤 [제출] 버튼을 클릭하면 POST 방식이 사용되는데, 이때 INSERT 쿼리문을 사용하여 입력된 값을 테이블에 추가합니다.

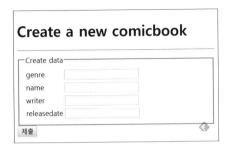

소스코드를 실행시킨 후 http://127.0.0.1:3000에 접속합니다.

[CREATE] 버튼을 클릭하고 new comicbook에 대한 값 입력 후 제출합니다.

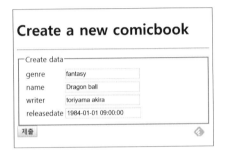

다음과 같이 해당 값이 입력된 것을 확인할 수 있습니다.

Comic Book Lists

number	genre	name	writer	releasedate	MODIFY	DELETE
1	fantasy	LUMINE	Emma Krogell	Tue Apr 02 2013 00:00:00 GMT+0900 (대한민국 표준시)	MODIFY	DELETE
2	comedy	Mygiant Nerd Boyfriend	fishball	Mon Jan 02 2017 00:00:00 GMT+0900 (대한민국 표준시)	MODIFY	DELETE
3	romance	I LOVE YOU	Quimchee	Tue Mar 02 2010 00:00:00 GMT+0900 (대한민국 표준시)	MODIFY	DELETE
4	action	Tower of God	SIU	Thu Dec 31 2015 00:00:00 GMT+0900 (대한민국 표준시)	MODIFY	DELETE
5	action	Rise from Ashed	Madeleine Rosca	Mon Mar 21 2016 00:00:00 GMT+0900 (대한민국 표준시)	MODIFY	DELETE
6	comic	Hello comic	Jihyun	Mon Aug 21 2017 00:00:00 GMT+0900 (대한민국 표준시)	MODIFY	DELETE
9	action	Heroes	Kyungrok	Mon Aug 21 2017 08:00:00 GMT+0900 (대한민국 표준시)	MODIFY	DELETE
10	fantasy	Dragon ball	toriyama akira	Sun Jan 01 1984 09:00:00 GMT+0900 (대한민국 표준시)	MODIFY	DELETE

CREATE

- **학습 내용**: MySQL 모듈을 활용한 게시판 만들기
- **힌트 내용**: UPDATE 쿼리문

modify.html

```
1  <!DOCTYPE html>
2  <html lang="en">
3  <head>
4      <meta charset="UTF-8">
5      <title>Modify Page</title>
6  </head>
7  <body>
8  <h1>Modify Page</h1>
9  <hr />
10 <form method="post">
11     <fieldset>
12         <legend>Modify Data</legend>
13         <table>
14             <tr>
15                 <td><label>genre</label></td>
16                 <td><input type="text" name="genre" value="<%= data.
17 genre %>" /></td>
18             </tr>
19             <tr>
20                 <td><label>name</label></td>
21                 <td><input type="text" name="name" value="<%= data.name
22 %>"/></td>
23             </tr>
24             <tr>
25                 <td><label>writer</label></td>
26                 <td><input type="text" name="writer" value="<%= data.
27 writer %>"/></td>
```

```
28              </tr>
29          </table>
30          <input type="submit">
31      </fieldset>
32 </form>
33 </body>
34 </html>
```

```
1 // CRUD에 필요한 모듈 사용
2 const mysql = require('mysql');
3 const express = require('express');
4 const fs = require('fs');
5 const ejs = require('ejs');
6 const bodyParser = require('body-parser');
7
8 // 연결할 DB 정보 입력
9 const connection = mysql.createConnection({
10   host: 'localhost',
11   user: 'root',
12   password: '패스워드',
13   database: 'comicbook',
14   port: '3306',
15 });
16
17 const app = express();
18 app.use(bodyParser.urlencoded({
19   extended: false,
20 }));
21
22 app.listen(3000, () => {
23   console.log('Server is running port 3000!');
24   // 데이터베이스 연결
25   connection.connect();
26 });
27
```

```
28  // 데이터 조회
29  app.get('/', (request, response) => {
30    fs.readFile('bookList.html', 'utf-8', (error, data) => {
31      // Select 쿼리문 사용
32      connection.query('SELECT * from books', (error, results, fields) => {
33        if (error) throw error;
34        response.send(ejs.render(data, {
35          data: results,
36        }));
37      });
38    });
39  });
40
41  // 데이터 추가
42  app.get('/create', (request, response) => {
43    fs.readFile('insertNewBook.html', 'utf-8', (error, data) => {
44      if (error) throw error;
45      response.send(data);
46    });
47  });
48
49  // 데이터 추가
50  app.post('/create', (request, response) => {
51    const body = request.body;
52    connection.query('INSERT INTO books (genre, name, writer, releasedate)
53  VALUE (?, ?, ?, ?)',
54      [body.genre, body.name, body.writer, body.releasedate], () => {
55        // 조회 페이지로 이동
56        response.redirect('/');
57      });
58  });
59
60  // 데이터 수정
61  app.get('/modify/:id', (request, response) => {
62    // 파일을 읽어옵니다.
63    fs.readFile('modify.html', 'utf-8', (error, data) => {
64      connection.query('SELECT * from books WHERE number =?', [request.
```

```
65 params.id], (error, results) => {
66     if (error) throw error;
67     console.log(request.params.id);
68   response.send(ejs.render(data, {
69      data: results[0],
70     }));
71   });
72  });
73 });
74
75 app.post('/modify/:id', (request, response) => {
76   const body = request.body;
77   connection.query('UPDATE books SET genre = ?, name = ?, writer = ?
78 WHERE number = ?',
78     [body.genre, body.name, body.writer, request.params.id], (error,
79 results) => {
80     if (error) throw error;
81     // 조회페이지로 이동
82     response.redirect('/');
83   });
84 });
```

Books 테이블에 저장되어 있는 정보(레코드)를 수정해 보겠습니다. 데이터 수정은 앞에서 배웠던 데이터 추가 때 사용했던 'insertNewBook.html'의 Input 타입에 특정 레코드의 값을 테이블에서 읽어 보여줍니다. 그리고 그 값을 수정한 후 저장하면 기존 값이 변경됩니다. 우선 데이터 수정을 위한 소스코드를 살펴보겠습니다.

61~84 ◆ 리스트 조회 페이지에서 특정 라인(10)의 MODIFY 링크를 클릭하게 되면 다음과 같이 127.0. 0.1:3000/modify/10 URL로 서비스를 요청하게 되고, 다음의 request.params.id가 10이므로 해당되는 정보를 html 양식에 출력합니다.

```
connection.query('SELECT * from books WHERE number =?', [request.params.id]
```

변경할 값을 입력하고 [제출] 버튼을 누르면 POST 요청으로 처리되어 UPDATE 쿼리문을 통해 입력된 값으로 변경됩니다.

```
app.post('/modify/:id', (request, response)
```

전체 node.js 코드를 실행시킨 후 http://127.0.0.1:3000에 접속하여 특정 MODIFY 링크를 클릭하고 데이터 수정 후 제출을 통해 실습해보기 바랍니다.

MySQL 모듈을 활용한 게시판 구현 ⑥ – 데이터 삭제

- **학습 내용 :** MySQL 모듈을 활용한 게시판 만들기
- **힌트 내용 :** DELETE 쿼리문

```javascript
1  // CRUD에 필요한 모듈 사용
2  const mysql = require('mysql');
3  const express = require('express');
4  const fs = require('fs');
5  const ejs = require('ejs');
6  const bodyParser = require('body-parser');
7
8  // 연결할 DB 정보 입력
9  const connection = mysql.createConnection({
10   host: 'localhost',
11   user: 'root',
12   password: '패스워드',
13   database: 'comicbook',
14   port: '3306',
15 });
16
17 const app = express();
18 app.use(bodyParser.urlencoded({
19   extended: false,
20 }));
21
22 app.listen(3000, () => {
23   console.log('Server is running port 3000!');
24   // 데이터베이스 연결
25   connection.connect();
26 });
27
28 // 데이터 조회
```

```
29  app.get('/', (request, response) => {
30    fs.readFile('bookList.html', 'utf-8', (error, data) => {
31      // Select 쿼리문 사용
32      connection.query('SELECT * from books', (error, results, fields) => {
33        if (error) throw error;
34        response.send(ejs.render(data, {
35          data: results,
36        }));
37      });
38    });
39  });
40
41  // 데이터 삭제
42  app.get('/delete/:id', (request, response) => {
43    connection.query('DELETE FROM books where number=?', [request.params.
44  id], () => {
45      // 조회 페이지로 이동
46      response.redirect('/');
47    });
48  });
```

특정 정보(레코더)를 삭제하는 기능에 대해 알아보겠습니다. 리스트 조회 페이지에 특정 라인의 'DELETE' 링크를 클릭하면 127.0.0.1:3000/delete/특정번호 URL로 전달됩니다. 즉 해당 번호(number)를 가지고 있는 레코드 정보가 삭제됩니다.

해당 소스코드를 실행시킨 후 http://127.0.0.1:3000에 접속합니다. number 10 레코드에 'DELETE' 링크를 클릭합니다.

Comic Book Lists

number	genre	name	writer	releasedate	MODIFY	DELETE
1	fantasy	LUMINE	Emma Krogell	Tue Apr 02 2013 00:00:00 GMT+0900 (대한민국 표준시)	MODIFY	DELETE
2	comedy	Mygiant Nerd Boyfriend	fishball	Mon Jan 02 2017 00:00:00 GMT+0900 (대한민국 표준시)	MODIFY	DELETE
3	romance	I LOVE YOU	Quimchee	Tue Mar 02 2010 00:00:00 GMT+0900 (대한민국 표준시)	MODIFY	DELETE
4	action	Tower of God	SIU	Thu Dec 31 2015 00:00:00 GMT+0900 (대한민국 표준시)	MODIFY	DELETE
5	action	Rise from Ashed	Madeleine Rosca	Mon Mar 21 2016 00:00:00 GMT+0900 (대한민국 표준시)	MODIFY	DELETE
6	comic	Hello comic	Jihyun	Mon Aug 21 2017 00:00:00 GMT+0900 (대한민국 표준시)	MODIFY	DELETE
9	action	Heroes	Kyungrok	Mon Aug 21 2017 08:00:00 GMT+0900 (대한민국 표준시)	MODIFY	DELETE
10	fantasy	Dragon ball	toriyama akira	Sun Jan 01 1984 09:00:00 GMT+0900 (대한민국 표준시)	MODIFY	DELETE

CREATE

다음과 같이 삭제된 후 다시 리스트 조회 페이지로 이동됩니다.

Comic Book Lists

number	genre	name	writer	releasedate	MODIFY	DELETE
1	fantasy	LUMINE	Emma Krogell	Tue Apr 02 2013 00:00:00 GMT+0900 (대한민국 표준시)	MODIFY	DELETE
2	comedy	Mygiant Nerd Boyfriend	fishball	Mon Jan 02 2017 00:00:00 GMT+0900 (대한민국 표준시)	MODIFY	DELETE
3	romance	I LOVE YOU	Quimchee	Tue Mar 02 2010 00:00:00 GMT+0900 (대한민국 표준시)	MODIFY	DELETE
4	action	Tower of God	SIU	Thu Dec 31 2015 00:00:00 GMT+0900 (대한민국 표준시)	MODIFY	DELETE
5	action	Rise from Ashed	Madeleine Rosca	Mon Mar 21 2016 00:00:00 GMT+0900 (대한민국 표준시)	MODIFY	DELETE
6	comic	Hello comic	Jihyun	Mon Aug 21 2017 00:00:00 GMT+0900 (대한민국 표준시)	MODIFY	DELETE
9	action	Heroes	Kyungrok	Mon Aug 21 2017 08:00:00 GMT+0900 (대한민국 표준시)	MODIFY	DELETE

CREATE

MySQL 모듈을 활용한 게시판 구현 ⑦ - 전체 코드

• **학습 내용** : MySQL 모듈을 활용한 게시판 만들기
• **힌트 내용** : 완성된 소스코드

모든 기능이 완성된 Node.js 소스코드는 다음과 같습니다.

```javascript
1  // CRUD에 필요한 모듈 사용
2  const mysql = require('mysql');
3  const express = require('express');
4  const fs = require('fs');
5  const ejs = require('ejs');
6  const bodyParser = require('body-parser');
7
8  // 연결할 DB 정보 입력
9  const connection = mysql.createConnection({
10   host: 'localhost',
11   user: 'root',
12   password: '패스워드',
13   database: 'comicbook',
14   port: '3306',
15 });
16
17 const app = express();
18 app.use(bodyParser.urlencoded({
19   extended: false,
20 }));
21
22 app.listen(3000, () => {
23   console.log('Server is running port 3000!');
24   // 데이터베이스 연결
25   connection.connect();
26 });
27
```

```
28  // 데이터 조회
29  app.get('/', (request, response) => {
30    fs.readFile('bookList.html', 'utf-8', (error, data) => {
31      // Select 쿼리문 사용
32      connection.query('SELECT * from books', (error, results, fields) => {
33        if (error) throw error;
34        response.send(ejs.render(data, {
35          data: results,
36        }));
37      });
38    });
39  });
40
41  // 데이터 추가
42  app.get('/create', (request, response) => {
43    fs.readFile('insertNewBook.html', 'utf-8', (error, data) => {
44      if (error) throw error;
45      response.send(data);
46    });
47  });
48
49  // 데이터 추가
50  app.post('/create', (request, response) => {
51    const body = request.body;
52    connection.query('INSERT INTO books (genre, name, writer, releasedate)
53  VALUE (?, ?, ?, ?)',
54      [body.genre, body.name, body.writer, body.releasedate], () => {
55        // 조회 페이지로 이동
56        response.redirect('/');
57      });
58  });
59
60  // 데이터 수정
61  app.get('/modify/:id', (request, response) => {
62    // 파일을 읽어옵니다.
63    fs.readFile('modify.html', 'utf-8', (error, data) => {
64      connection.query('SELECT * from books WHERE number =?', [request.
65  params.id], (error, results) => {
```

```
66        if (error) throw error;
67        console.log(request.params.id);
68        response.send(ejs.render(data, {
69          data: results[0],
70        }));
71      });
72    });
73  });
74
75  app.post('/modify/:id', (request, response) => {
76    const body = request.body;
77    connection.query('UPDATE books SET genre = ?, name = ?, writer = ?
78  WHERE number = ?',
79      [body.genre, body.name, body.writer, request.params.id], (error,
80  results) => {
81        if (error) throw error;
81        // 조회페이지로 이동
83        response.redirect('/');
84      });
85  });
86
87  // 데이터 삭제
88  app.get('/delete/:id', (request, response) => {
89    connection.query('DELETE FROM books where number=?', [request.params.
90  id], () => {
91      // 조회 페이지로 이동
92      response.redirect('/');
93    });
94  })
```

지금까지 Node.js와 MySQL 데이터베이스를 연동해서 가장 기본이라고 할 수 있는 웹 애플리케이션(게시판)을 만들어 보았습니다. CRUD 기능은 가장 기본이기 때문에 확실히 이해하고 넘어가야 합니다. 한 번 더 소스코드를 확인해서 부족한 부분을 복습하기 바랍니다.

텔레그램 설치하기

• **학습 내용**: 텔레그램을 설치 후 실행합니다.
• **힌트 내용**: http://www.telegram.pe.kr/

node.js로 텔레그램 봇을 만들어 보겠습니다. 텔레그램 봇을 만들려면 먼저 텔레그램을 설치해야 합니다. 구글 검색창에 '텔레그램'이라고 검색합니다.

텔레그램 공식 한국사이트가 나옵니다. 클릭해서 해당 사이트로 이동합니다.

윈도우를 사용한다면 아래 '윈도우 PC버전 다운로드'를 클릭해서 다운로드합니다. 다른 OS 환경이라면, 목록 중 '텔레그램 다운로드'를 클릭합니다. 다양한 OS 환경에 맞춘 텔레그램 설치 파일을 다운로드할 수 있습니다.

다운로드 후 설치 파일을 실행하면 다음과 같은 화면이 나옵니다. 특별히 설정할 것은 없으므로 [Next]를 여러 번 눌러 설치를 완료합니다.

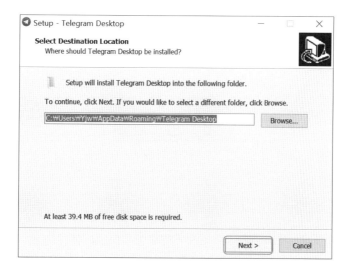

설치된 텔레그램을 실행하면 다음과 같은 첫 화면이 나옵니다.

'시작하기'를 누르면 다음과 같은 화면이 나옵니다. 전화번호를 써서 '다음'을 눌러줍니다. 만약 첫 사용자라면 '다음'을 눌러준 후 뜨는 메시지의 '여기'를 누르면 휴대폰으로 인증코드가 전송됩니다. 인증코드를 입력해주면 텔레그램을 실행할 수 있습니다.

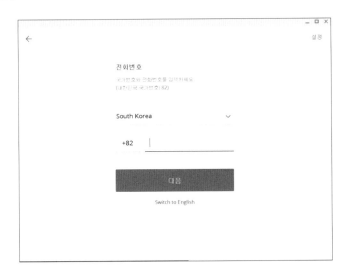

텔레그램 봇 만들기

실무

198

- **학습 내용** : 텔레그램 봇(Bot)을 만들어 봅니다.
- **힌트 내용** : https://api.telegram.org/bot[HTTP API]/sendMessage?chat_id=[id]&text=[전달할 메시지]

텔레그램 봇은 '텔레그램 봇'과 텔레그램 봇이 보낸 요청을 처리해주는 node.js 애플리케이션 으로 구성되어 있습니다. 여기에서 사용자와의 접점이 되는 봇을 만들 수 있습니다.

텔레그램을 실행하고, 검색창에 다음과 같이 '@botfather'라고 검색합니다.

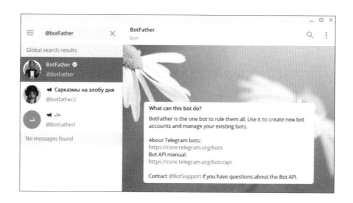

채팅창에서 '시작하기' 또는 'START'를 누르면 다음과 같은 메시지가 나옵니다.

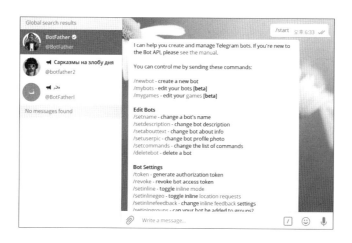

새로운 봇을 만들기 위해 채팅창에 '/newbot'이라고 입력합니다.

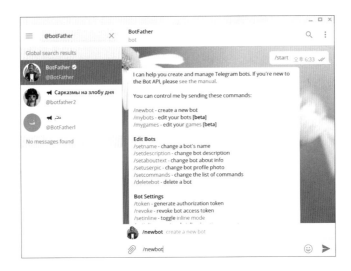

봇의 이름을 입력하라는 메시지가 나오면 원하는 이름을 써줍니다.

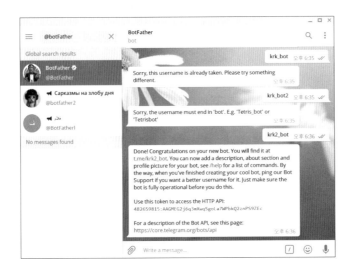

예제에서는 여러 번의 시도 끝에 krk2_bot이라고 지었습니다. 중복을 확인한 후 해당 이름이
없으면 봇이 생성됩니다. 봇 이름을 정할 때 반드시 이름 마지막에는 'bot'을 명시해 주어야 합
니다. 이미 쓰이고 있는 이름이 있을 수 있으므로 '원하는 이름 bot'을 입력해 줍니다. 문제가
없다면 다음과 같이 새로운 봇이 생성됩니다. 메시지 중에서 두 번째 문단에 HTTP API를 알
려줍니다. 나중에 쓰일 것이므로 미리 복사해 메모해 둡니다.

본인이 만든 이름을 검색창에 입력하면 다음과 같은 화면이 뜹니다. '시작' 또는 'START'를 누릅니다.

'시작' 또는 'START'를 누른 후 만들어진 봇에게 메시지를 보냅니다.
그리고 인터넷 브라우저를 실행해서 주소창에 다음과 같은 형식으로 주소를 입력합니다.

```
https://api.telegram.org/bot[HTTP_API]/getUpdates
```

예제에서 만든 봇은 다음의 주소입니다.

```
https://api.telegram.org/bot482659815:AAGMEG2j6q3mXwqSgoLa7WPbkQ2znPS9ZEc/
getUpdates
```

아까 복사해 놓은 내용을 HTTP API 부분에 붙여 넣어 완성된 주소를 검색창에 입력합니다. 메모해 놓지 않았다면 @botFather를 검색해서 찾을 수 있습니다. 웹 브라우저에서 호출하면 다음과 같은 결과를 얻을 수 있습니다. 결과 화면에서 message_id from 다음에 나오는 id가 봇의 'char id'입니다. id(숫자로 되어 있습니다)를 복사해서 메모합니다.

```
{"ok":true,"result":[{"update_id":79432301,
"message":{"message_id":3,"from":
{"id":173075344,"is_bot":false,"first_name":"Kyeongrok","last_name":"Kim","username":"oceanfog","language_code":"en"},"chat":
{"id":173075344,"first_name":"Kyeongrok","last_name":"Kim","username":"oceanfog","type":"private"},"date":1511603143,"text":"₩uc548₩ub155"}}]}
```

브라우저 검색창에 다음과 같은 형식으로 주소를 입력합니다.

> https://api.telegram.org/bot[HTTP API]/sendMessage?chat_id=[id]&text=[전달할
> 메시지]

이번 예제의 봇은 다음의 주소입니다.

> https://api.telegram.org/bot482659815:AAGMEG2j6q3mXwqSgoLa7WPbkQ2znPS9ZEc/
> sendMessage?chat_id=173075344&text=안녕하세요

전에 메모해둔 HTTP API와 id 부분을 굵은 글씨로 표시된 부분에 붙여넣고, 'text=' 다음에 전달할 메시지를 써줍니다. 이번 예제에서는 '안녕하세요'를 입력하였습니다.

위 주소를 웹 브라우저에 입력한 후 엔터를 입력하면 텔레그램에서 하나의 메시지가 올 것입니다. 이는 봇이 메시지를 보내온 것입니다.

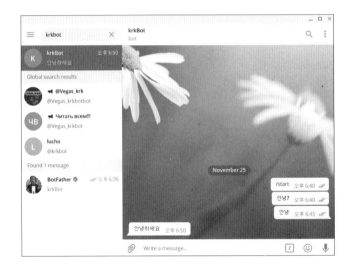

텔레그램 봇 라이브러리 설치하기

- **학습 내용** : 텔레그램봇 라이브러리를 설치해봅니다.
- **힌트 내용** : npm install node-telegram-bot-api --save

node.js에서 사용하는 텔레그램 라이브러리를 설치해 보겠습니다. 라이브러리 이름은 node-telegram-bot-api입니다. 구글에 npm node telegram 등으로 검색해도 접속할 수 있습니다. 관련 사이트는 다음과 같습니다.

```
https://www.npmjs.com/package/node-telegram-bot-api
```

웹스톰을 실행해서 빈 프로젝트를 만들고 터미널에서 'npm install node-telegram-bot-api --save'를 입력합니다.

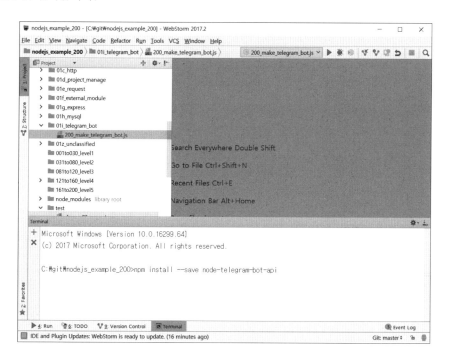

웹스톰을 사용하지 않는다면 윈도우 cmd나 맥 terminal 등을 이용해도 동일합니다. 프로젝트를 생성한 디렉토리로 이동해서 위 명령어를 실행하면 됩니다.

텔레그램 봇 애플리케이션 띄우기

- **학습 내용** : 텔레그램 봇 애플리케이션을 로컬에 실행해봅니다.
- **힌트 내용** : const bot = *new* Bot('텔레그램봇TOKEN', { polling: true });

```javascript
1  const Bot = require('node-telegram-bot-api');
2
3  const bot = new Bot('텔레그램봇TOKEN', { polling: true });
4
5  const onChatMessage = (msg) => {
6    const chatId = msg.chat.id;
7    bot.sendMessage(chatId, 'oh, hello', {
8      disable_notification: true,
9    }).then(() => {
10     console.log('replay sent');
11   });
12 };
13
14 bot.on('message', (msg) => {
15   console.log(msg);
16   if (msg.text) {
17     return onChatMessage(msg);
18   }
19 });
```

1 ◆ node-telegram-bot-api 라이브러리를 불러옵니다.

3 ◆ new Bot()으로 봇을 생성합니다. 생성할 때 텔레그램 봇을 생성할 때 생성된 봇_TOKEN을 넣어줍니다.

5~12 ◆ 텔레그램 봇이 'oh, hello'라는 메시지를 보내주는 부분입니다.

14~19 ◆ 텔레그램 봇이 메시지를 받았을 때 처리하는 부분입니다.

봇 애플리케이션을 로컬에서 실행해 보겠습니다. 위 소스코드를 실행하면 됩니다.

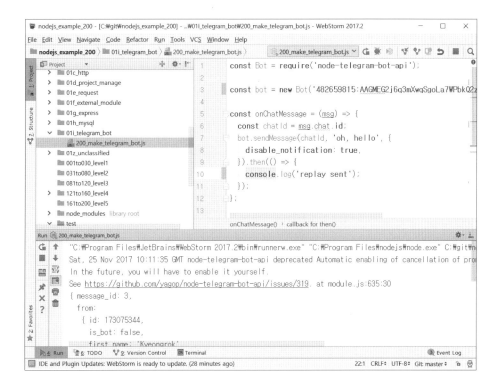

웹스톰에서는 Ctrl + Shift + F10 으로 실행할 수 있습니다.

웹스톰을 쓰지 않는다면 cmd에서 실행할 수 있습니다. .js 파일이 있는 경로로 가서 node 파일 명.js로 실행하면 됩니다.

텔레그램으로 가서 봇에게 무언가 메시지를 보내보겠습니다.

예제에서는 '안녕', '안녕2' 등을 보냈습니다. 그러면 텔레그램 봇 애플리케이션이 'oh, hello' 라고 답변을 보내줍니다.

이번 예제는 응답에 간단하게 반응하는 봇을 만들어 보았습니다. 여기에 'oh, hello' 대신 다양 한 응답을 하는 기능을 붙일 수 있습니다.

찾아보기

431